LA VILLE AU MOYEN AGE

L'EXEMPLE FRANÇAIS

Yves Esquieu

ALAN
SUTTON

Editions Alan Sutton
21, avenue de la République
37300 Joué-lès-Tours

Première édition novembre 2001

ISBN 2-84253-600-2

Dépôt légal : novembre 2001
Imprimé en Grande-Bretagne par Midway Color Print, Wiltshire

Sommaire

Avant-propos

La ville médiévale a donné lieu en France à un certain nombre d'ouvrages historiques de qualité (*Histoire de la France urbaine* sous la direction de G. Duby, *La ville au Moyen Age* de J. Heers). Les études de synthèse privilégiant la réalité matérielle des villes sont quant à elles rares ou anciennes (*L'urbanisme au Moyen Age* de P. Lavedan et J. Hugueney). Il est nécessaire de regrouper aujourd'hui les observations nouvelles à partir du bâti conservé et les résultats des fouilles archéologiques, sans négliger pour autant l'utilisation des données écrites.

Les fouilles ont été en effet nombreuses dans le cadre d'interventions d'urgence liées à de grands travaux urbains (parkings, métro, opérations immobilières...) durant les trente dernières années. Elles ont complètement renouvelé la connaissance du milieu urbain ancien. Les travaux menés autour des palais épiscopaux de Fréjus et Aix-en-Provence ont permis de mieux appréhender le passage de l'Antiquité tardive au Moyen Age. Les fouilles de maisons à Douai, Rouen, Avignon,... modifient l'idée que l'on doit se faire de l'habitation, des matériaux utilisés et donc du paysage urbain. Des ensembles artisanaux et de véritables lotissements ont été mis au jour à Marseille. L'étude du bâti conservé s'est faite plus précise et, avec l'apport des sources écrites, de belles publications viennent de voir le jour sur des ensembles de maisons urbaines (Montpellier, Figeac, Cahors, Cluny, Saint-Antonin-Noble-Val). Sur certains sites, la fouille est notre seul moyen d'appréhender la réalité de la ville médiévale presque entièrement disparue en dehors de grands monuments religieux, comme à Toulouse où des incendies à la fin du XVe siècle ont fait disparaître la presque totalité du bâti antérieur.

Des travaux collectifs engagés dans le cadre de groupements de recherche du CNRS ont abouti à des publications qui renouvellent complètement nos connaissances sur la maison médiévale, les quartiers des cathédrales, les palais urbains : sur le premier thème les chercheurs ont insisté sur la maison courante alors que jusque là était privilégiée la demeure de qualité. Les recherches d'archives effectuées par A. Salamagne sur les fortifications des Flandres, celles de J. Mesqui sur Provins, les fouilles menées sur plusieurs sites, notamment à Strasbourg, nous donnent une idée renouvelée de l'aspect des fortifications urbaines... Des entreprises de restauration ont été l'occasion de fouiller d'importants sites religieux urbains et périurbains. Pour les cathédrales, citons les travaux effectués à Rouen et à Autun. Pour ce qui est des abbayes suburbaines, si les recherches importantes menées à Saint-Victor-de-Marseille dans les années 1970 n'ont pas abouti à une publication d'ensemble, celles entreprises plus récemment par C. Sapin à Saint-Germain-d'Auxerre viennent de donner lieu à une publication exemplaire.

Sans doute les recherches françaises dans le domaine de l'archéologie urbaine accusent-elles un retard par rapport à ce qui s'est fait en Allemagne ou en Grande-Bretagne, néanmoins les travaux de ces dernières années justifient que l'on fasse le point sur notre connaissance de la ville française au Moyen Age sous l'angle de sa réalité matérielle.

A partir du XIIIe siècle, les sceaux des communes présentent en guise de symbole de la ville un enclos fortifié : le sceau d'Arles montre une enceinte circulaire flanquée de trois tours et d'une tour-porte, celui de Marseille une muraille de plan carré munie de trois tours et de trois portes *(2)*.

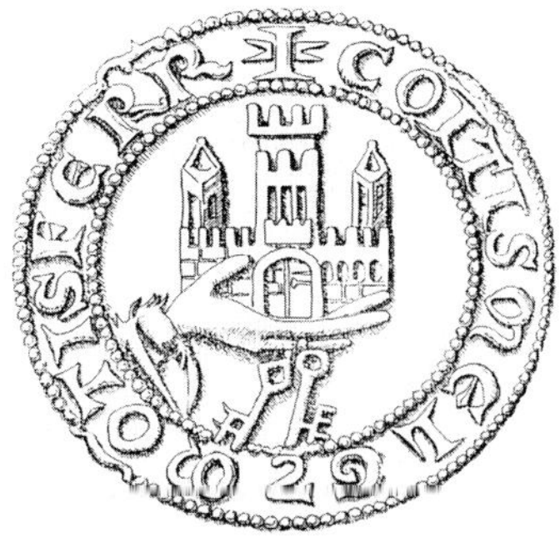

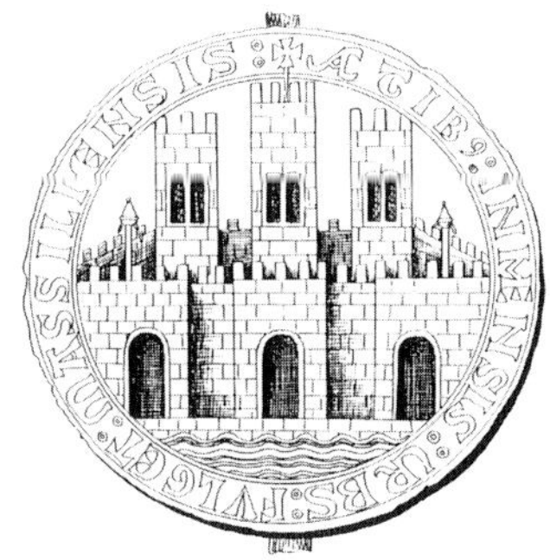

(2) Sceaux des villes de Arles (1251), Montpellier (1204-1349), et Marseille (1243).

Si l'on représente plus que le rempart, c'est d'abord une église qui est ajoutée. A Pernes-les-Fontaines, face à Paris, Orange est vue aussi de façon frontale mais un clocher-arcade, celui de la cathédrale peut-être, dépasse de la courtine *(3)*. Le sceau des métiers d'Arles fait surgir derrière le rempart, avec sa porte et ses tours, un haut clocher qui voulait sans doute être celui de Saint-Trophime. Le sceau consulaire de Montpellier montre un mur crénelé flanqué de deux tours, avec au milieu une tour-porte dominée en arrière par une tour plus haute munie d'un mâchicoulis : tour communale ou clocher de l'église consulaire Notre-Dame-des-Tables bâti plus anciennement et qui jouait le rôle de beffroi ? Mais sur la représentation de Guidoriccio à Sienne, ce sont les toitures de tuiles de quelques maisons qui apparaissent au-dessus de la ligne des remparts d'une seconde agglomération fortifiée.

Le texte des *Grandes chroniques de France*, établi à partir de 1274 et dont la plupart des copies datent du siècle suivant, est largement illustré d'images de villes : celles-ci apparaissent comme un élément essentiel, représentatif du pouvoir royal. C'est devant les villes que les armées s'affrontent. C'est dans la ville que pénètre le roi vainqueur. Celui-ci affirme son pouvoir en tant que maître d'une ville et non pas de la campagne ou d'un château. Au départ, l'image de la ville se limite à une tour ou une porte le plus souvent ouverte, donc sans valeur défensive. Quand l'image s'étoffe, la muraille prend plus d'ampleur, englobant la porte et les tours, délimitant une unité compacte, fermée sur elle-même. Puis la ville se meuble de monuments caractéristiques : églises, ponts. Dans une représentation anachronique de l'Avignon prise par Charles-Martel, on reconnaît le palais pontifical dominant le tissu urbain de sa masse, et le pont dont le départ est marqué par une tour de l'enceinte ; les toits de quelques maisons complètent l'ensemble.

La ville est donc imaginée avant tout comme un rempart en pierre, semblable à celui d'un château. Dans les représentations plus complexes, la muraille reste l'élément essentiel, qui enserre surtout des églises, mais aussi parfois un siège du pouvoir, un pont, des édifices

INTRODUCTION

Qu'est-ce qu'une ville pour les gens du Moyen Age ? Quelle image s'en font-ils ? L'occasion de représenter la cité idéale a d'abord été fournie par l'illustration de la Jérusalem céleste. Les manuscrits carolingiens nous montrent une ville uniformément hexagonale dans un premier temps, avec des tours aux angles, circulaire par la suite ; lorsque des bâtiments sont représentés à l'intérieur, ils ont une allure antique, munis par exemple d'une colonnade ; dans la ville on voit parfois une basilique (psautier d'Utrecht). Le mode de représentation ne change pas avec les artistes romans et les premiers temps du Gothique. Deux chapiteaux du cloître de Moissac montrent chacun une ville, Babylone et Tours *(1)* ; dans les deux cas, la muraille en pierre de taille - et on a poussé le souci du détail jusqu'à dessiner les trous de boulins destinés à fixer les échafaudages - est encadrée de deux tours circulaires. C'est donc d'abord un rempart qui est montré, comme c'est le cas général, lorsque la vue est frontale. A la façade de la cathédrale d'Angoulême encore, nous est représentée comme une fortification la ville de Saragosse où s'achève un épisode de la *Chanson de Roland.* A la tour Ferrande de Pernes-les-Fontaines (Vaucluse), à la fin du XIIIe siècle, la ville de Paris est un simple rempart avec sa porte, en arrière du combat de Guillaume d'Orange et du géant Isoré. Une vue perspective figure encore la ville comme un château, au début du siècle suivant, sur la fresque de Simone Martini au palais de Sienne montrant, en 1328, Guidoriccio da Fogliano.

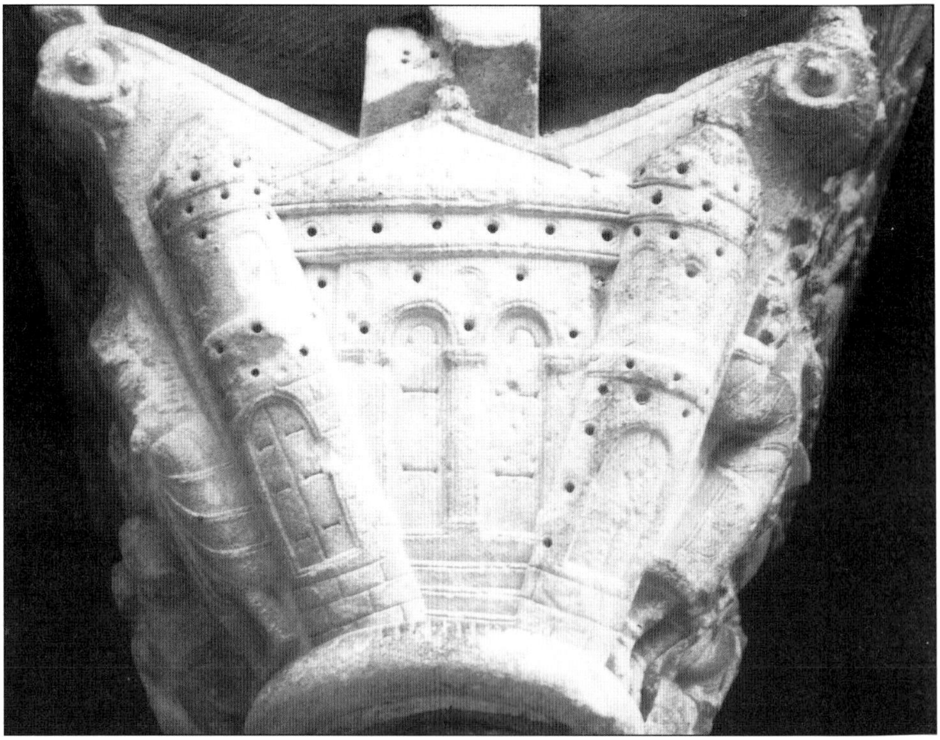

(1) Moissac. Le cloître. Un chapiteau représentant la ville de Babylone.

(3) *Pernes-les-Fontaines (Vaucluse). Tour Ferrande. Représentation de la ville d'Orange.*

constituant des rappels des constructions antiques, plus rarement des maisons. Une description conventionnelle de la ville de Metz écrite dans la première moitié du XIe siècle rejoint ces images idéales : « *J'admire ces murs menaçants construits en pierres de taille, difficiles à rompre, inexpugnables à l'ennemi... Je contemple les tours et il me semble être en face des remparts de Babylone... Lorsque je regarde les maisons, je crois voir les palais de Rome ; lorsque je visite l'amphithéâtre je me figure dans le labyrinthe de Dédale... Voyez les églises ? Ne dirait-on pas les palais du Paradis ?* ».

D'une façon plus proche de la réalité, puisque ce sont des édifices réels qui sont représentés, Cimabue ne dépeint pas autrement la ville de Rome lorsqu'il décore, vers 1280, la voûte du transept de l'église supérieure de Saint-François à Assise : la ville est dominée par le Capitole, siège du pouvoir au pied duquel sont regroupés arbitrairement une église au porche et au clocher typiquement romains, peut-être la cathédrale Saint-Jean-de-Latran, le Panthéon, symbole de la tradition architecturale antique, la pyramide de Cestius et le château Saint-Ange, autres souvenirs antiques, une tour noble enfin, celle des Milices. Lorsque, sur un mur de la même église, Giotto décrit l'hommage d'un habitant à saint François au cœur de la ville d'Assise, il montre de celle-ci le palais public et l'église qui n'est autre que l'ancien temple de Minerve.

La vue d'une ville au bord de la mer donnée vers 1332 par Ambrogio Lorenzetti présente, à l'intérieur des murs, un château ou un palais municipal sur la partie la plus haute et des tours aristocratiques très fines, démesurément hautes, dominant le tissu urbain. Au palais public de Sienne, la fresque du Bon Gouvernement peinte par le même Lorenzetti entre 1337 et 1339 insiste sur le rôle de la muraille comme séparation entre la ville et la campagne, son image séparant les scènes en deux zones bien distinctes. Dans la ville, les maisons sont serrées les unes contre les autres, dominées par les tours des résidences aristocratiques, plus réalistes que dans le tableau précédent. Mais ce que Lorenzetti montre surtout, c'est la ville industrieuse, la multiplicité de ses activités : le marché et les activités commerçantes (dans la rue une femme porte une poule, une autre un panier, un homme pousse des porcs ; à la porte de la ville, des paysans apportent sacs de blé, paniers...), les artisans, une école, des ouvriers du bâtiment circulant sur un échafaudage, les réjouissances (une danse dans la rue). C'est l'activité commerçante, artisanale, intellectuelle, ludique qui caractérise ici la vie urbaine.

A partir du XIIIe siècle, un signe tangible de ce qu'une agglomération est alors considérée comme une ville est la présence d'un couvent de mendiants. Alors que jusque là les moines, installés en principe « au désert », étaient normalement à l'écart des villes, les ordres mendiants destinés à la prédication optent pour les villes, s'adaptant ainsi aux conditions nouvelles de la société médiévale. A une critique formulée, sans doute par le courant spirituel, à l'encontre de l'implantation urbaine des Franciscains, une réponse attribuée à saint Bonaventure précise que cela est dû au souci pastoral poussant les frères à être proches des fidèles, à la nécessité matérielle de se rapprocher de ceux duquel l'ordre tire sa subsistance et à la fois de ceux qu'il doit assister, enfin à des raisons de sécurité. Un texte dû au maître général de l'ordre dominicain répond, vers 1360, que la prédication est plus efficace dans les villes puisque la population y est plus nombreuse, qu'elle y est plus nécessaire parce que les mœurs y sont plus mauvaises, que par les villes on touchera les campagnes puisque c'est la ville qui diffuse les modèles. Quoi qu'il en soit, comme l'a montré Jacques Le Goff, la carte de la France urbaine et celle des couvents de mendiants coïncident.

Si les ordres mendiants estiment que les mœurs sont mauvaises en ville et que c'est là qu'il faut prêcher pour les réformer, c'est que la ville n'est pas toujours vue comme un lieu idéal, image de la Jérusalem céleste. C'est aussi une Babylone, source de tous les maux. C'est bien comme cela que la dépeignit l'évêque d'Avignon et légat pontifical Zoen lorsqu'il fut, en 1244, chargé par l'évêque de Maguelone d'élaborer une réforme du chapitre de chanoines qui résidait sur cette île, à quelque distance de Montpellier. L'idée fondamentale était, pour Zoen, d'empêcher à tout prix les chanoines de cette église de se rendre « *dans le vivier de sa mort, à savoir la ville de Montpellier... dans laquelle ils meurent pour l'éternité* » ; il recommande donc « *qu'aucun des chanoines de notre église n'aille dans cette ville sans motif important et raisonnable et sans la permission de l'évêque* ». Ceux qui obtiendront l'autorisation devront se faire accompagner par un autre chanoine. Tout est mis en œuvre pour que les clercs n'aillent pas faire d'études à Montpellier ; le chapitre devra donc entretenir une école à Maguelone même. Ces prescriptions étaient évidemment inapplicables mais reflètent bien l'opinion que les autorités ecclésiastiques se faisaient des mœurs urbaines. Avaient-ils tort ? En 1485, le pape accorda son absolution à un chanoine de la cathédrale d'Arles qui, avec un confrère, s'était rendu en ville dans la chambre d'une courtisane et avait tué l'entremetteur de celle-ci qui voulait les chasser !

Nous devrons en permanence, au cours de cet ouvrage, confronter cette image idéale de la ville élaborée par les clercs du Moyen Age et la réalité dont les travaux archéologiques plus nombreux et des observations plus précises permettent maintenant une meilleure approche. Il ne sera pas inintéressant non plus de rapprocher cette réalité de l'idée que se fait l'homme du début du troisième millénaire de la ville d'autrefois. La relation entre l'homme d'aujourd'hui et la ville médiévale est ambiguë : les visiteurs du monde entier se pressent autour des remparts de Carcassonne ; on ne compte plus pendant l'été les fêtes pseudo médiévales dans des villages ou des villes que l'on veut faire revivre un instant à l'heure d'antan. Mais on ne veut plus habiter ces centres urbains où les rues étroites, les petites fenêtres, l'absence de jardins (est-ce toujours vrai ?) semblent inadaptés à la vie moderne. La vieille ville est abandonnée le plus souvent à ceux qui n'ont pas assez de revenus : personnes âgées et immigrés. Même si un mouvement en sens inverse est amorcé, avec la réhabilitation de certains quartiers, accompagné du curetage de l'intérieur des îlots, et aussi la prise en compte de la globalité de ce patrimoine bâti dans le cadre de secteurs sauvegardés depuis la loi Malraux.

I. De la cité antique à la ville médiévale

L'héritage de l'Antiquité

Ce que la ville médiévale a conservé au premier chef de l'agglomération antique c'est son emplacement, puisque la plupart des villes médiévales ont simplement perpétué l'implantation ancienne, avec des nuances que nous aborderons plus loin. La carte des agglomérations médiévales, sièges d'évêchés, est avant tout celle des chefs-lieux de cités de l'époque gallo-romaine. Il y eut cependant des mutations de sites, des déplacements d'habitats et des transformations de petites agglomérations, simples postes militaires ou *castra,* en évêchés au détriment d'une cité dès la fin de l'Antiquité et durant le haut Moyen Age.

Au hasard de nos sources, des agglomérations nouvelles apparaissent comme détachées de la *civitas* dont elles avaient dépendu lorsqu'est mentionné son évêque. Genève et Grenoble existaient dès l'époque de César sur le territoire de Vienne. L'évêché de Toulon est mentionné en 441, celui d'Uzès en 442, celui d'Agde en 506, celui de Maguelone en 589, créés aux dépens des cités de Béziers, Nîmes ou Arles. Autun a perdu une partie de son territoire entre le IVe et le VIe siècle au profit des *castra* d'Auxerre, Chalon-sur-Saône, Nevers et Mâcon. P.-A. Février s'est demandé si ces créations ne sont pas liées à l'importance économique de sites plus anciennement occupés. Dans le cas de la cité des Lingons, l'évêque de Langres paraît résider dès le Ve siècle, au moins une partie du temps, à Dijon, site alors protégé par une petite enceinte, ce qui donne l'impression *de facto* d'une dualité du siège épiscopal, Langres conservant cependant le titre de *civitas*. Les évêques se faisaient enterrer indifféremment dans l'une ou l'autre ville. A Alba, chef-lieu des Helviens, c'est définitivement que l'évêque a transféré son siège à Viviers, sur les bords du Rhône, vers la fin du Ve siècle ; les historiens ont longtemps donné pour cause à cet événement la destruction brutale de la ville ; il faut plus probablement imaginer des raisons économiques, une implantation le long du fleuve se révélant plus intéressante. Le site d'Alba a été abandonné, une population restreinte a trouvé refuge non loin de là sur une petite hauteur volcanique pendant que Viviers est resté jusqu'à nos jours la cité épiscopale, avec cependant un développement urbain limité. Viviers jouait déjà sans doute un rôle économique notable pour la cité des Helviens (était-ce le port d'Alba ?) avant même le transfert du siège : la présence de chapiteaux monumentaux d'époque augustéenne et du IIe siècle, la découverte, au nord de la cathédrale, d'un vaste édifice à sol de mosaïque construit autour d'une aire à portique, avec tout près une voie dallée, montrent qu'il ne s'agissait pas que d'un simple village de pêcheurs.

Dans un petit nombre de cas il y a eu déplacement de population plus limité par phénomène de glissement vers la plaine ou au contraire de « perchement ». Le premier type de déplacement est assez rare. Pour la Gaule, le cas le plus net est celui de Lyon. La colonie fondée en 43 s'étendait sur le promontoire de Fourvière et, derrière celui-ci, sur le plateau de la Sarra. Au pied de Fourvière, sur la rive droite de la Saône, existaient des quais, et sans doute un habitat que nous connaissons mal. Là où est aujourd'hui la presqu'île existaient des installations artisanales mais aussi de luxueuses habitations. Or nous constatons qu'au Moyen Age le site de la colonie est abandonné ; l'habitat est concentré sur les deux rives de la Saône, là où se trouve également le groupe cathédral. A. Audin avait donné comme explication à ce déplacement l'absence d'entretien des aqueducs ; ne faut-il pas plutôt mettre en avant le glissement de la population vers la plaine pour des raisons d'ordre économique ? Ce déplacement a dû être progressif et a pu débuter dès l'Antiquité.

Le phénomène de perchement est plus fréquent, il est particulièrement notable en Provence. A Riez, la colonie avait été fondée sous Auguste, dans la plaine, à la confluence de deux affluents du Verdon ; c'est probablement vers le VIe siècle que, pour des raisons de sécurité, l'habitat s'est déplacé, sans doute progressivement, vers la hauteur voisine où s'est transféré aussi le siège épiscopal qui y est attesté au cours du haut Moyen Age. Le site antique de Castellane était dans la plaine ; l'habitat est, au contraire, au XIe siècle, perché sur un rocher difficile d'accès, d'où l'on pouvait surveiller le franchissement du Verdon enjambé par un pont médiéval. Cimiez a été abandonné pour Nice, sur un site de colline aux fortes pentes vers le sud, l'est et l'ouest, avec vue à la fois sur la mer et sur les accès de la plaine. A Vintimille, la ville antique s'étendait en bordure de mer. Elle dut être victime d'un accident au cours du IVe siècle car la fouille a montré que les quartiers ont été entièrement détruits. La ville médiévale, avec sa cathédrale, se trouve quant à elle perchée à plus de deux kilomètres de là. Cette implantation est attestée dès les VIIIe-IXe siècles. Les fouilles n'ont pas encore permis de préciser à quand remonte l'occupation de la hauteur ni de dire s'il a existé un premier site cathédral dans la plaine.

A Aix-en-Provence, où aucun relief marquant ne caractérise la topographie du site urbain, a eu lieu un glissement plus modeste : la ville médiévale se trouve certes sur l'emplacement de l'agglomération antique mais son développement s'est plutôt fait vers le sud-est alors que la zone nord-ouest où les fouilles récentes ont révélé plusieurs villas a été abandonnée.

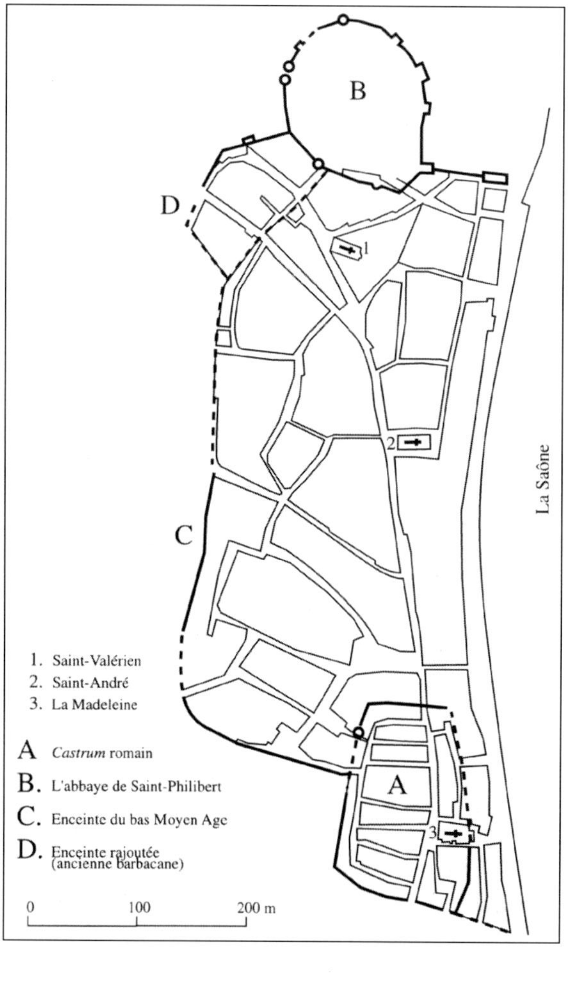

(4) Tournus. Plan de la ville à la fin du Moyen Age. Dessin M. Leclerc d'après Garrigou-Grandchamp. La ville de Cluny et ses maisons, *Paris, 1997.*

Des camps militaires, les *castra*, sans bénéficier de l'implantation d'un évêché, ont pu accéder à un véritable statut urbain en raison d'une implantation religieuse notable. C'est le cas de Tournus où à l'époque de Grégoire de Tours s'est développé le culte de saint Valérien assez loin de l'enceinte antique ; ce pôle nouveau a été considérablement renforcé lorsqu'en 875 y ont été déposées les reliques de saint Philibert. Dès lors, on assiste à un glissement progressif de l'urbanisation en direction de l'abbaye *(4)*.

Un moment important dans l'histoire de la topographie des villes antiques de la Gaule et qui a profondément marqué la topographie médiévale est l'invasion des Francs et des Alamans à la mort d'Aurélien (275). Soixante-dix villes tombèrent en leur pouvoir. Probus libéra la Gaule en 277. Dès lors, la plupart des villes qui jusque là n'étaient pas pourvues d'un rempart s'entourèrent de murailles. Ce mouvement de fortification s'est poursuivi dans le courant du IVe siècle. Ce sont ces murs qui ont continué d'entourer les villes médiévales issues des *civitates* antiques au moins jusqu'au XIIIe ou au XIVe siècle, voire plus tard encore.

L'exemple le mieux conservé est celui de Carcassonne. La ville était qualifiée de *castellum* en 333, on peut donc penser qu'il existait déjà une enceinte. Or la muraille flanquée de tours qui a été conservée lors de l'accroissement des fortifications au XIIIe siècle *(302)* a été qualifiée de « wisigothe » depuis Viollet-le-Duc et cette opinion a été répétée par les historiens les plus éminents avec comme seule preuve l'autorité de la chose écrite. On a voulu montrer depuis que la construction est typique des enceintes de la fin du IIIe siècle : courtine d'une hauteur de six à sept mètres, épaisse de deux mètres, flanquée de tours espacées d'une vingtaine de mètres. Celles-ci sont en demi-cercle prolongé par des murs droits, ouvertes à la gorge, sur une base en maçonnerie pleine ; trois fenêtres à arc de brique en plein cintre percent le haut de la partie arrondie du mur ; elles étaient obturées par des mantelets de bois. Murs et tours sont en mœllons avec arases de briques. Cette disposition a été conservée intacte au nord de l'enceinte médiévale et bien restaurée par Viollet-le-Duc. Il y a similitude totale entre ces murailles et d'autres datées du début du IVe siècle et conservées dans la même région à Toulouse et à Saint-Lizier (Ariège). Les fouilles récentes ont bien confirmé qu'il s'agit d'une muraille antique mais ont donné une date un peu plus tardive : dans la zone fouillée en 1995 (cour du château comtal), les fondations du rempart ont coupé un remblai qui avait recouvert lui-même le sol d'une *domus* du Haut-Empire, or ce remblai contenait des lots de céramique datables au plus tôt des années 375, la construction de la première fortification dans cette zone ne peut donc être antérieure au dernier quart du IVe siècle. Il est vrai que l'enceinte était longue de près de 1 300 m et qu'un chantier de cette ampleur a dû s'étaler dans le temps et peut-être commencer bien avant ce moment sur d'autres secteurs.

Un peu partout en Gaule, comme dans la région rhénane et en Espagne, les enceintes de la fin du IIIe siècle et du IVe ont été bâties plus petites que celles du Ier lorsqu'il en existait une ou plus petites que l'espace précédemment urbanisé, à la fois pour une raison d'efficacité de défense et parce que la baisse démographique conduisait à abandonner des quartiers. C'est le cas à Reims où une enceinte ovale laisse de côté une grande part de l'agglomération antique. A Paris, l'enceinte réduite ne couvre que l'île de la Cité, englobant les principaux monuments publics, palais et groupe épiscopal ; son tracé, à une trentaine de mètres de celui de la Seine, a été reconnu sous Napoléon III et, en 1965, sur le parvis de Notre-Dame. L'enceinte réduite du Mans ne protège que 9 hectares, correspondant au site le plus facilement défendable à l'extrémité d'un plateau qui domine la confluence de la Sarthe et du ruisseau d'Isaac ; les fouilles ont montré que l'abandon d'une grande partie de l'espace urbanisé est la conclusion d'un processus entamé depuis longtemps puisque certains quartiers suburbains (fouille de la cité judiciaire) avaient été abandonnés dès le milieu du IIe siècle, le mouvement se précipitant vers la fin du IIIe ; il concerne alors non seulement

(5) Autun. Porte Saint-André.

des quartiers périphériques mais des monuments publics du centre comme les thermes. La muraille, que la fouille situe clairement vers la fin du IIIe siècle, était flanquée de 35 tours dont onze ont été conservées ; tours et courtines sont bâties en mœllons alternant avec des arases faites de triples rangées de briques ; les mœllons de grès brun-rouge et de calcaire blanc sont disposés esthétiquement, constituant des dessins géométriques, ce qui laisse entendre que la muraille n'avait pas seulement une fonction défensive mais jouait aussi un rôle ostentatoire *(301)*. C'est cette enceinte, restaurée lors des invasions normandes, qui est restée pendant longtemps la seule défense de la ville.

Les murailles d'Angers, Bayeux, Evreux, Nantes, bâties à la fin du IIIe siècle ou au début du IVe, sont aussi montées en mœllons avec arases de briques. Les surfaces délimitées par la fortification sont à Angers, Evreux et Tours de 9 hectares, à Nantes de 16, à Reims de 20. Mais l'enclos réduit de Metz est de 70 hectares. La population d'une ville de l'importance de Tours n'a pu être contenue dans un si petit espace où l'on ne devait trouver que les édifices publics et les résidences des notables.

La qualité architecturale des portes de ville conservées à Autun *(5)*, avec de larges arcades au rez-de-chaussée, des baies nombreuses à l'étage qui rendaient les ouvrages difficilement défensifs, montre, comme au Mans, que l'enceinte n'avait pas qu'une fonction militaire. On pourrait faire la même réflexion pour la Porte Noire de Trèves, la porte de Saintes et bien d'autres.

La réduction de l'enceinte laissait souvent à l'extérieur des monuments importants : à Angers, Béziers, Metz et Rouen l'amphithéâtre, au Mans l'amphithéâtre et les thermes, à Bayeux les thermes, à Evreux le théâtre et les thermes, à Poitiers un axe majeur comme le *cardo* et sans doute le forum, à Saintes la croisée du *cardo* et du *decumanus*.

Le phénomène de réduction n'a cependant pas été général. Le cas de Vienne mériterait d'être discuté : la muraille d'époque augustéenne, longue de 7 km, délimitait une surface de 200 hectares ; bien que les quartiers périphériques aient été abandonnés au IIIe siècle, l'existence, supposée par A. Pelletier, d'une enceinte réduite qui aurait limité la ville à 35 hectares, est loin d'être assurée. P.-A. Février a démontré l'absence d'enceinte réduite en

Provence où l'on ne trouve, ni à Aix ni à Fréjus par exemple, le trait architectural typique des enceintes d'alors, les arases de briques. Seule la muraille d'Arles a peut-être été réduite en certains points. Pourtant au XIe siècle Aix, Fréjus, Nice n'occupent qu'un espace limité par rapport à l'extension antique. C'est surtout flagrant à Fréjus où la cité médiévale se cantonne, sur la hauteur, au quartier qui entoure la cathédrale. A quelle époque remonte cette réduction de l'espace urbanisé ? fin de l'Antiquité, haut Moyen Age ? A Autun, la cité réduite du Moyen Age n'occupe que 1/10e de l'ancienne, soit 10 hectares ; c'est l'évêque Léger qui, au VIIe siècle, a restauré les murs de sa ville en la réduisant à l'éperon méridional, protégé à l'est et à l'ouest par des éléments de l'enceinte romaine, au nord par un rempart édifié peut-être au Ve siècle, incluant des remplois antiques. L'enceinte primitive a été en grande partie conservée, avec deux de ses quatre portes, celles d'Arroux et de Saint-André. L'espace abandonné de l'antique agglomération était occupé désormais par des jardins, des champs et aussi deux abbayes féminines.

Toulouse est une des rares villes à avoir gardé au IVe siècle et par la suite l'extension de l'époque de sa prospérité (90 hectares).

La perpétuation des enceintes antiques jusqu'au Moyen Age et au-delà, même remaniées et complétées, agrandies, a souvent assuré leur conservation, nous le verrons plus loin.

A l'intérieur des murailles, le réseau des rues antiques s'est souvent maintenu durant le Moyen Age avec plus ou moins de rigueur, soit en totalité, soit les seuls axes principaux aboutissant aux portes principales de la ville : en Italie on a les exemples d'Aoste, Albenga, Turin, Vérone, Florence. En France le réseau antique de Reims s'est bien conservé à

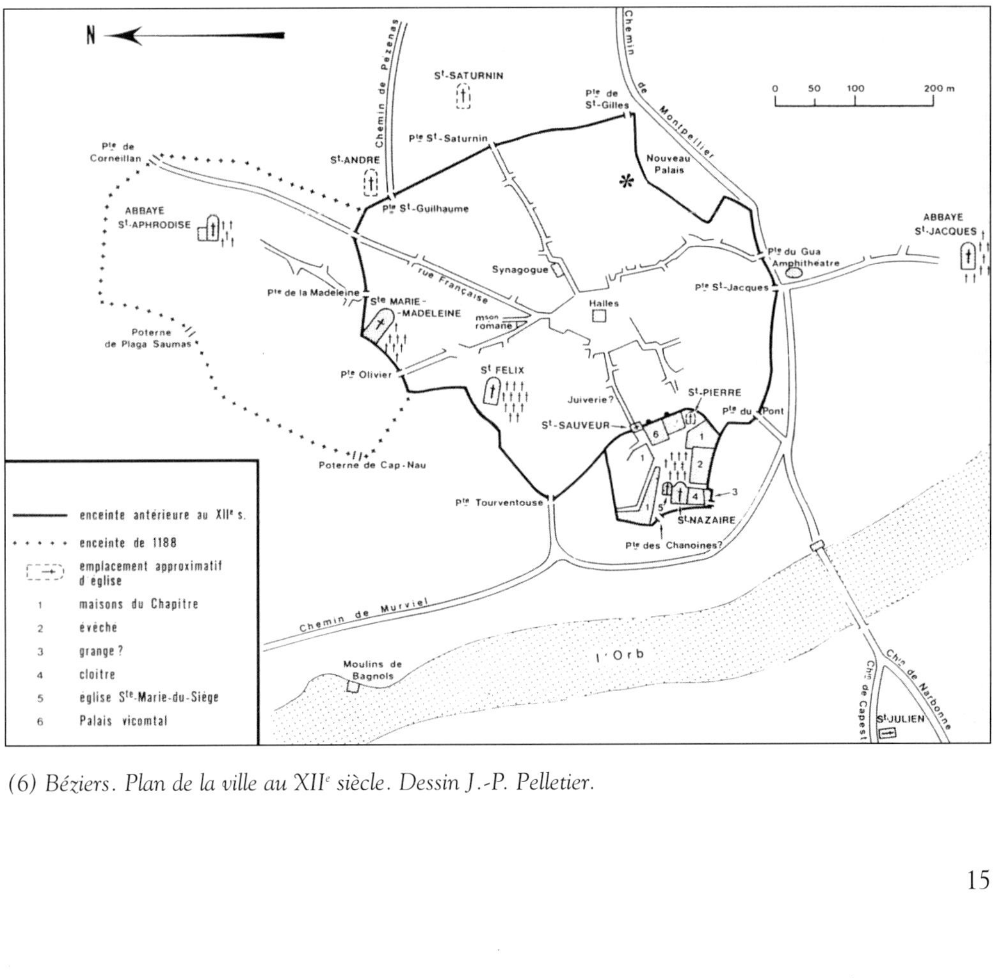

(6) Béziers. Plan de la ville au XIIe siècle. Dessin J.-P. Pelletier.

l'intérieur de l'enceinte réduite ovale *(13)*. A Aix-en-Provence, *cardo* et *decumanus maximus* correspondent aux rues du Bon Pasteur et Gaston de Saporta, cette dernière étant restée jusqu'à nos jours un axe majeur de la ville. A Béziers *(6)*, les axes orthogonaux principaux se sont conservés avec, à leur croisée une place sur laquelle donnait au Moyen Age la maison consulaire et occupée maintenant par les halles. Mais la rue principale (rue Française) était alors en biais par rapport à ce réseau ; or cette rue, menant à la route de Bédarieux, était déjà un axe important à la fin de l'Antiquité, déterminé par le tracé d'un aqueduc.

Dans certains cas, de brutales interruptions sont survenues dans le tissu urbain antique, comme à Arles où le quadrillage gallo-romain transparaît au nord-est des cryptoportiques alors qu'au nord-ouest de cet édifice qui semble correspondre au forum, la présence au Moyen Age d'îlots de maisons constitue une rupture. Là où le schéma antique est encore lisible il y a cependant eu de légers glissements d'habitations, d'infimes modifications qui ont entraîné une rupture avec la rigueur des tracés anciens. Il est rare que l'on puisse mesurer la manière dont ces modifications se sont opérées ainsi que l'époque. A Aix-en-Provence, la fouille menée en 1984-1985 sur le site de l'ancien palais archiépiscopal a porté sur une *insula* du Ier siècle et une partie d'une seconde, les deux îlots séparés par un *decumanus*. Il est intéressant de remarquer que la première *insula* était organisée autour d'une cour (celle d'un entrepôt plutôt que d'une habitation) qui s'est perpétuée, agrandie, au cœur du palais médiéval et jusqu'à l'heure actuelle. A partir du IIe siècle et jusqu'à l'Antiquité tardive, on observe un exhaussement des chaussées et l'ancien *decumanus* se trouve de fait fermé à la circulation charretière par des empiétements liés à l'installation, entre les deux *insulae*, d'un portique ne laissant passer plus que des piétons. La masse imposante du forum et des bâtiments publics voisins avait comme isolé ce quartier du reste de la circulation urbaine, les propriétaires riverains devant profiter de la situation pour procéder à des empiétements sur des parties de rues qui en fait ne servaient plus beaucoup. Malgré ces transformations de détail, ce secteur se maintint durant près d'un millénaire, à travers tout le haut Moyen Age, dans son organisation antique. Il n'est cependant pas possible de dire à partir de quand les occupants devinrent des ecclésiastiques : faut-il imaginer très tôt une résidence épiscopale, la demeure de clercs ou plutôt de leurs serviteurs ?

La permanence de la topographie antique s'est parfois manifestée aussi à l'extérieur des enceintes réduites. La zone laissée hors des murs n'a pas toujours été désertée, comme nous l'avons supposé pour Tours. A Paris aussi la vie ne s'est pas concentrée que dans la Cité ; les fouilles menées au XIXe siècle ont fait apparaître des nécropoles du IVe siècle autour des églises médiévales de Saint-Marcel, Saint-Martin, Saint-Hippolyte, c'est-à-dire à 4 km de la Cité, ce qui laisse entendre que l'espace intermédiaire ne saurait qu'être habité. A Limoges on retrouve dans le bourg qui s'est formé à l'époque carolingienne autour de Saint-Martial, les grandes lignes du réseau antique, qu'une structure habitée se soit conservée jusque là ou que le réseau ancien se soit maintenu à travers des zones devenues rurales.

Nous ne savons pas toujours bien localiser dans la ville médiévale l'ancien forum. Il serait cependant intéressant de savoir s'il s'est souvent perpétué sous forme d'une place sur laquelle donnaient des monuments publics essentiels, cathédrale ou lieu de l'administration municipale. A Arles, la surface située au-dessus des cryptoportiques était occupée au Moyen Age par des habitations mais le palais du podestat a été bâti sur une partie du portique méridional, et lorsque la cathédrale s'est déplacée au Ve siècle de la périphérie vers le centre, c'est tout près de là qu'elle s'est installée.

Ces immenses constructions qu'étaient les lieux voués aux spectacles ont été partiellement détruites dès la fin de l'Antiquité, dans l'intention surtout d'en récupérer les matériaux. Nous connaissons le cas d'un prêtre qui, à Arles au Ve siècle, eut le pied écrasé par la chute d'un bloc alors qu'il démolissait la scène du théâtre pour récupérer des matériaux destinés aux églises de la ville. A Metz, l'amphithéâtre a été abandonné lors des invasions du IIIe siècle ; on en utilisa aussitôt les matériaux pour les fortifications. C'est dans ses ruines que s'installa probablement le premier évêque, Clément. l'église *Sanctus Petrus in arena*, mentionnée au VIIIe siècle, dut rappeler cette première fondation. Mais ces importantes structures ont souvent servi de fondement pour des constructions qui se sont trouvées ainsi former des sortes de quartiers isolés au sein de la ville. En Italie les cas du théâtre de Marcellus à Rome et de l'amphithéâtre de Lucques sont bien connus. Nous savons qu'à Vintimille le théâtre a été occupé par des habitations modestes dès les Ve-VIIe siècles.

L'amphithéâtre de Nîmes, connu sous le nom de *castrum arenae* dès le IXe siècle, fut constitué en véritable château, défendu par au moins trois tours, pour abriter la *familia* du vicomte et un groupe de vassaux appelés « chevaliers des arènes ». Il s'agissait donc d'un quartier de chevaliers qui demeuraient dans des maisons construites dans l'arène et dans d'autres aménagées sous les arcades, subdivisées en plusieurs niveaux et éclairées par des baies géminées. Des tours défendaient aussi semblablement l'ancien amphithéâtre d'Arles, implantées au sommet de la *cavea*. Trois ont été conservées lors des restaurations qui ont fait disparaître tous les autres vestiges médiévaux *(7)*. Cette analogie avec Nîmes doit-elle induire le même type d'occupation ? En tout cas le bâtiment était au Moyen Age empli de maisons qui ont subsisté jusqu'au XIXe siècle. L'occupation a-t-elle été continue depuis l'Antiquité ? Nous l'ignorons mais nous savons que des habitations parasitaires ont gagné le cirque dès le Ve siècle et sans doute aussi le théâtre et les arènes. Les images les plus anciennes de celles-ci, au XVIIe siècle, nous montrent une implantation serrée, avec une place, les maisons organisées selon des rues concentriques respectant la forme ovale du site. Le quartier avait sa propre paroisse : Saint-Michel-de-Scala. Le théâtre de la même ville subit un destin différent puisque ses matériaux ont été remployés et que les habitations l'ont progressivement enseveli au point que son souvenir avait disparu.

(7) Arles. Tour médiévale sur l'amphithéâtre.

L'amphithéâtre de Tours au contraire paraît vide au IXe siècle. A Béziers, les fouilles ont montré que l'édifice serait resté inoccupé jusqu'aux IXe-Xe siècles. C'est après cette époque (XIe siècle ?) que l'on observe une occupation des lieux marquée par le creusement de fosses, de silos, de puits, la construction de fours de céramiques. La fouille a attesté le maintien de ce caractère artisanal jusqu'à la fin du Moyen Age. Ailleurs, dans le haut de la *cavea* on a pu mettre en évidence des fondations de murs en galets antérieures au XIIIe siècle recouvertes par des vestiges de la fin du Moyen Age, notamment un four domestique en argile. A Paris, l'amphithéâtre était encore bien visible au XIXe siècle.

Lorsqu'un amphithéâtre a été intégré dans la cité réduite, il a pu servir d'appui aux fortifications en raison de sa masse. A Tours *(40)* comme à Périgueux on a donné ainsi à une partie de la muraille une forme d'avancée en demi-cercle afin d'intégrer le monument.

Les enceintes et les édifices destinés aux spectacles n'ont pas été les seuls à subsister dans le paysage médiéval. Le palais comtal d'Arles, dit de la Trouille, réutilisait une partie des anciens thermes de Constantin *(8)*. Un arc de triomphe est resté dressé au cœur de Carpentras et les thermes en plein centre de Paris.
A plusieurs reprises sans doute, des lieux de culte païens ont été remplacés par des sanctuaires chrétiens et parfois c'est l'ancien temple qui a été conservé en changeant d'affectation, ce qui a assuré sa survie. C'est vrai en Italie pour, à Rome, le Panthéon (Sainte-Marie-aux-Martyrs), le temple de la Fortune Virile (Sainte-Marie-l'Egyptienne), celui de Vesta (San Stefano), à Assise pour le temple de Minerve (Sainte-Marie-de-la-Minerve). En France on a l'exemple du temple d'Auguste à Vienne, devenu église consacrée à la Vierge. Il ne faut cependant pas systématiser cette remarque. On a dit autrefois, sans l'ombre d'une preuve, que la cathédrale d'Aix-en-Provence avait succédé à un temple de Minerve. Un édifice dont il faut sans doute faire l'une des églises du groupe cathédral de Viviers réutilise un portique antique mais il n'est pas possible de dire si celui-ci correspondait à une aire de temple ou au péristyle d'une vaste demeure. A Nîmes la Maison carrée n'a pas survécu grâce à une transformation en église mais parce que l'administration municipale s'y est installée (le *capitolium* y est signalé en 898 et de nouveau au début du XIe siècle).

(8) Arles. Thermes de Constantin.

(9) Nîmes. Porte de France. Lithographie, 1856.

La survivance au cœur des villes médiévales d'importants bâtiments antiques n'a pu manquer d'exercer une influence sur les constructeurs. Victor Lassalle a bien montré comment l'art roman provençal s'en est inspiré : les portails romans, comme celui de la cathédrale d'Avignon, marqués par un fronton qui surmonte l'entrée en plein cintre, se réfèrent aussi bien à l'arc de triomphe d'Orange qu'aux frontons de l'amphithéâtre de Nîmes ; de la porte de France à Nîmes (9) peuvent dériver le portail de Sainte-Marthe de Tarascon et l'élévation de la dernière travée de la cathédrale de Saint-Paul-Trois-Châteaux. La présence des arcs de triomphe à Cavaillon et Carpentras n'a certainement pas manqué d'inspirer les sculpteurs romans...

La localisation du groupe cathédral à la fin de l'Antiquité, chaque chef-lieu de cité devenant la tête du diocèse, établit un point fort du paysage urbain qui s'est imposé en général jusqu'à nos jours.

(10) Senlis. La cathédrale et une tour de l'enceinte gallo-romaine. La cathédrale gothique perpétue l'emplacement antique de l'ensemble épiscopal à proximité du rempart.

L'évêque a établi le plus habituellement son siège dans les murs et volontiers à la périphérie de la surface enclose *(10)*, peut-être parce que l'espace était plus facilement disponible, pour d'autres raisons aussi sans doute (proximité d'une porte qui facilitait l'apport des matériaux et les relations avec les sanctuaires suburbains ?). C'est le cas au Mans où la cathédrale double est près de l'angle nord-est de la muraille, avec, lié à la *domus episcopalis*, un oratoire dédié à Saint-Michel dans une tour de l'enceinte. A Die la chapelle épiscopale romane se trouve aussi dans une tour. Le groupe épiscopal de Grenoble était contre le rempart, à proximité de la porte Viennoise : le baptistère découvert en 1989 est à une douzaine de mètres de l'enceinte contre laquelle est bâtie l'une des deux églises du groupe cathédral. Le groupe épiscopal de Tours s'est implanté près de l'angle sud-ouest du *castrum (40)*, celui d'Angers près de son angle oriental, celui de Nantes dans son angle nord-est, celui de Bayeux près du mur est, celui d'Evreux près du rempart sud, celui de Bordeaux dans l'angle sud-ouest. On pourrait ainsi multiplier les exemples.

C'est en plein milieu du *castrum* que se sont en revanche implantés le groupe de Rouen et la cathédrale de Reims *(13)*. A Fréjus le groupe épiscopal est au milieu de la ville antique ; le baptistère a été conservé, la fouille a révélé la présence du palais de l'évêque ; il a peut-être existé au même moment une cathédrale double dont la disposition aurait été reprise par les deux nefs médiévales de Saint-Etienne et Notre-Dame mais la fouille n'en a pas apporté la preuve. A Aix-en-Provence, le baptistère primitif conservé en élévation malgré ses multiples transformations et la fouille menée dans celui-ci et à proximité montrent que c'est aussi au cœur de la ville que l'évêque s'est installé à un moment qui n'est peut-être pas celui de la création du siège. Qui plus est, ce site central est celui du principal espace public de la ville, le forum, espace qui a été dévolu volontairement à la communauté chrétienne sans que l'on sache s'il était alors à l'état d'abandon ou si le mauvais état des constructions antiques mises au jour est seulement dû à une récupération de matériaux pour le chantier du groupe épiscopal.

A Riez comme à Alba le site cathédral est à la périphérie de l'agglomération. Dans ces deux cas le déplacement de la population vers une hauteur a laissé l'ancienne cathédrale isolée aux marges d'une ville abandonnée. A Riez, le siège épiscopal a été transféré dans la nouvelle agglomération alors qu'à Alba il s'est transporté bien plus loin, sur le bord du Rhône, à Viviers. La cathédrale de Riez est restée église paroissiale, avec fonction de cimetière pour les habitants restés dans la ville basse. A Alba l'une des églises du groupe a joué un temps un rôle funéraire avant de disparaître ; un prieuré simple, avec fonction paroissiale, bâti au XIIe siècle, perpétuera le site antique.

L'émergence d'un second noyau de peuplement : le bourg monastique

Les basiliques suburbaines établies sur des nécropoles à l'époque de l'Antiquité chrétienne donnent naissance à des abbayes qui attirent presque dans tous les cas une population plus ou moins importante. Souvent, ce regroupement de population a donné lieu à la constitution d'un bourg groupé autour de l'abbaye qui a succédé à la basilique des premiers temps chrétiens. Il s'agit là d'un second noyau urbain qui concurrence parfois la vieille cité héritée du passé romain, la ville se développant désormais à partir de plusieurs noyaux concurrents.

A Tours, la basilique Saint-Martin s'est implantée sur le lieu où avait été inhumé le saint, à 800 m de la muraille ; le bourg Saint-Martin est mentionné en 837, il est entouré d'une enceinte au début du Xe siècle en raison des incursions normandes. Autour de ce que les textes nomment *castrum Sancti Martini*, s'agglomèrent des faubourgs, ensemble que l'on appelle alors Châteauneuf. Le *castrum* paraît avoir été subdivisé dès le Xe siècle en deux zones inégales par une rue est-ouest : l'une, au sud, est réservée aux moines et aux chanoines, l'autre est habitée par les laïcs.

Saint Germain fut inhumé dans un modeste sanctuaire, dans son propre domaine, aux portes d'Auxerre. Une vaste basilique passe pour avoir été construite à cet emplacement par l'épouse de Clovis, Clotilde ; elle est en tout cas mentionnée au VIe siècle ; une nécropole se développe à proximité dès ce moment. Les fouilles ont amené la découverte de murs qui pourraient appartenir à un système de défense établi après le passage des Normands, vers 887-889, ce qui peut être mis en relation avec le *castrum sancti Germani* cité par le moine Glaber au début du XIe siècle. A partir du VIIIe siècle le monastère s'est développé, encouragé par la protection royale ; il est devenu l'un des plus puissants du royaume *(11)*, avec Saint-Martin de Tours et Saint-Denis.

(11) Auxerre. Cathédrale et abbatiale Saint-Germain.

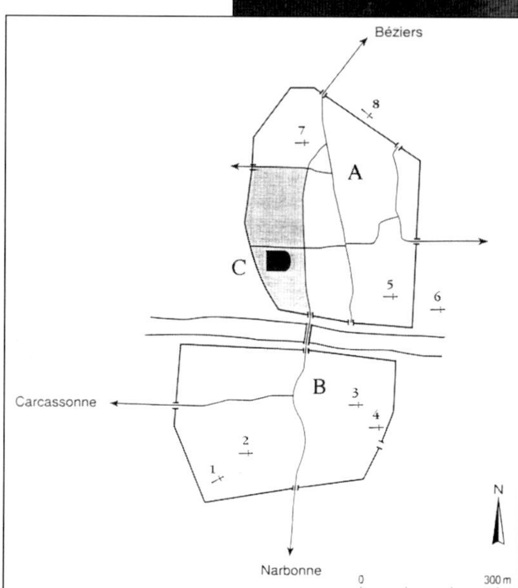

(12) Narbonne. Plan à la fin du Moyen Age. A : Cité. B : Bourg Saint-Paul. C : Quartier de la cathédrale. 1 : Abbaye Saint-Paul. 2 : Couvent du Saint-Esprit. 3 : Couvent des Jacobins. 4 : Abbaye Notre-Dame-de-Lamourguier. 5 : Notre-Dame-la-Major (église paroissiale). 6 : Saint-Cosme (église paroissiale). 7 : Saint-Sébastien (église paroissiale). 8 : Couvent des Cordeliers. Picard (J.-C.) dir., Les chanoines dans la ville. Recherches sur la topographie des quartiers canoniaux en France, *Paris, 1994.*

Saint-Paul de Narbonne est à l'emplacement d'une nécropole située de l'autre côté de la rivière par rapport à la cité, le long de la voie Domitienne ; le bourg qui se développe autour, d'abord appelé *burgus ultra pontem*, prend de l'importance en raison de la proximité de la navigation fluviale et de l'embranchement routier vers Toulouse d'une part, vers l'Espagne de l'autre, ce qui fait que le bourg regroupait auberges, marchés, centres de transaction *(12)*. A Béziers, la basilique Saint-Aphrodise, bâtie pour commémorer la sépulture du premier évêque, inhumé au sein d'une nécropole du Bas-Empire, a donné naissance à un bourg qui n'a pas reçu d'enceinte propre *(6)*.

L'apôtre de la Bourgogne, saint Bénigne, martyrisé au IIIe siècle, a été inhumé dans un cimetière chrétien situé à quelque distance de la ville de Dijon, vers l'ouest. Une basilique qui donna naissance à la grande abbaye médiévale y fut bâtie au VIe siècle. Le bourg est mentionné en 925, il est alors entouré d'une enceinte. Un marché hebdomadaire s'y tenait durant ce même siècle.

Le bourg Saint-Rémi de Reims *(13)* a connu un essor rapide pendant le XIe siècle, essor qui se ralentit pour s'interrompre au cours du siècle suivant. A l'apogée de son expansion il aurait compté une dizaine de milliers d'habitants qui, pour beaucoup, travaillaient au service de l'abbaye. Il y avait dans le bourg une place du marché, avec marché hebdomadaire et foire annuelle, une boucherie comportant douze étaux, des fours, des artisans...

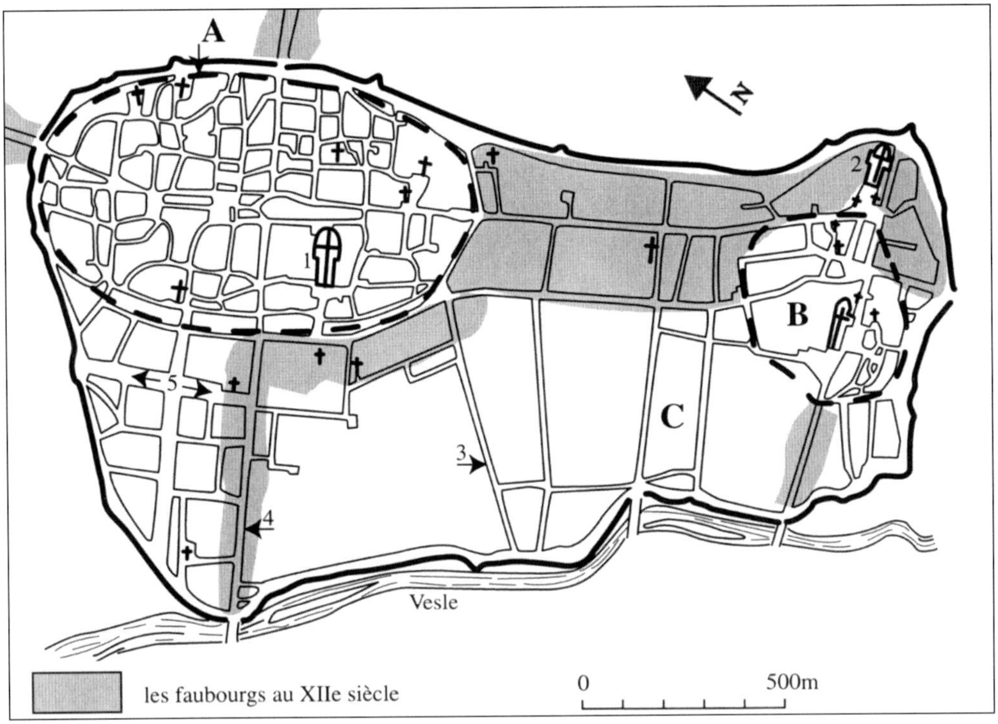

(13) Reims. Plan des accroissements successifs de la ville au Moyen Age. A : Cité. B : Bourg Saint-Rémi. C : Bourg de Venise. 1 : Cathédrale. 2 : Abbaye Saint-Rémi. 3 : Rue du Jard-aux-Drapiers. 4 : Rue du Bourg-de-Vesle. 5 : Rue de la Couture. Dessin M. Leclerc d'après Lavedan (P.), Hugueney (J.), L'urbanisme au Moyen Age, *Paris, 1974.*

L'abbaye Saint-Vaast d'Arras avait été fondée vers 650. Le bourg qui l'entourait était constitué au XIe siècle, peuplé de teinturiers installés le long de la rivière. La population commerçante était regroupée près de l'église Sainte-Croix, à proximité de la place du Marché, vers laquelle convergeait le réseau des rues. Le bourg dépassa largement la cité en population puisque celle-ci est estimée à 9 000 habitants pour le premier et à 3 000 seulement pour la vieille cité. Une situation analogue a prévalu à Limoges où le bourg Saint-Martial, appelé le Château *(castrum)*, avec ses 35 hectares, était trois fois plus étendu que la cité. Il s'était constitué autour de l'abbaye, devenue bénédictine en 848, qui succédait au sanctuaire bâti sur le tombeau du saint évangélisateur et premier évêque de la ville, auprès duquel un important pèlerinage s'était développé. Une enceinte entourait le bourg depuis le Xe siècle. Sa rue principale était la plus animée de la ville. C'est là que se tenait le marché, qu'étaient installées les corporations et que prit son essor l'importante activité de l'émaillerie limousine aux XIIe et XIIIe siècles. Des paroisses importantes s'y développèrent. Le château vicomtal était non loin de l'abbaye, là où se trouve l'actuelle place de la Motte.

Amplification des noyaux urbains

C'est le type d'accroissement le plus naturel de l'agglomération qui consiste à déborder les limites de la cité, comme cela s'était produit pour le *suburbium* antique. Ces nouveaux quartiers périphériques, d'abord non enclos, constituent ce que les textes dénomment faubourgs, parfois bourgs. Ce type d'accroissement a pu se produire de la même façon autour d'un bourg monastique lorsque celui-ci est devenu un noyau essentiel de développement urbain.

Ces accroissements se sont faits selon des processus variés, ce qui a conduit à la physionomie contrastée des ensembles urbains.

Un bon exemple est fourni par le développement d'Aix-en-Provence. Le noyau médiéval primitif est constitué par le bourg Saint-Sauveur bâti autour de la cathédrale auquel s'était ajouté au XIIe siècle un second bourg autour du château comtal, chacune de ces deux unités étant entourée de sa propre enceinte. Grâce à un acte de 1292 qui nous donne assez clairement les limites du bourg Saint-Sauveur, nous savons qu'au nord-est de celui-ci se trouvaient déjà des habitations. Au sud-est (vers l'actuelle place des Prêcheurs) existait un bourg dit Saunerie ou des Prêcheurs. Au sud, la zone habitée s'étendait jusqu'à l'actuel cours Mirabeau. A l'ouest, là où il n'y eut longtemps que des champs près des sources d'eau chaude, un censier du chapitre décomptait en 1252 un grand nombre de maisons qui allaient constituer le bourg dit des Anglais. C'est auprès du couvent des Cordeliers, à l'ouest de la ville, qu'étaient installés au XIVe siècle la plupart des juifs. Sur la route d'Italie, à l'écart de l'agglomération et de ses accroissements immédiats, le faubourg Saint-Jean existait déjà en 1302 autour de la commanderie des Hospitaliers *(24)*. Le développement respectif de ces faubourgs était inégal ce qui donna un dessin assez irrégulier au plan d'ensemble de la ville.

En Provence toujours, le développement de Carpentras, Manosque, Draguignan, s'est au contraire produit de façon assez régulière autour du noyau primitif.

Le développement d'Arles *(41)* semble s'être fait d'abord à l'ouest où un faubourg, dit plus tard Bourg Vieux, est signalé en 1152 ; ce quartier de pêcheurs et d'agriculteurs était aussi celui du marché neuf. Il fut relié à la cité par le quartier du Méjean, à caractère plus commerçant. Le Bourg Neuf, à l'est de la ville, est signalé à partir de 1150 ; sa population était plus aisée, mêlant artisans, commerçants et éleveurs : on relève les noms des rues des Peaussiers et de la Triperie.

A Lyon l'activité urbaine, d'abord limitée à la rive droite de la Saône, déborda à partir du XIe siècle sur la presqu'île où jusque là étaient des cultures et des églises. Autour de 1180, un pont fut bâti sur la Saône à hauteur de l'église Saint-Nizier et un autre sur le Rhône. La rue qui relie ces deux ponts porte le nom significatif de rue Mercière. La presqu'île sera désormais le centre économique de la ville, prenant un développement qui lui donnera plus d'ampleur que le noyau médiéval primitif.

Lorsque la ville connaît deux pôles, son développement *extra muros* se fait plus volontiers entre la cité et le bourg. Le cas de Reims est significatif *(13)*. Une expansion s'est faite en étoile, de part et d'autre des routes qui partaient des quatre portes principales, surtout à l'ouest où se trouvait l'abbaye de Saint-Denis depuis 1065. Mais le faubourg le plus important, appelé bourg de Barbâtre, reliait la cité au bourg Saint-Rémi, favorisé par un passage incessant entre les deux centres. On sait qu'il existait déjà dans la seconde moitié du XIe siècle. C'était un quartier populaire, avec notamment les ouvriers du tissage. A la rue primitive, rue de Barbâtre, s'ajouta peu après 1150 un axe parallèle, la rue Neuve. Le développement de l'habitat s'est ensuite fait vers le sud, en direction de la rivière, sur un domaine que l'archevêque décida de lotir en 1183 ; la rue de la Couture en fut l'axe, très large car elle était destinée à l'installation de la foire. Le rez-de-chaussée des maisons y formait une galerie pour abriter les loges des commerçants. C'est aussi dans ce quartier que s'installèrent les charrons, les tonneliers, le marché du bois. A la fin du XIIe siècle commença le lotissement du quartier situé au sud du bourg Saint-Rémi. Le bourg, dit de Venise, était celui des drapiers.

A Limoges, c'est vers la fin du Moyen Age que se développa un habitat, au tissu peu dense, dans l'espace qui séparait la cité du bourg Saint-Martial, au nom significatif d'Entre-deux-Villes. A Tournus l'habitat, avec aussi la place du marché, s'est implanté entre l'ancien *castrum* et l'abbaye de Saint-Philibert *(4)*.

Les agglomérations nouvelles

Il convient de distinguer les créations spontanées auxquelles les historiens donnent le nom de « villes d'accession » et les créations délibérées dues à la volonté d'une autorité, ou de plusieurs, d'attirer des habitants en un lieu donné.

Très tôt les populations se regroupèrent autour des abbayes isolées comme elles le faisaient autour des abbayes suburbaines. Le phénomène a été assez général et en ont été exclues les seules abbayes situées en des zones peu accessibles et donc défavorables à une activité économique. Il a donné lieu à la création d'agglomérations parfois d'importance modeste comme à Conques ou à Vézelay, parfois d'importance plus notable, véritables villes. Ce fut le cas à Cluny *(14)*. Dès la fin du Xe siècle, une agglomération s'y était déjà développée, suffisamment pour que l'on parle alors de bourg. Celui-ci semble s'être d'abord constitué autour de l'église Saint-Mayeul, au nord-ouest de l'abbaye, église qui aurait préexisté à la formation de la ville, peut-être en liaison avec la présence de la *villa* carolingienne. A ce quartier aux maisons éparses se serait ajouté ensuite un quartier organisé autour de la place du marché et de la paroisse Notre-Dame, au sud de l'abbaye.

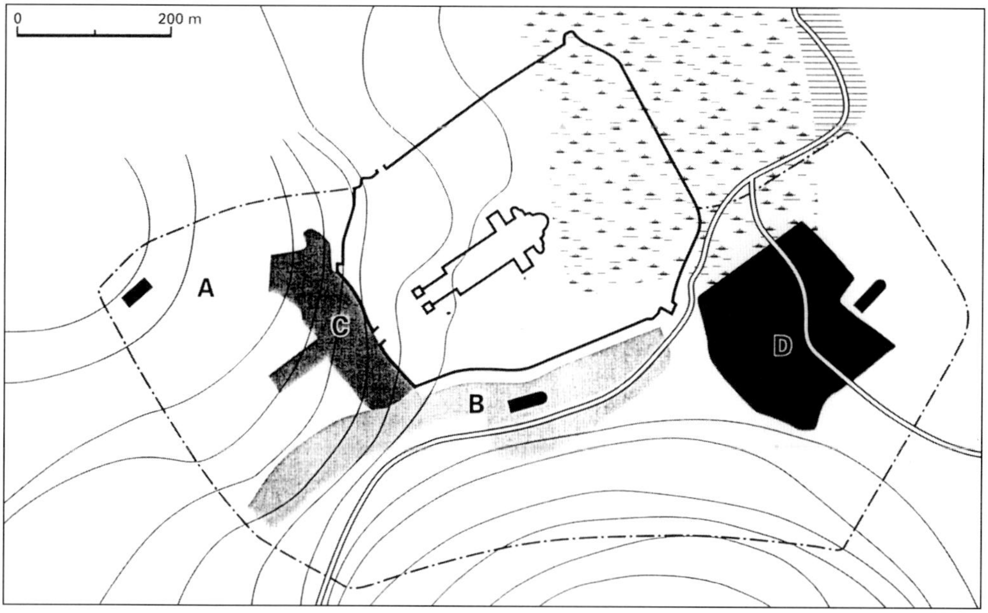

(14) Cluny. Evolution du bourg monastique. A : Eglise et quartier Saint-Mayeul. B : Eglise et quartier Notre-Dame . C : Quartier devant la grande porte de l'abbaye. D : Eglise et Bourgneuf Saint-Marcel. Garrigou-Grandchamp (P.) et alii, La ville de Cluny et ses maisons, *Paris, 1997.*

Seraient venus enfin, dans un ordre incertain, un quartier situé en avant des portes de l'abbaye et le Bourgneuf, de plan quadrangulaire, autour de l'église paroissiale Saint-Marcel ; ce dernier quartier, constitué vers la fin du XIe ou le début du XIIe siècle, comprenait une partie abritant de riches demeures incluant des jardins et une plus populaire, au réseau plus serré. L'appellation de *burgus* dont on a usé à la fin du XIe siècle implique que l'agglomération de Cluny était close à cette date ; les remparts sont clairement mentionnés en 1186, les portes (il y en avait sept) en 1231. Le nombre élevé des moines devait entraîner la présence d'un grand nombre de commerçants et d'artisans qui avaient à fournir les denrées nécessaires, de grandes quantités de vin, des produits artisanaux à l'abbaye ; s'ajoutaient les corps de métiers du bâtiment travaillant sur un chantier interminable, eux-mêmes grands consommateurs de produits divers. A la fin du Moyen Age, la population du bourg de Cluny pouvait atteindre 3 000 habitants.

En France, Saint-Denis fut sans doute la plus belle réussite en ce domaine. L'abbaye profita de la présence des sépultures royales, de la venue de souverains, du pèlerinage auprès de la tombe de l'un des plus célèbres martyrs. Un marché et une foire annuelle chaque mois de juin furent institués à l'époque carolingienne, une industrie drapière s'installa, encouragée par des privilèges de Philippe le Bel, et aussi une industrie de la céramique. L'enceinte de l'abbaye, vers 869, qui s'étendit ensuite à tout le bourg, fut un élément de sécurité qui facilita le développement de la ville.

Les châteaux donnèrent naissance à des agglomérations encore plus nombreuses. Si le château était implanté sur une hauteur conséquente, le bourg se constituait à ses pieds, soit sur un seul côté, soit par enveloppement plus ou moins complet ; ainsi à Chinon, Loches, Foix, Beaucaire. A moins que le bourg ne se perche lui-même autour du château comme à Chaumont, Châteaudun. Un cas plus rare est celui de l'agglomération qui s'installe dans les murs mêmes du château si son enceinte est suffisamment vaste, la chapelle castrale devenant alors église paroissiale. Caen en donne l'exemple : le duc Guillaume construisit en 1060 un rempart autour de la partie haute du site, englobant des maisons et une église préexistantes. Le bourg a ici précédé le château.

Les créations délibérées ont dans un premier temps été le fait de la colonisation. Si l'expansion germanique vers l'est a donné naissance à des villes de premier plan (Berlin, Lübeck, Dantzig), si la *Reconquista* espagnole et le développement du pèlerinage de Compostelle ont permis l'émergence de villes d'une importance encore notable, la colonisation intérieure française du XIIe siècle n'a fait éclore que des bourgades qui ne connurent pas de développement. Ce sont les créations plus tardives, provoquées par des motivations politiques, ayant entraîné la création de villes neuves, qui ont pu atteindre une certaine importance mais ne sont cependant jamais devenues de très grandes villes.

Deux causes historiques sont à l'origine de ces créations qui ont concerné essentiellement le Sud-Ouest de la France. Il y eut d'abord la rivalité entre France du Nord et France du Midi. Par réflexe de défense, le comte de Toulouse Alphonse-Jourdain créa en 1144, au débouché de la route de Paris et au passage du Tarn, Montauban. La ville se développa assez vite et Jean XXII l'érigea plus tard en évêché. C'est dans la même intention que Raymond VI, en pleine guerre albigeoise, fonda Cordes, sur un site bien défendu, en 1222. Après le triomphe français, les nombreuses fondations royales étaient destinées à franciser le territoire conquis. Ce fut d'abord l'œuvre d'Alphonse de Poitiers, frère de Saint Louis, dans les territoires dont il se vit confier l'administration (l'ouest du Languedoc). On lui doit Villefranche-de-Rouergue, Villefranche-de-Lauragais, Gimont, Villeneuve d'Aveyron, Villeneuve-sur-Lot. Après lui, Eustache de Beaumarchais continua son œuvre avec notamment Mirande, Pavie.

Dans le Languedoc oriental, administré directement par le roi, les créations ont été exceptionnelles et dues à des conditions particulières. La ville neuve de Carcassonne, créée de l'autre côté de l'Aude, est due à la volonté de Louis IX d'assigner aux habitants du faubourg situé entre la cité et la rivière, rasé après une dernière tentative de sursaut anti-français en faveur de Raymond Trencavel, un nouvel habitat qui ne soit pas préjudiciable à la défense du château et de la cité. Philippe III autorisa la ville nouvelle à se pourvoir d'une enceinte en 1276. Aigues-Mortes est née de la volonté du même Louis IX de posséder une place d'armes destinée à l'embarquement pour la croisade. Une charte très avantageuse pour les futurs habitants fut accordée en 1246. La tour de Constance date de cette époque, les autres fortifications sont postérieures.

La rivalité franco-anglaise est à l'origine d'un grand nombre de bastides, surtout en Périgord, dans la région d'Agen et dans le Gers. Chaque camp établissait une fondation, un peu comme on avance un pion. Les Anglais fondaient Libourne en 1230 ; en 1255 c'est Alphonse de Poitiers qui établit Sainte-Foy-la-Grande sur la Dordogne. Edouard Ier multiplia les fondations dans la région de la Dordogne vers 1270-1280, tel Beaumont-de-Périgord et aussi Valence-d'Agen près de Montauban. De leur côté, les vicomtes de Béarn et les comtes de Foix établirent aussi leurs bastides face aux fondations anglaises des Plantagenêt. Lorsque le Languedoc tomba aux mains des Français, ils le firent face aux fondations d'Alphonse de Poitiers puis d'Eustache de Beaumarchais.

Il y eut aussi des créations dues à des causes tout à fait spécifiques. La vieille ville de Mirepoix (Ariège) fut détruite par une inondation en 1279. Les survivants obtinrent l'autorisation de bâtir une ville nouvelle sur la rive opposée de la rivière. La première église paroissiale, reconstruite beaucoup plus vaste, fut consacrée en 1298 et devint cathédrale en 1317.

Un point commun de toutes ces fondations c'est qu'elles sont bien ordonnées. On y adopte une subdivision en un certain nombre d'îlots, les moulons, de parcelles disposées selon un plan régulier, aux rues orthogonales. Sont prévues la place, les halles, l'église paroissiale. Les parcelles sont de surface égale, l'habitat des villes neuves étant parfaitement égalitaire ; la surface de celles du Périgord varie de 100 à 300 m^2 selon les villes. Elles sont aussi entièrement bâties, à l'exclusion de cours ou de jardins, ceux-ci étant localisés hors les murs. Cette densité du bâti et aussi la présence d'au moins un étage fait que l'on peut bien considérer les bastides comme des villes, du moins au regard de nos critères.

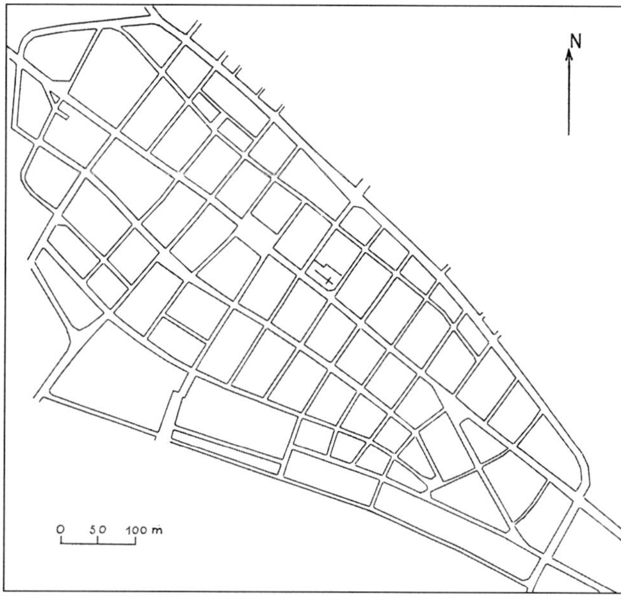

*(15) Gimont (Gers). Plan de la bastide. Lavedan (P.), Huguene*y *(J.), « Bastides du Gers »,* Congrès archéologique de France, *Gascogne, 1970.*

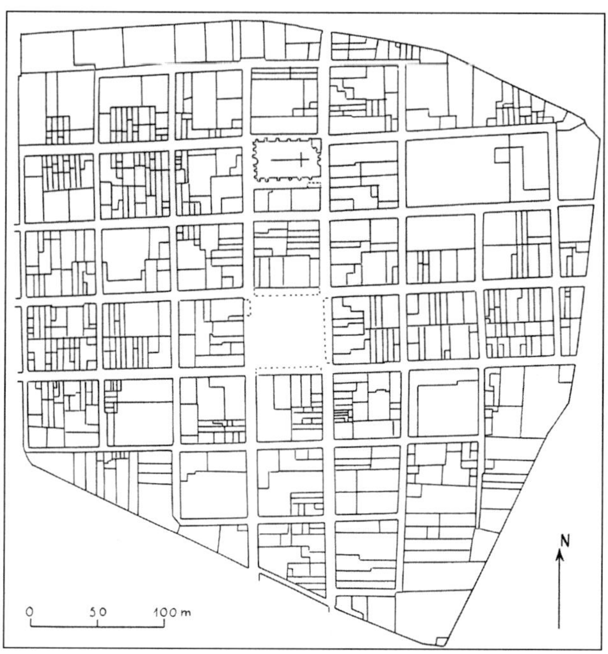

*(16) Mirande (Gers). Plan de la bastide. Lavedan (P.), Huguene*y *(J.), « Bastides du Gers »,* Congrès archéologique de France, *Gascogne, 1970.*

Dans deux études des bastides du Gers et de l'Agenais menées il y a déjà longtemps (publiées en 1969 et 1970), Pierre Lavedan et Jeanne Hugueney distinguaient, en ne tenant pas compte de quelques cas atypiques et exceptionnels, deux types d'organisations que l'on retrouve aussi dans les villes nouvelles du Périgord.

D'une part, les plans établis sur un seul axe, donnant à l'agglomération, bâtie sur un promontoire allongé ou une crête, une allure longitudinale. Deux ou trois rues importantes sont disposées parallèlement à l'axe principal, recoupées par une série de voies secondaires transversales. La place constitue un élargissement de la voie principale (Gimont, Bassoues) *(15)* ou s'insère entre deux axes qu'elle fait communiquer (Valence-sur-Baïse, Montréal). A Montréal les îlots sont des rectangles de 110 sur 550 m, divisés en deux dans le sens longitudinal par des rues plus étroites parallèles aux axes principaux.

D'autre part, les bastides de plaine présentent un plan établi sur des axes perpendiculaires ; le dessin est proche du rectangle (Pavie, Monpazier) ou du carré, avec très souvent des angles abattus (Cologne, Solomiac) ou arrondis (Marciac). A Mirande et Pavie, deux bastides datées de 1281, les îlots sont tous des carrés de 50 m de côté *(16)*. Ailleurs ils sont souvent proches du carré. La place occupe la surface de celui du milieu, ce qui lui donne parfois des dimensions relatives considérables lorsque le nombre des îlots n'est pas élevé (Cologne, Solomiac).

Les places sont uniformément entourées de « couverts », galeries ouvertes, en bois ou en pierre, aménagées sous les maisons des îlots voisins. Dans le cas de places constituées par l'élargissement de la rue principale, la circulation traverse la place en son milieu *(15)* ; dans les autres cas, on y accède le plus généralement par les angles, les cornières, sous un prolongement des couverts *(303)* ou, comme à Monpazier, par une sorte d'échancrure aménagée dans l'angle des maçonneries *(304)*. Sur la place sont implantées les halles avec souvent, au-dessus, le siège de l'administration municipale.

L'église peut donner sur la place, soit sur le côté (Valence-sur-Baïse, c'est le cas aussi à Mirepoix), soit plutôt en angle (Montréal, Monpazier, Beaumont-du-Périgord, Villeneuve-sur-Lot, Miramont-de-Guyenne). A Gimont elle donne sur l'axe principal, à un îlot d'écart par rapport à la place. L'insertion d'un îlot entre la place et l'église se retrouve à Marciac, Molières.

Ces remarques données à partir de l'exemple des bastides du Gers, de l'Agenais et du Périgord, peuvent être transposées dans les autres régions. La ville neuve de Carcassonne affectait un plan polygonal, l'un des côtés jouxtant la rive gauche de l'Aude. Elle était composée de 143 moulons de 71 m^2 chacun, disposés selon une trame orthogonale, avec 11 rues est-ouest et 13 nord-sud. Cette ville fut incendiée en novembre 1355, au cours de la guerre de Cent Ans. Elle fut reconstruite en 1356 mais le périmètre du côté de l'Aude s'éloigna de celle-ci, laissant des habitations hors les murs.

Dans la même région, fréquemment, les maisons ne sont pas mitoyennes et sont séparées par un espace étroit de 20 à 40 cm qui permet l'écoulement des eaux, le mur pignon donnant sur la rue. La plupart des parcelles étant traversantes, les maisons présentent ainsi deux façades sur rue, l'une, sur l'axe principal, plus soignée que l'autre.

Toutes ces villes nouvelles, qui sont de petites villes au regard de nos critères actuels, étaient-elles des villes au regard des critères médiévaux ? Elles n'incluaient bien sûr aucun souvenir de l'Antiquité mais aussi pas de cathédrale (hormis à Mirepoix et Montauban où deux évêchés ont été créés en 1317 par Jean XXII), pas de siège du pouvoir sauf celui de la municipalité et les ordres mendiants ne s'y sont jamais installés, au Moyen Age du moins. Témoignages cependant de l'importance relative de deux de ces villes, l'installation des Carmes et des Jésuites à Montauban et des Jésuites à Carcassonne au XVIIe siècle, la présence d'une préfecture à l'époque contemporaine.

De la crise à la reprise

A partir du milieu du XIVe siècle, la crise qu'a connue l'Occident, avec la peste en tout premier lieu, a eu des effets désastreux sur le développement des villes qui s'est trouvé brusquement arrêté. En Provence, le nombre des feux de Grasse a diminué de 46 % de 1340 à 1351, celui d'Aix de 45 % de 1346 à 1356. A Arles où l'on comptait 2 188 propriétaires en 1319, il n'y en avait plus que 752 au milieu du XVe siècle. Au moment de la guerre de Cent Ans s'est ajouté, outre les destructions dues aux belligérants, le phénomène de démolition systématique des faubourgs lorsque ceux-ci n'avaient pas encore été englobés dans une enceinte de réunion, ceci afin d'éviter que les combattants ou les grandes compagnies de soldats démobilisés ne les utilisent pour se fixer, se protéger et ainsi mener des attaques plus efficaces contre la cité.

En 1358-1359, le capitaine Knowles pilla les faubourgs d'Orléans. Les habitants, tout en poussant alors les travaux de fortification, détruisirent les quartiers qu'ils renonçaient à enclore, y compris les églises paroissiales et même l'abbaye de Saint-Aignan que l'on avait pourtant fortifiée quelques années plus tôt mais que l'on craignait de voir tomber aux mains de l'ennemi.

C'est la crainte à l'annonce de la progression du Prince Noir qui, à Béziers, provoqua la destruction des faubourgs et des maisons religieuses extérieures : le couvent des Clarisses fut transféré dans les murs, l'église Saint-Saturnin et la maison des Hospitaliers furent rasées. En Provence, la menace vint d'abord, après 1348, des troubles qui reflétaient les luttes internes du royaume de Naples. Le pays subit les menaces des Hongrois de Charles de Duras, appuyé par la famille des Baux, qui fit appel à des troupes de routiers dirigées par Arnaud de Cervole. Ces troupes entrèrent en Provence en 1357, assiégèrent un temps la ville d'Aix. En 1368, ce furent les troupes de Duguesclin qui menacèrent Aix, appelées par le duc d'Anjou. Du coup, les habitants détruisirent dès 1357 une partie du faubourg des Anglais, les couvents extérieurs qui furent transférés dans les murs, dont ceux des Clarisses, des Dominicaines et des Carmes. La ville des Tours, l'un des anciens pôles de la cité antique, fut désertée.

Les maisons des faubourgs de Viviers furent abandonnées autour de 1379, l'église paroissiale de Saint-Laurent détruite en 1383 et rebâtie dans les murs. La décision de démolir les faubourgs ne fut prise qu'en 1409 en raison de la présence régulière de routiers qui venaient chaque été pendant quelques jours s'installer dans les maisons ruinées et, de là, pillaient les récoltes, mettaient les troupeaux à rançon. « *Ils ne prolongeraient pas leur séjour si les maisons venaient à manquer* » disait-on ; la communauté décida donc de les raser, le bois fut brûlé, les pierres réutilisées pour les remparts.

Dans ce contexte de crise, le mouvement de construction s'arrêta. C'est ainsi qu'on ne compte pas les chantiers de cathédrales interrompus, parfois définitivement. La reconstruction de la ville neuve de Mirepoix, en grande partie détruite par des routiers en 1362, se révéla difficile : la nouvelle agglomération ne compta plus que neuf moulons au lieu des 28 qui existaient auparavant.

Une exception de taille est constituée par la ville d'Avignon qui, devenue résidence pontificale en 1308, se transforme en un vaste chantier. Il s'agit d'abord de loger dignement le souverain pontife et les services centraux de l'Eglise mais aussi le Sacré Collège. Si les cardinaux se contentèrent dans les premiers temps des « livrées », regroupement de maisons réquisitionnées, ils les remplacèrent vite par de riches demeures aux allures de palais dont plusieurs ont été conservées. Il fallut donner une nouvelle résidence à l'évêque d'Avignon évincé de son ancien palais : ce fut ce que nous nommons le Petit Palais, élevé en contrebas de la cathédrale *(321)*. Certes, au moment où éclata la Grande Peste, une large partie du palais pontifical était déjà construite (l'ancien palais épiscopal qui avait servi de résidence à Jean XXII avait été remplacé de 1335 à 1340 par ce que nous appelons le Vieux Palais auquel s'est ajouté le Nouveau Palais bâti par Clément VI à partir de 1342) ainsi que les résidences cardinalices. Mais le chantier du Nouveau Palais battait encore son plein au moment où éclatait la peste : on bâtissait la luxueuse galerie de la Roma, en arrière de l'ensemble monumental. Dans les années suivantes, la tour Saint-Laurent allait être élevée contre la grande chapelle dans un délai très bref (de 1353 à 1355 pour le gros œuvre). S'ajoutaient les multiples églises, fondations des cardinaux. La collégiale de Saint-Didier fut reconstruite de 1356 à 1359 aux frais de la succession du cardinal Bertrand de Déaux. Le cardinal Pierre Després institua en 1358 un chapitre pour desservir l'église Saint-Pierre qui fut reconstruite assez lentement puisqu'elle ne fut achevée qu'au début du XVIe siècle. Le cardinal Pierre de Cros fit construire à ses frais l'église du monastère bénédictin de Saint-Martial après 1378. Après sa mort en 1388, le cardinal Jean de Lagrange prit à sa charge l'achèvement des travaux ; le cardinal Anglic Grimoard finança la chapelle des religieuses bénédictines de Fours qui avaient cherché refuge dans la ville en 1362 par crainte des routiers. C'est le cardinal Hugues de Saint-Martial qui fit rebâtir l'église des religieux cisterciens de Sainte-Catherine. Cette liste de chantiers provoqués par le séjour pontifical est loin d'être exhaustive. On peut se demander comment la commande pontificale et cardinalice a pu maintenir sans trop la ralentir l'activité des chantiers à un moment où le manque de main-d'œuvre devait inévitablement se faire sentir ; c'est tout juste si l'on constate une brève interruption de l'approvisionnement en pierre au moment où éclate la peste en 1348 et un ralentissement du chantier de la grande chapelle (l'architecte Jean de Louvres quitte pour quelque temps Avignon afin de fuir l'épidémie). Certes, dans les mois qui ont suivi, le prix de la pierre a doublé sans que l'on puisse dire si ce phénomène a été dû à l'augmentation générale des prix ou plus précisément à une volonté des commanditaires de payer plus cher pour mobiliser à leur profit une production entravée par la crise. Celle-ci n'a finalement pas empêché la poursuite du chantier du palais, ni, après 1355, la réalisation de neuf kilomètres de parements d'enceinte en belle pierre de taille autour de la ville à un moment où les grandes compagnies exerçaient leur menace.

La présence pontificale à Avignon a eu des répercussions sur des chantiers plus éloignés. C'est certainement en raison du redressement de l'abbaye de Saint-Victor à Marseille, dû à l'action de l'abbé Guillaume Grimoard, élu pape sous le nom d'Innocent VI en 1362, qu'une reconstruction du chevet et du transept de l'église abbatiale put se produire à partir de 1363. La reconstruction de la cathédrale de Carpentras débuta en 1405 mais les travaux traînèrent faute de financement.

Le cas de Douai montre que les situations étaient peut-être plus contrastées. On y note une faible occupation de l'espace au XIIIe siècle et une densité d'habitations beaucoup plus forte aux XIVe et XVe siècles au moment où le déclin de l'industrie drapière s'ajoute localement à la peste noire et à la guerre !

C'est à partir du milieu du XVe siècle et surtout vers la fin de ce siècle que les signes de reprise se manifestent, notamment par un important mouvement de reconstruction. Une étude des maisons d'agglomérations dans le sillon rhodanien, entre Valence et Beaucaire, semble montrer que les villes et les bourgs étaient de vastes chantiers vers la fin du siècle : là où existaient des constructions romanes ou gothiques en pierre, celles-ci ont été profondément modifiées, des étages ajoutés, les façades recevant de nouvelles ouvertures, portes et fenêtres, pour se conformer au goût du jour (Viviers). Là où les maisons étaient bâties en matériaux moins solides (pan-de-bois ?), on a entièrement reconstruit et dans ces bourgs réputés médiévaux, réellement entourés de murailles médiévales, on n'observe pratiquement plus aucune trace d'habitation antérieure à la fin du XVe siècle. Nous verrons, lorsque nous étudierons la maison urbaine, qu'au même moment, le développement de l'usage de l'escalier en vis dans les maisons des plus grandes agglomérations facilitait la superposition de plusieurs unités d'habitations au sein d'une même unité de construction. Une étude récente de la petite ville de Rieux-Volvestre, dans le Toulousain, montre aussi que le style du décor de la plupart des maisons en pan-de-bois est attribuable à la deuxième moitié du XVe siècle, moment marqué à la fois par le phénomène de reconstruction et par un réaménagement du parcellaire.

Les chantiers d'églises, interrompus sauf dans le milieu avignonnais, reprirent aussi vers la même époque. On le voit bien en Provence. L'archevêque Olivier de Pennart fit réactiver le chantier de la cathédrale d'Aix en 1477 : réalisation d'une dernière travée carrée semblable aux travées du reste de la nef, achèvement du clocher par l'ajout d'un étage carré et d'un second octogonal. De la même façon, le clocher de Saint-Pierre d'Avignon fut bâti sur plan octogonal en 1495, celui de Sainte-Marthe de Tarascon à partir de 1470. L'achèvement de nefs construites antérieurement fut l'occasion de renouveler en Provence et à Avignon la formule du portail qui n'avait jamais connu un grand développement jusque là dans les églises gothiques de ces régions : entre deux contreforts placés en biais qui encadrent la façade, se développe un large portail encadré de deux pinacles, subdivisé par un trumeau orné d'une statue, coiffé de voussures en arc brisé extradossées d'un grand arc en accolade dont le gros fleuron coupe une corniche destinée à marquer nettement les deux niveaux de l'élévation. La façade de la cathédrale d'Aix illustre parfaitement ce modèle que l'on retrouve aux églises Saint-Pierre (à partir de 1512) *(17)* et Saint-Agricol d'Avignon et au portail méridional de la cathédrale de Carpentras (vers 1498).

(17) Avignon. Eglise Saint-Pierre, façade.

Les mêmes constatations peuvent être faites pour la Bretagne et la Normandie, régions particulièrement touchées par la guerre. Mais la reprise de la construction y paraît un peu plus précoce. Le duc de Bretagne Jean V fit rebâtir la cathédrale de Nantes et en posa la première pierre en 1434. Le chantier connut des difficultés de financement et on travaillait encore à la façade au début du siècle suivant. L'église Notre-Dame de Carentan (Manche), très endommagée, fut reconstruite à partir des années 1440. L'achèvement de Saint-Gervais de Falaise (construction du chevet) dura du milieu du XVe siècle au milieu du suivant. A Rouen, l'église Saint-Maclou est bâtie de 1436 à 1520 ; la nef de l'abbatiale Saint-Ouen (fenêtres hautes et voûtes) est achevée de 1464 à 1515, avec le couronnement d'une grosse tour à la croisée, bâtie à partir de 1490 ; le chantier de la cathédrale est repris vers la fin du XVe siècle, avec la surélévation de la tour Saint-Romain, la construction de la chapelle Saint-Etienne qui sert de base à la tour du Beurre, bâtie à partir de 1506 ; c'est à ce moment que l'on entreprend l'embellissement de la façade avec la réalisation de sa parure sculptée. A Saint-Pierre de Caen, le chevet, qui marque l'achèvement de la reconstruction de l'église date de 1490-1510. En Lorraine, citons la cathédrale de Toul, dont la réalisation de la façade, de 1460 à 1496, marque l'achèvement. L'église de Saint-Nicolas-de-Port est complètement rebâtie à partir de 1481. On pourrait ainsi multiplier les exemples.

Le Moyen Age s'achève donc pour les villes par une période de renouveau. L'activité des chantiers aboutit à leur donner une physionomie nouvelle qui s'est souvent transmise jusqu'à nos jours lorsque les agglomérations n'ont pas trop été transformées par les bouleversements du XIXe siècle.

II. La ville médiévale est entourée de remparts

L'image que l'homme du Moyen Age se faisait de la ville est d'abord celle d'un rempart. Un rempart en pierre de taille, un rempart avec une porte solide.

L'enceinte fortifiée assure la défense mais aussi la séparation claire entre ce qui est dans la ville et ce qui ne l'est pas ; il y a le monde de la ville et celui du dehors. Le monde du dehors c'est celui de la campagne avec ses paysans, c'est aussi celui des nouveaux arrivants mal intégrés au monde urbain, celui des pauvres et des malades abrités par les institutions d'aumône installées en dehors des murailles, celui des professions polluantes ou à risque que l'on relègue réglementairement en dehors de la ville enclose. La muraille donne l'image d'un monde refermé sur lui-même.

Des murailles de pierre ?

L'iconographie présente des courtines systématiquement faites de pierres de taille. Celles de Carcassonne et d'Aigues-Mortes *(305-306)* sont de belles réalisations, bâties effectivement en pierre de taille. Elles offrent aujourd'hui un attrait touristique et paraissent ainsi procurer une représentation de ce qu'ont été partout les fortifications médiévales. Or il n'en est rien. Ces enceintes continues en pierre, bien crénelées, flanquées régulièrement de tours, ne sont pas du tout représentatives de la fortification urbaine médiévale : ce sont des créations royales, mises en œuvre au moyen d'un financement exceptionnel. Il n'en est pas allé de même pour les autres agglomérations.

Il faut considérer à part le cas des *civitates* romaines où on a pu se contenter d'entretenir l'enceinte antique que l'on n'éprouva pas le besoin de remplacer. Souvent la muraille et les tours antiques ont été conservées fort longtemps. A Carcassonne, elles sont en partie restées en place lors de la remise en défense du XIIIe siècle. On en voit toujours de bonnes sections au Mans. Des tours et une portion de courtine ont été intégrées à l'hôtel de Jacques Cœur à Bourges. Deux tours romaines étaient encore debout, près de la cathédrale de Béziers au XVIIe siècle. A Evreux, la muraille antique s'est pour l'essentiel conservée jusqu'à nos jours. Elle comportait au Moyen Age trois portes et était alors entourée d'un fossé en eau.

Lorsque la ville n'était pas une cité romaine ou lorsque les vieux murs avaient été débordés par des faubourgs et qu'il fallait songer à une nouvelle enceinte, la réalité de celle-ci ne doit pas faire illusion : la fortification continue en pierre ne représente pas le cas le plus fréquent. Très souvent on s'est contenté, au moins dans un premier temps, de compléter le fossé par une simple palissade ou par des levées de terre. Lorsque l'on a envisagé d'améliorer la défense, cela s'est produit peu à peu, au fil des années, ce qui fait que la muraille présentait un aspect discontinu, des portions maçonnées, souvent près des portes, interrompant les palissades.

C'est en 1148 que Valenciennes s'entoura d'une nouvelle enceinte percée de huit portes mais, sauf sur quelques portions, il s'agissait de simples levées de terre accompagnées de palissades, seules les portes étant peut-être bâties en dur, ainsi que les portions de murs dressées là où le relief interdisait de mettre un fossé en eau. Les belles courtines de pierre que l'on peut reconnaître autour d'un certain nombre de villes de la région -Cambrai, Béthune, Arras, Avesne- aucune n'est antérieure à la fin du XIVe siècle. Le *castrum* de Douai est mentionné en 930. Il existait donc à cette date une fortification dont s'empara le comte de Flandre en 945. Cette enceinte castrale fut enveloppée par celle de la ville peut-être vers 1100. Sa construction se serait accélérée vers 1137 au moment où Douai était menacé d'un siège. Contrairement aux fortifications citées plus haut, cette muraille était alors en grès, donc en dur, sinon sur la totalité de son pourtour, du moins sur la majeure partie ; elle était crénelée et entourée de fossés en eau, percée de huit portes et quatre poternes ; elle était en revanche dépourvue de flanquements alors que l'enceinte de Cambrai en possédait dès la fin du XIe siècle. On suppose, mais les archéologues n'en ont pas encore apporté la preuve, que les villes alsaciennes de Marmoutier, Haguenau, Wissembourg étaient entourées au XIIe siècle de fortifications de terre et de bois.

Les fouilles entreprises à Saint-Denis depuis 1983 ont permis de se faire une idée assez précise des défenses érigées entre 869 et 877 sur l'initiative de Charles le Pieux afin de protéger le monastère et l'agglomération des incursions scandinaves. Il s'agissait d'une enceinte grossièrement semi-circulaire protégeant une surface de 15 hectares, composée d'un fossé en eau doublé, au sud de l'abbatiale, par un second fossé distant de 5 m du premier. Aucune trace de muraille n'a été retrouvée. On a dû se contenter d'un talus muni d'une palissade.

La première campagne visant à agrandir l'enceinte de Reims aboutit, encore au XIIIe siècle, à doter la ville d'une ceinture continue faite de fossés et de levées de terre, la construction en dur semblant se limiter aux nouvelles portes.

A Troyes, c'est seulement en 1346 qu'on ordonna le remplacement des palissades par une enceinte maçonnée. A Strasbourg, une fouille récente montre que la tour Sainte-Catherine a été bâtie en 1347 en remplacement d'une tour de bois remontant peut-être au siècle précédent. Au milieu du XIVe siècle, de nombreuses enceintes de Normandie orientale n'étaient constituées que de palissades de bois. Les travaux de remise en défense ou de construction d'enceintes de réunion commençaient souvent par ce stade comme ce fut le cas à Rouen en 1346 et même encore en 1493 lorsque les conseillers de la ville voulurent reconstruire à l'économie une partie de la muraille et pour cela prirent modèle sur les villes défendues par des fortifications de bois. Autour d'agglomérations de plus mince importance, des palissades de bois sont signalées dans le Béarn en 1372 autour de Vielleségure, en 1367 autour de Morlaàs au moment où Gaston Phébus en ordonne la réalisation ou le renforcement ; autour du bourg monastique de Rieux-Volvestre, dans la région toulousaine, les palissades de bois sont encore signalées aux XVIe et XVIIe siècles.

Le plus souvent, l'enceinte médiévale apparaît comme évolutive : on commence par creuser le fossé et établir ce que l'on peut de courtines que l'on complète par des palissades, lesquelles seront remplacées progressivement. C'est ce que montre bien l'exemple de Douai que nous examinerons plus loin à propos des enceintes de réunion et celui de Provins où sous Thibaud IV (1230-1236) on a creusé le fossé et élevé quatre tours dans la ville haute, six autour de la ville basse, le reste étant en bois ; lors d'une reprise des travaux en 1285 seize nouvelles tours furent élevées ; à partir de 1358 on en réalisa d'autres encore, on reconstruisit les portes en pierre puis des courtines de pierre remplacèrent progressivement les palissades, entreprise qui ne fut achevée qu'à la fin du XVe siècle.

L'allure des fortifications est bien différente lorsqu'il y a, de façon bien exceptionnelle, initiative et financement royaux et que des ensembles complets sont alors édifiés en quelques dizaines d'années seulement. Le meilleur exemple est celui de la cité de Carcassonne. Après la croisade albigeoise et la venue de troupes du Nord qui excellaient dans l'art des sièges et vinrent à bout sans difficulté de la résistance des villes, la croyance dans l'efficacité des anciennes enceintes n'était plus très forte. C'est pourquoi l'administration royale, une fois maîtresse des lieux, décida, afin de se prémunir contre l'éventuel retour offensif de l'adversaire et de bien affirmer son pouvoir, un renforcement considérable des défenses de Carcassonne. Ce qui se fit en trois campagnes, la première, la plus importante, de 1228 à 1239, la dernière vers 1280-1287. *(18)*

L'ancienne enceinte fut en partie conservée mais on suréleva les courtines, on procéda à des reprises en sous-œuvre, des portions furent reconstruites ainsi que plusieurs tours. Le fait marquant fut cependant l'adjonction, essentiellement durant la première campagne, d'une seconde enceinte séparée de la première par de larges lices *(18, 306)*. Elle est flanquée d'une vingtaine de tours, pour la plupart circulaires puisque l'on admettait alors que c'était le plan le plus adapté à la défense. Ces tours exercent un faible commandement sur la courtine et

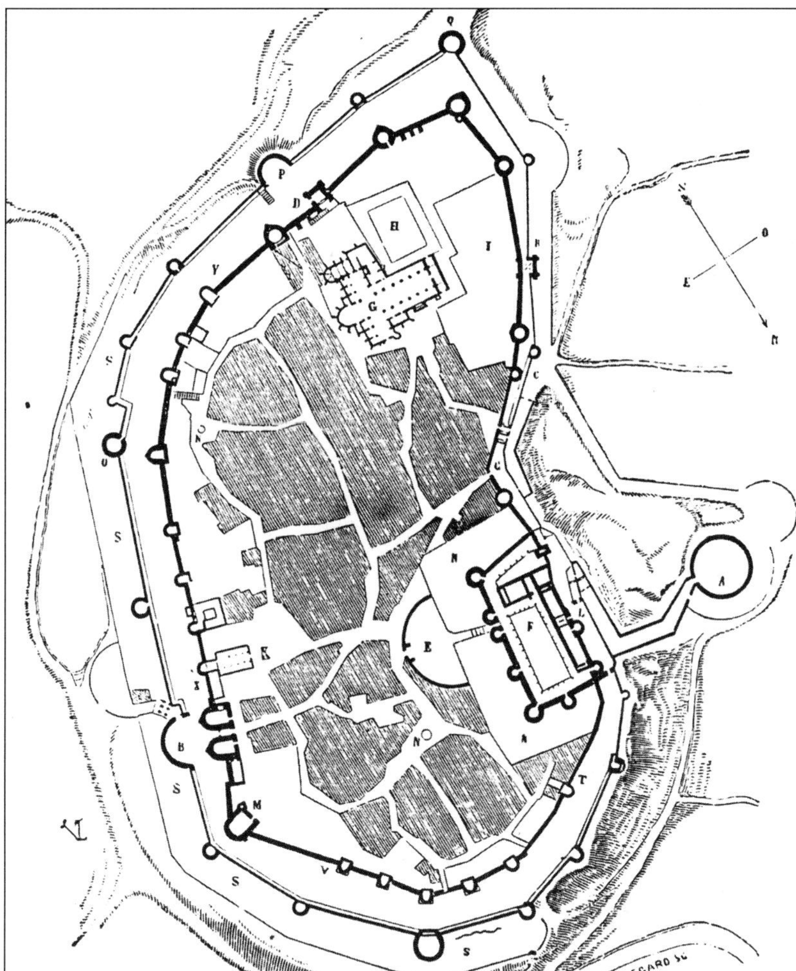

(18)
Carcassonne. Plan des fortifications au XIIIe *siècle.* Viollet-le-Duc, Dictionnaire raisonné de l'architecture française, *I.*

parfois ne dépassent pas le niveau de son crénelage ; cela évitait, si l'assaillant devait s'en emparer, qu'il puisse les utiliser comme points d'appui contre la ville. La courtine extérieure est d'ailleurs fortement dominée par l'enceinte intérieure munie de tours plus nombreuses. La tour la plus haute de la muraille extérieure, celle de Vade, date de la deuxième campagne, avant 1245 *(307)* ; c'est une grosse tour à trois niveaux voûtés, plus éloignée des tours voisines (60 et 70 m au lieu d'une cinquantaine). De la troisième campagne date la réfection d'une partie de l'enceinte intérieure. Les tours sont pour la plupart circulaires. Plusieurs (dont celle de Balthazar, vis-à-vis de celle de Vade) sont munies de becs ; leur appareil est à bossage. Près de la porte Narbonnaise, la tour du Trésau, bâtie sur le plan des tours antiques, est un ouvrage de dimensions considérables, abritant des salles spacieuses, probablement parce qu'on voulait en faire une construction d'apparat. Deux tours carrées le sont pour des raisons particulières : celle de l'Evêque enjambe les lices et celle de Saint-Nazaire a son rez-de-chaussée ouvert pour servir de passage. La porte Narbonnaise comprend deux tours semi-circulaires à bec et un corps central sous lequel est aménagé un sas fermé à l'avant comme à l'arrière par un couple herse-vantaux et dominé par un large assommoir. Si l'on s'en tient à la proposition de Viollet-le-Duc, la défense de la porte était renforcée par trois bretèches de bois superposées *(19)* ; elle a été ultérieurement précédée d'un castelet désaxé. Les courtines, les tours ainsi que la porte Narbonnaise étaient couronnées de hourds en bois comme en témoignent les trous de boulins bien apparents.

L'enceinte d'Aigues-Mortes *(305)* est une autre entreprise royale. Le premier ouvrage bâti fut la tour de Constance après 1240. Le reste des travaux se déroula après 1272 pour s'achever au début du siècle suivant. La courtine forme un quadrilatère aux murs hauts de 11 m et épais de 2,50 m, percés de deux niveaux d'archères, le premier au bas du mur, desservi depuis le chemin militaire, le second au niveau du chemin de ronde. Des hourds couronnaient les murs. Trois angles sont pourvus de tours semi-circulaires outrepassées avec pan coupé du côté de la ville, abritant des salles circulaires *(20)*. Le quatrième angle est défendu par la tour de Constance *(308)*, située nettement en avant de la courtine et reliée à elle par un pont au parapet crénelé. C'est une tour considérable, de 20 m de diamètre, défendue par de très longues archères (7 m !) et

(19) Carcassonne. Porte Narbonnaise avec restitution des parties disparues par Viollet-le-Duc. E. Viollet-le-Duc, Dictionnaire raisonné de l'architecture française, *VII.*

(20) Aigues-Mortes. Tour-porte et tour d'angle.

rendue autonome par la présence d'une citerne. Elle comporte trois niveaux, le dernier couvert d'une croisée d'ogives. Le flanquement n'est assuré que par deux tours semi-circulaires et par les ouvrages des portes assez nombreuses au demeurant. Il s'agit de cinq grandes portes et cinq petites *(20)*. Les premières comprennent un corps central accosté de deux tours semi-circulaires entre lesquelles se développe un système de sas comportant un assommoir avant l'entrée, un premier couple herse et vantaux, le sas battu par quatre archères desservies depuis les salles basses des tours et dominé par un assommoir, enfin un second couple herse-vantaux *(309)*.

C'est à la volonté d'Henri II Plantagenêt que l'on doit les importantes fortifications de pierre qui entourent à partir de 1160-1180 plusieurs villes de l'Ouest que le roi anglais considérait comme des points d'appui de son pouvoir. La muraille de Parthenay était à ce moment construite en mœllons de granit, flanquée de petites tours pleines semi-circulaires, type de construction que l'on retrouve à Loches et Poitiers. En 1230, c'est Henri III qui favorise la réalisation des fortifications de Niort.

Les enceintes de pierre reflètent les progrès de la fortification. L'usage des archères paraît généralisé dans toutes les fortifications urbaines du XIIIe siècle alors que les courtines de Provins, dans la seconde moitié du siècle précédent, en étaient encore dépourvues. A l'archère à simple ébrasement, encore utilisée à la courtine extérieure de Carcassonne, succède celle aménagée dans une niche que l'on voit apparaître à l'enceinte de Parthenay vers 1230, dont l'usage se généralise ensuite aux murs de Carcassonne et d'Aigues-Mortes. Certaines niches desservent deux ou trois archères (Provins), d'autres sont suffisamment hautes, partagées par un plancher intermédiaire, pour permettre à deux archers de tirer à travers la même fente (Aigues-Mortes) *(21)*.

La porte à deux tours est apparue sous Philippe-Auguste qui en fit élever de façon systématique dans ses châteaux et enceintes. A Cordes (avant 1228), à Parthenay (première moitié du XIIIe siècle), l'assommoir précède herse et vantaux au début du couloir *(22)*. A la porte Saint-Malo de Dinan, la herse est au début du couloir mais les vantaux à la fin, un assommoir occupant l'intervalle. Cette forme élémentaire de sas est perfectionnée à la porte de Soissons à Laon *(310)*, bâtie par le roi au début du XIIIe siècle, où après la succession habituelle assommoir-herse-vantaux vient le couloir battu par quatre archères *(23)*, sous un

(21) Aigues-Mortes. Archère aménagée dans une niche à deux niveaux.

(22) Parthenay (Deux-Sèvres). Porte de la ville.

(23) Laon. Porte de Soissons, archères défendant le sas.

assommoir, avec la particularité d'être terminé par d'autres vantaux. Vers 1280, la porte Narbonnaise de Carcassonne donne le premier exemple daté de porte à sas complet comportant aux deux extrémités du couloir le couple herse-vantaux. Les constructions royales généralisent le système dans le dernier quart du siècle : outre Carcassonne, on le trouve à Aigues-Mortes *(309)* et à Domme. A Provins, les portes Saint-Jean et de Jouy (fin XIIIe siècle), aux tours munies d'éperons, présentent la particularité de présenter un sas non couvert, placé sous la surveillance des baies des niveaux supérieurs des tours.

L'usage du bossage quant à lui, connu en Provence dès la fin du XIIe siècle et plus répandu à partir du dernier tiers du XIIIe, ne relève en rien d'un progrès défensif, quoiqu'on ait pu en dire, c'est plutôt un dispositif de prestige qui pourrait rendre la fortification plus impressionnante.

Enceintes de réunion

Nous avons noté que presque toutes les anciennes villes avaient vu se constituer autour d'elles des implantations de quartiers nouveaux, bourgs ou faubourgs, qui multipliaient les surfaces urbanisées. La réalisation d'enceintes visant à réunir les différents centres de peuplement n'avait pas d'abord comme intention de protéger les nouveaux quartiers ; il s'agissait plutôt de fixer la nouvelle extension du territoire communal, de rétablir l'unité de la ville en effaçant les particularismes. Les premières opérations semblent remonter au début du XIIe siècle, le mouvement s'amplifiant au siècle suivant et s'achevant au XIVe, cette fois pour des raisons de sécurité en raison des craintes suscitées par la guerre.

Il est bien rare que, comme ce fut le cas en Italie à Bologne, la commune ait voulu marquer des limites avant la progression du peuplement et une occupation suffisante du sol. Dans la presque totalité des cas, la ligne fortifiée a accompagné avec retard l'extension de l'agglomération. D'abord par souci d'économie car les dépenses auxquelles il fallait faire face dans ces entreprises étaient énormes, mais aussi par refus d'incorporer trop vite des populations fraîchement débarquées de la campagne et que l'on ne jugeait pas assez intégrées à la vie urbaine, ou des quartiers d'artisans consacrés à des activités insalubres. Cela apparaît nettement à Reims où les abbés de Saint-Rémi et de Saint-Nicaise, et peut-être aussi l'archevêque, se sont montrés très réticents à l'idée de regrouper toute la ville dans un même rempart, se refusant ainsi à toute participation financière. Il faut remarquer le cas exceptionnel d'Autun où, parallèlement à l'établissement d'une enceinte réduite entourant une surface très limitée, la longue muraille antique fut conservée mais n'entoura d'abord qu'un espace à peu près vide ; les habitations s'y installèrent ensuite mais ne dépassèrent jamais, jusqu'au XXe siècle, les limites antiques.

Les réunifications les plus précoces ont parfois concerné des bourgs marchands dépourvus de l'enceinte propre qui protégeait souvent les bourgs monastiques. A Dijon, le duc Eudes II a entrepris vers 1150 la réalisation d'une enceinte réunissant la cité, le bourg Saint-Bénigne mais aussi les quartiers marchands. A Rouen, l'enceinte de 1150 englobait les quartiers artisanaux, y compris ceux des teinturiers et des tanneurs. A Arles, c'est sans doute dans le cours du XIIIe siècle que le Bourg Neuf et le Bourg Vieux dont on a signalé plus haut l'activité économique ont été intégrés dans les murs *(41)*. Une vaste entreprise commencée à la fin du XIIIe siècle et achevée en 1358 aboutit à réunir le bourg Saint-Rémi à la cité de Reims mais aussi à intégrer tout le territoire, dont nous avons vu la vocation commerçante, qui s'étendait jusqu'à la Vesle *(13)*. C'est en relation avec les menaces exercées par la guerre de Cent Ans qu'au Mans une muraille intégra à la ville, à partir de 1364, le faubourg des Tanneurs installé entre la Sarthe et le mur de la cité, et, à la fin du siècle, le faubourg qui, autour de l'église Saint-Benoît, regroupait bouchers, poissonniers et forgerons.

A Toulouse, ce sont au contraire les bourgs qui s'étaient développés autour des monastères de Saint-Sernin et de Saint-Pierre-des-Cuisines qui furent inclus dans la surface enclose par une muraille reliant dès le début du XIIe siècle l'ancienne fortification de la cité à la Garonne ; le tracé en a été un peu précisé par des fouilles menées en 1987. C'est un bourg monastique aussi, qui jusque là ne disposait pas de protection propre, celui de l'abbaye de Saint-Aphrodise, qui a été rattaché à la cité de Béziers en 1188 *(6)*. A cette date, l'abbé de Saint-Aphrodise, celui de Villemagne et les habitants du bourg passèrent un accord sur les dépenses relatives à la fortification.

A Tours, les deux noyaux urbains ont été réunis par une enceinte construite de 1356 à 1361 *(40)*. A l'intérieur de cet enclos, deux rues est-ouest, parallèles au fleuve, reliaient la cité au bourg Saint-Martin. Dans cet intervalle l'urbanisation resta légère.

A Douai, au nord de l'agglomération primitive, s'étaient développés à partir du XIIIe siècle de nouveaux quartiers ; c'est au début du XIVe siècle qu'une nouvelle enceinte les engloba avec un pourtour de 5 300 m au lieu de 2 200 m auparavant. Il préexistait cependant des noyaux fortifiés autour du faubourg de la Neuville. Les travaux furent décidés par Philippe le Bel. Dans un premier temps, on se contenta, semble-t-il, de simples levées de terres réalisées à partir de ce que l'on enlevait des fossés ; c'est de cette façon que l'on procéda dans les villes voisines. Quelques années plus tard commença la construction des portes, d'abord érigées en bois puis rebâties en dur à partir des années 1330. La mise en eau eut lieu en 1349. La plupart des portes, dont celle d'Arras toujours conservée, étaient constituées d'un châtelet accosté de deux tours ; la porte d'Arras présente des traces d'un châtelet de bois qui assurait le flanquement vertical pendant que deux arbalétrières en bêche battaient horizontalement le tablier du pont. Autour de 1350, la nouvelle enceinte de Douai se présentait donc encore sous la forme d'une levée de terre, seules les portes étant construites en dur. C'est à partir de la fin du XIVe siècle que l'on procéda au remplacement progressif des levées de terre par des murailles de pierre puis à leur flanquement régulier par des tours.

A Strasbourg, c'est après un siège mené en 1199 qui avait mis à mal les faubourgs, que l'on entreprit de les intégrer dans les limites de la ville. Deux tronçons renforcés par 25 tours carrées furent bâtis au nord et au sud, partant de part et d'autre des actuels Ponts-Couverts et rejoignant les angles de l'ancien *castrum*. La fouille récente a permis d'observer la structure du rempart sur quatre points ; il était bâti en brique sur une base parementée en grès et des fondations reposant sur des pilotis de bois. Le tronçon nord fut doublé dès le XIIIe siècle par un second mur. Le faubourg sud-ouest, déjà clos d'une palissade de bois au XIIIe siècle, a été protégé par une enceinte maçonnée bâtie de 1374 à 1390, fondée sur des pilotis, flanquée de cinq tours carrées et de 17 tourelles octogonales.

Un certain nombre de villes n'ont pas connu d'enceinte de réunion. Elle était inutile à Arras puisque le mur du bourg Saint-Vaast était accolé à celui de la cité. A Narbonne la rivière séparait les murs des deux agglomérations *(12)*. La distance qui séparait les deux noyaux urbains était plus grande à Limoges (500 m environ), il n'y eut pourtant pas d'enceinte de réunion. Peut-être parce que l'antagonisme était violent entre les deux pôles de la ville ; le Château était administré par son propre consulat depuis le XIIe siècle ; la Cité fut dévastée par les habitants du Château en 1103 ; au cours de la guerre de Cent Ans les deux agglomérations soutinrent les partis opposés !

L'impact de la guerre de Cent Ans

Dès les premiers temps de la guerre, les villes se révélèrent incapables de résister aux assauts ennemis. En 1346, les villes de Saint-Jean-d'Angély, Lusignan et Poitiers tombèrent sous les coups du duc de Lancastre venu de Guyenne pendant que de son côté Edouard III s'emparait de Caen. En 1356, son fils le Prince Noir s'avançait de Bordeaux à Tours en une chevauchée qui sema la terreur dans toutes les villes situées sur son passage. Non seulement les villes furent incapables de résister aux attaques d'armées organisées mais, pendant les trêves, elles étaient facilement la proie des bandes de routiers démobilisés qui agissaient pour leur propre compte. C'est que les murailles n'étaient plus entretenues depuis longtemps, en raison notamment de l'incapacité à s'entendre des seigneurs multiples et des communautés urbaines. La construction désordonnée des faubourgs, la présence de maisons appuyées contre les murs eux-mêmes au-dedans comme au-dehors rendaient les remparts inefficaces.

Fait original, ce sont souvent les communautés d'habitants et non pas le roi ou les seigneurs, responsables pourtant de la défense, qui prirent l'initiative de la remise en état des fortifications. Un bel exemple est donné par Orléans où, en 1356, devant la crainte provoquée par l'avancée du Prince Noir, les habitants s'assemblèrent, décidèrent de fortifier la ville, convinrent du tracé, levèrent les impôts nécessaires. La même année, les habitants de Langres instituaient une commission de quatre bourgeois élus pour mettre la ville en état de défense.

L'autorisation de reconstruire les murailles fut accordée pour Toulouse en 1346 mais les premiers travaux ne se produisirent qu'après 1350. Une fouille menée en 1987 place Arnaud Bernard a permis d'observer les fondations du mur de cette époque, faites d'un blocage de galets entre des parements de briques, le fossé et le plan d'une tour-porte quadrangulaire.

L'enceinte de Dijon semble avoir été dans un état assez négligé au début du XIVe siècle. De 1356 à 1360, d'importants travaux visèrent à rectifier ici ou là le tracé des murs, à aménager un glacis en avant de doubles fossés que l'on creusa ou recreusa, à murer plusieurs portes ou poternes, ne laissant subsister que six portes, chacune précédée d'une barbacane. On dut également édifier en hâte des fortifications de bois en raison du trop petit nombre des tours. Dans les années qui suivirent et jusqu'au milieu du siècle suivant, on remplaça ces petites tours par des tours de pierre plus grosses, d'abord carrées puis rondes.

A Aix-en-Provence, c'est le 3 janvier 1352 que la ville décida d'affecter les produits de la gabelle du vin et du pain à l'œuvre des portes et des murailles et chargea une commission de voir où les travaux seraient les plus utiles. Le 9 février, un tailleur de pierre était embauché pour réaliser deux portes. En 1359, la protection était encore insuffisante et le sénéchal exhortait la ville à hâter les travaux. De cette entreprise il résulta une enceinte de réunion qui intégrait à la ville les faubourgs des Anglais (à l'ouest), d'Anrabet (quartier Bellegarde), des Prêcheurs, de Saint-Jacques, le couvent des Augustins au sud-ouest. Le plan de Belleforest (1573) montre une courtine flanquée de 24 tours et portes couronnées de mâchicoulis sur consoles *(24)*. Elles devaient en fait être plus nombreuses. Plusieurs tours ont été conservées : elles sont de plan carré, chaque face percée d'une archère cruciforme *(25)*. L'une, à l'angle nord-ouest du périmètre, est octogonale, ouverte à la gorge. La sécurité de la cité était aussi assurée par une série de tours de guet installées sur les hauteurs en vue de la ville, servies chacune par deux ou trois gardes. Le plan de Belleforest en montre plusieurs. On n'en voit plus qu'une : celle dite «de César», circulaire, haute de 14 m, talutée, défendue par trois archères cruciformes et, autrefois, par un crénelage.

(24) Aix-en-Provence. *Partie sud de la ville avec ses fortifications du XIVe siècle. Plan de Belleforest, 1573. Tout près des murailles, les couvents de mendiants intégrés par la nouvelle enceinte ; de gauche à droite :* les Cordeliers (Y), les Augustins (X), les Carmes (V), les Jacobins (Q). *Hors les murs, en bas à droite, les Hospitaliers.*

(25) Aix-en-Provence. Détail d'une tour de l'enceinte du XIVe siècle : archère cruciforme.

Depuis l'arrivée des papes, les faubourgs d'Avignon avaient connu un développement considérable et l'ancienne enceinte était devenue peu efficace en raison des brèches et des constructions qui encombraient les courtines. La nécessité d'un nouveau mur plus vaste se fit donc sentir : Innocent VI le mit en chantier en 1355. Elevés à la hâte et sans solidité, ces remparts durent être refaits sous Urbain V, de 1363 à 1375. Avec ses 5 km de développement, c'est l'une des plus vastes enceintes urbaines françaises. La courtine, peu élevée (mais il faut ajouter la hauteur des fossés aujourd'hui comblés), est couronnée de mâchicoulis sur consoles, flanquée de 35 grosses tours et de 55 plus petites, pour la plupart rectangulaires, ouvertes à la gorge, beaucoup n'étant en réalité qu'un gros mâchicoulis fait d'un arc bandé entre deux contreforts très saillants. Le crénelage a en partie été restitué par Viollet-le-Duc. Les portes s'ouvraient au bas de tours elles aussi rectangulaires. Innocent VI ordonna également en 1359 la fortification des villes du Comtat. A Carpentras, la nouvelle enceinte, achevée en 1395, était flanquée de 32 tours rondes ; quatre portes s'ouvraient aux points cardinaux : il ne reste que celle dite d'Orange.

Les premiers travaux de remise en état de l'enceinte de Viviers datent de 1359-1360, c'est-à-dire juste avant la paix de Brétigny qui a fait se répandre sur le royaume des compagnies de mercenaires. Les consuls et le chapitre de la cathédrale conclurent un accord sur les réparations à faire. Le chapitre donna l'exemple en renforçant ses défenses, les plus élevées de la ville, notamment par la construction de la tour de Châteauvieux encore debout *(26)* et par celle d'un ouvrage beaucoup plus important mis au jour par les fouilles. Pour la ville basse, les consuls ordonnèrent le renforcement et la surélévation des courtines et des portes principales, le murage en cas de nécessité des portes plus petites, le creusement de fossés, l'établissement de hourds et de chemins de ronde en bois, la construction de plusieurs tours, l'abaissement des maisons extérieures aux frais des propriétaires. Les travaux étaient toujours en cours en 1365-1366, un impôt sur le vin fut alors établi.

Les comptes des marchés à la tâche passés avec l'échevinage d'Amiens révèlent d'abondantes constructions ou réparations de tours et de portes de 1385 à 1422 ; sept tours ont été bâties en 1387, sur des bases de murs déjà en place. On ne note plus ensuite que des surélévations de murs et de menues réparations à des tours.

(26) Viviers. Tour de Châteauvieux.

C'est évidemment la rivalité franco-bourguignonne qui fit accélérer l'achèvement des fortifications de Douai, ville située à la frontière des Etats bourguignons. Vers 1400, la ville présentait encore une enceinte en grande partie constituée de levées de terre, sauf quelques portes, quelques tours et les courtines sud et ouest bâties en maçonnerie. En même temps que l'on devait achever la muraille de pierre, il fallait l'adapter à la présence grandissante de l'artillerie, capable désormais, avec des projectiles de plus de 100 kg, de mettre à mal les fortifications traditionnelles. Sur les fronts les plus menacés furent érigés, à partir de 1414, des boulevards, ouvrages avancés en bois et en terre destinés à résister aux tirs d'artillerie et à permettre la riposte par les mêmes moyens. A partir de 1426, on détruisit la tour de l'angle nord-ouest pour la remplacer par une tour d'artillerie, dite tour des Dames, partiellement conservée aujourd'hui. Son mur est épais de 4 m et percé d'archères-canonnières. Une série d'autres tours furent bâties dans les années suivantes, toutes munies d'embrasures de tir de types variés destinées aux armes à feu et à l'artillerie, comportant deux niveaux et une terrasse au-dessus d'un soubassement plein.

A l'intérieur des villes ou hors des villes dans le cas de monastères *extra muros* lorsqu'ils n'avaient pas été détruits face aux menaces, les églises et d'autres grands édifices servirent de points forts que l'on rendit plus forts encore pour qu'ils participent à la défense commune.

A la suite d'une reconstruction du chœur et du transept de Saint-Victor de Marseille entamée en 1363, leur partie supérieure fut aménagée en sorte de salle d'armes entourée d'une muraille percée d'archères dans des niches en tiers-point, analogues à celles d'Aigues-Mortes. Le mur fut couronné d'un crénelage, servi par un chemin de ronde. Les quatre énormes contreforts formèrent autant de tourelles *(311)*. On observe à l'extérieur les traces d'un mâchicoulis. Le reste du monastère avait aussi été mis en défense mais de cela il ne

(27) Béziers. Cathédrale : mâchicoulis couronnant la façade ouest.

reste rien. Une vue cavalière de Marseille exécutée vers la fin du XVIe siècle montre l'ensemble des fortifications de l'abbaye : au nord de l'église, les bâtiments groupés autour du cloître sont fortifiés d'une courtine crénelée flanquée de tours carrées munies de mâchicoulis ; au sud, la tour d'Isarn est couronnée aussi d'un mâchicoulis et domine nettement la tour qui surmonte le bras sud du transept.

Alors que les autres églises et couvents situés dans les faubourgs d'Aix-en-Provence étaient détruits, la commanderie des Hospitaliers, au départ de la route d'Italie, se fortifia pour mieux supporter d'éventuelles attaques par l'adjonction de quatre tours *(24)*. Une seule a été conservée mais profondément remaniée, contre le mur nord du chevet. De celle qui lui faisait pendant au sud ne subsiste que la chapelle aménagée au rez-de-chaussée, aujourd'hui sacristie.

Ailleurs se sont des églises situées à l'intérieur des murs mais proches d'eux qui sont fortifiées, comme à Béziers les églises de Saint-Aphrodise et de la Madeleine.

Le palais épiscopal de Fréjus, transformé à partir des années 1310-1330, prit l'allure d'une véritable forteresse grâce au bossage de ses murs qui était depuis le dernier tiers du XIIIe siècle la marque obligée des fortifications de qualité. Il en reste l'aile orientale ainsi qu'une grosse tour rectangulaire à son extrémité sud. A l'autre bout de cette aile fait pendant une tour carrée que l'on dressa sur le chevet de la nef Notre-Dame : tour ouverte à la gorge et couronnée d'un mâchicoulis crénelé sur consoles.

Le chapitre de la cathédrale de Viviers décida en 1387 un prélèvement sur les donations pieuses afin de financer une surélévation du clocher de la cathédrale jusque-là inachevé afin d'en faire une tour de guet. Le sommet a été crénelé et muni d'archères cruciformes. Un guetteur fut dès lors engagé par le chapitre *(316)*.

C'est dans la seconde moitié du XIVe siècle que la cathédrale de Béziers a été achevée par sa façade occidentale encadrée de deux tours crénelées. Une balustrade crénelée les relie, portée en avant par un mâchicoulis sur quatre consoles *(27)*. Deux tourelles de guet circulaires et crénelées implantées à la jonction de la nef et du transept complètent un système de défense dont on peut se demander s'il n'est pas surtout une affirmation de puissance, l'efficacité défensive étant contredite par le percement d'un large portail gothique sculpté sous le mâchicoulis de la façade.

A l'issue de la guerre de Cent Ans, le paysage urbain français était profondément transformé. Toutes les agglomérations avaient désormais leur rempart et les fortifications disparates des temps antérieurs étaient transformées pour la plupart en remparts de pierre continus. Les faubourgs étaient intégrés dans les nouvelles murailles et ceux qui n'avaient pu l'être étaient détruits. Les monastères suburbains étaient fortifiés s'ils n'avaient été supprimés.

III. Les églises dans la ville

Les monuments majeurs au cœur de la ville ou dans son environnement immédiat sont au premier chef les églises. Pendant longtemps elles ont été les seuls monuments bâtis en pierre. Les clochers en sont des repères marquants dans la topographie *(28, 312, 313)*, à côté des tours de l'enceinte, des demeures aristocratiques et du beffroi. L'église par excellence d'une ville est sa cathédrale. Elle en est le monument majeur, visible de loin par sa situation élevée (Albi, Béziers, Laon, Viviers...) ou grâce à l'ampleur du programme architectural, notamment la hauteur de ses tours que les constructeurs gothiques ont volontiers coiffées de flèches parfois vertigineuses.

(28) Avignon. Les clochers gothiques au-dessus des toits de la ville.

La cathédrale

Dès la fin de l'Antiquité s'est bâti autour de l'évêque un complexe monumental remarquable comportant la cathédrale proprement dite composée le plus souvent de deux églises, le baptistère et la *domus episcopi*, la demeure épiscopale à laquelle il faut ajouter un certain nombre d'annexes. Le modèle de la cathédrale double nous est proposé hors de

France par deux vastes ensembles marqués par l'influence impériale : Aquilée et Trèves. Il a été largement repris en Italie du Nord et on le retrouve aussi très représenté en Gaule, dans le Sud-Est essentiellement, comme l'ont montré les études de Jean Hubert. L'*ecclesia* se composait dans ce cas de deux églises, soit parallèles, contiguës ou séparées par le baptistère, soit, plus rarement, dans le prolongement l'une de l'autre.

Citons à Vienne le groupe constitué par l'église Saint-Maurice, le baptistère Saint-Jean et l'église des Macchabées, à Valence celui qui juxtaposait les églises Saint-Etienne et Notre-Dame et le baptistère Saint-Jean. La fouille menée à Lyon par J.-F. Reynaud a bien mis en évidence le groupe cathédral comprenant du nord au sud une salle (est-ce une église dès l'origine ?) qui devint l'église Sainte-Croix, le baptistère Saint-Etienne avec ses annexes puis la *maxima ecclesia* dédiée à saint Jean, dont subsiste encore, sous la croisée de transept médiévale, la vaste abside (plus de 13 m de diamètre) qui n'appartient pas à l'église primitive mais à un remaniement du Ve siècle. C'est la perpétuation au Moyen Age et jusqu'à nos jours de deux églises juxtaposées qui, à Fréjus comme à Grenoble, laisse entendre que cette dualité remonte aux origines du groupe. A Grenoble, un texte de 1497 qui brosse l'histoire de l'Eglise locale indique l'ancienneté des églises Saint-Vincent et Notre-Dame ; les fouilles, menées à partir de 1989, ont permis de localiser à l'ouest de Notre-Dame le baptistère bâti vers la fin du IVe siècle ou au début du suivant, transformé au VIe siècle en un édifice quadrilobé. Le baptistère de Fréjus, lui, a été conservé, à l'ouest du groupe également. Le groupe épiscopal d'Apt comportait une église dédiée à Notre-Dame et à saint Castor, située à l'emplacement de la cathédrale actuelle, et, au sud de celle-ci, une basilique funéraire dédiée au Sauveur ainsi qu'un baptistère. A Aix-en-Provence, la fouille a permis de bien comprendre l'organisation primitive du baptistère et de reconnaître, au nord de celui-ci, l'existence d'une nef antique sous la nef romane contiguë mais elle n'a pas été continuée plus au nord, il n'est donc pas prouvé qu'une seconde église existait, perpétuée par une seconde nef romane devenue gothique. La fouille du site de Saint-Pierre à Alba, qui correspond probablement à l'implantation de la cathédrale primitive, a entraîné la mise au jour de deux églises à chevet carré séparées par un couloir d'accès dallé *(29)*.

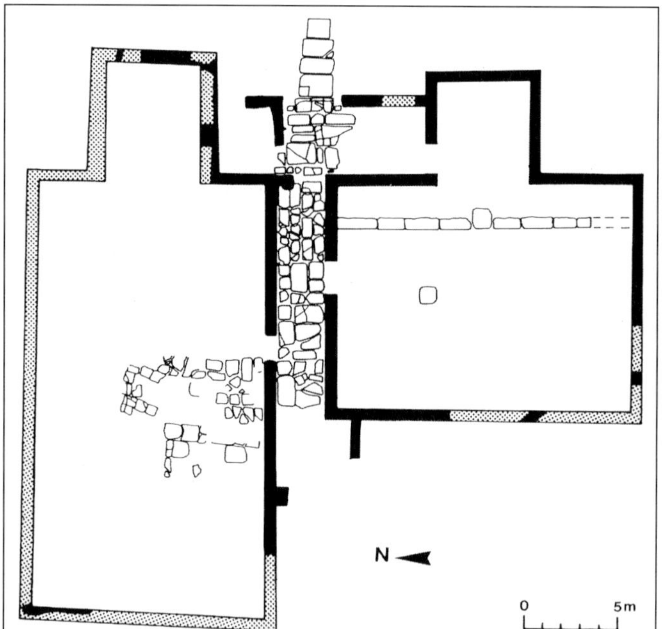

(29) Alba (Ardèche). Plan du groupe cathédral paléochrétien de Saint-Pierre. Relevé Y. Esquieu.

Le phénomène de la cathédrale double n'est cependant pas réservé à la France du Sud-Est. Les fouilles menées à Rouen par J. Le Maho ont mis en évidence un groupe monumental composé de deux églises parallèles reliées par un *atrium*, celle du sud, sous la cathédrale actuelle, bâtie dans la première moitié du IVe siècle, la seconde ajoutée peut-être vers 355 par l'évêque Victrice. Deux églises cathédrales existaient à Autun sans doute dès le Ve siècle, qui reçurent plus tard les vocables de Notre-Dame et de Saint-Nazaire ; le baptistère est mentionné au VIIe siècle.

Les explications de la dualité des groupes cathédraux ne sont pas très claires. L'une des églises serait réservée aux catéchumènes, l'autre aux baptisés ; en Italie du nord, l'une serait utilisée durant l'été, l'autre pendant l'hiver. A Alba l'église nord a reçu (dès l'origine ?) un usage funéraire alors que celle du sud était totalement dépourvue de sépultures.

Les cathédrales, entre leur fondation et leur reconstruction au moment des grands chantiers gothiques, ont toutes été rebâties à plusieurs reprises. On note en particulier un mouvement de reconstruction assez net à l'approche de l'an mil : la cathédrale de Mende est rebâtie à partir de 951, celle de Nantes vers 960, celle d'Apt après 976, celle de Béziers autour de 977, celle de Lodève vers 975, celle de Sens entre 967 et 983 ; hormis la crypte de la cathédrale de Mende, ces édifices n'ont laissé que peu ou pas de traces. Cent ans plus tard, un autre mouvement de reconstruction de grande ampleur touche les cathédrales et les bâtiments épiscopaux et canoniaux, provoqué par la réforme grégorienne. C'est ce qui nous a valu la floraison des cathédrales romanes, conservées dans la France méridionale surtout ; beaucoup d'entre elles étaient en chantier encore lorsqu'Urbain II, après la prédication pour la première croisade à Clermont, fit un long voyage, en 1095 et 1096, à travers la France, consacrant sur son chemin des cathédrales tout autant que des abbatiales : celles de Valence, Bordeaux, Carcassonne, Maguelone.

Le remplacement des groupes cathédraux à partir de l'époque carolingienne s'est accompagné le plus souvent d'un phénomène de réduction du groupe monumental. D'abord parce que la multiplication des églises ne paraissait plus nécessaire : les diverses fonctions pouvaient très bien s'accommoder d'un lieu unique. Lorsque l'on reconstruisait, ou bien l'une des églises prenait plus d'importance que l'autre ou bien on n'en rebâtissait qu'une. Le mouvement en ce sens a été surtout manifeste avec les grandes cathédrales gothiques de la France du Nord. A Meaux, c'est dans le troisième quart du XIe siècle que l'évêque prit la décision de sacrifier l'une des églises au profit de la nef de Saint-Etienne. En même temps, l'existence du baptistère se trouvait remise en cause par le remplacement du rite de l'immersion, qui nécessitait un lieu approprié et des moyens de chauffage pour l'eau, par celui de l'affusion pour lequel on pouvait se contenter d'une simple cuve. Dans la France du Nord, les reconstructions romanes et, à plus forte raison, gothiques, n'ont plus fait de place à ce type d'édifice. A Nevers cependant, à la suite d'un incendie survenu dans la seconde moitié du Xe siècle, le baptistère fut réparé mais la piscine remplacée par une cuve.

L'évolution dans le Midi et du Sud-Est paraît originale en ce domaine. Dans un certain nombre de cas en effet, les groupes cathédraux se sont perpétués dans les reconstructions qui sont survenues à partir du XIe siècle et même plus tard. On connaît mieux dès lors la raison de la dualité de ces cathédrales : l'un des édifices, le plus important, est celui de l'évêque et de ses chanoines, tout entier destiné à la récitation de l'office ; l'autre est attribué à la paroisse. L'une des églises, en général la principale, est souvent dédiée à la Vierge, l'autre à un martyr.

Les trois édifices du groupe lyonnais se sont conservés jusqu'au XVIIIe siècle : l'église Sainte-Croix, rebâtie dans le style roman puis encore au XVe siècle, l'ancien baptistère devenu une petite église cruciforme désignée par les texte comme celle des chanoines, la cathédrale Saint-Jean qui, complètement reconstruite aussi, est restée l'église majeure du groupe *(30)*. A Grenoble, la dualité s'est maintenue lors des reconstructions des XIe et XIIe siècles : au nord de Notre-Dame, l'église Saint-Vincent, devenue Saint-Hugues, la plus petite des deux, est signalée comme paroissiale par un document de 1497. A Fréjus, la nef Saint-Etienne au nord, réservée à la paroisse, et celle de Notre-Dame qui lui est contiguë au sud sont rebâties en plusieurs étapes entre le XIe et la première moitié du XIIIe siècle. La chapelle du palais de Benoît XII à Avignon a pris la place de l'église Saint-Etienne, séparée de la nef de Notre-Dame-des-Doms par un petit cimetière. Parfois, une forte inégalité s'établit entre les dimensions des deux églises comme à Viviers où il existe, au moins dès le XIVe siècle, au sud de la cathédrale Saint-Vincent, une église paroissiale beaucoup plus petite, consacrée à saint Jean, et à Béziers où l'ensemble gothique semble avoir repris un dispositif roman qui place au nord de la grande nef Saint-Nazaire un petit sanctuaire dédié à la Vierge (il y aurait ici inversion des vocables). Encore en 1318, lors de la création du siège épiscopal d'Alet (Aude), le nouvel évêque fit bâtir une petite église paroissiale, Saint-André, parallèle à l'ancienne abbatiale promue cathédrale.

Cette situation n'a cependant pas été générale dans le Sud-Est : la cathédrale d'Apt fut rebâtie à son emplacement primitif après 1056 mais réduite à une seule nef, remplacée de même dans le troisième quart du XIIe siècle. Hors de cette région, le phénomène du groupe cathédral a survécu aussi à Autun. Au XIIe siècle, les deux églises cathédrales de Notre-Dame et de Saint-Nazaire étaient toujours, comme auparavant, disposées parallèlement, séparées par un espace. Qui plus est, une troisième église, Saint-Lazare, la plus vaste et la seule du groupe qui a été conservée, fut construite à la perpendiculaire des autres, tout près

(30) Lyon. Le groupe cathédral et l'enclos du quartier canonial vers 1550. Plan scénographique de la ville de Lyon.

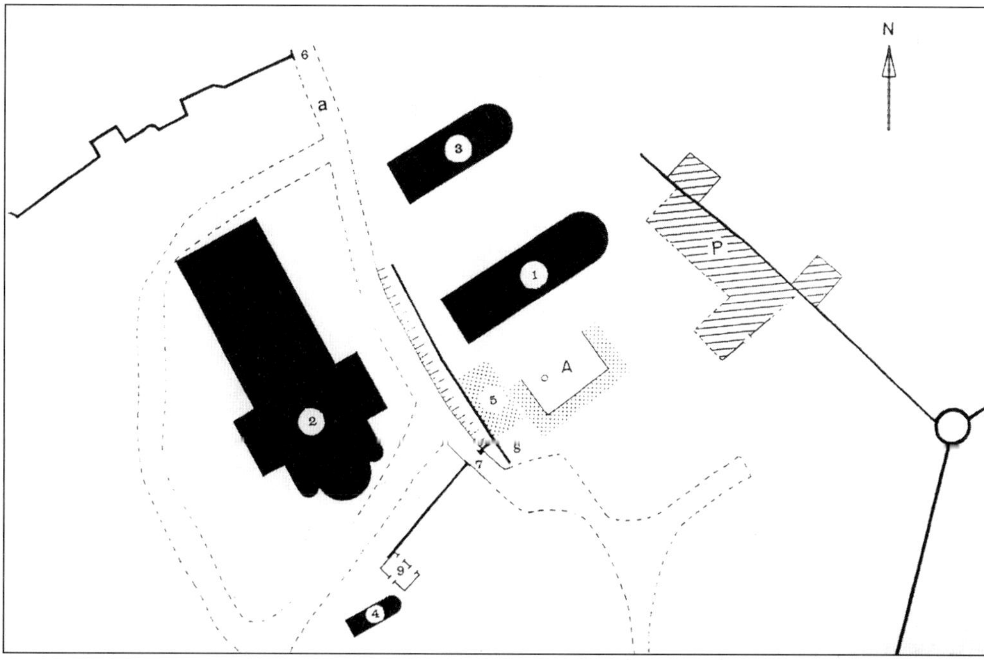

(31) Autun. Plan du groupe cathédral au XIIe siècle. 1 : Saint-Nazaire. 2 : Saint-Lazare. 3 : Notre-Dame. 4 : Saint-Quentin. 7 : Porte du quartier canonial. A : Cloître. P : Palais épiscopal. Picard, Les chanoines dans la ville.

(32) Beauvais. Chœur de la cathédrale.

de la clôture mais à l'extérieur, à partir de 1120, après la « révélation » de la présence des reliques du saint *(31)*. Il ne s'est agi d'abord que d'une église de pèlerinage puis elle a été rattachée à la liturgie de la cathédrale en 1195 : elle abrita dès lors les offices canoniaux d'été pendant que ceux d'hiver avaient lieu à Saint-Nazaire. Au XIIIe siècle, les chanoines entreprirent d'agrandir Saint-Nazaire mais le projet trop ambitieux devait être abandonné au siècle suivant ; la crypte servait d'église paroissiale sous le vocable de Saint-Jean-de-la-Grotte.

Dans le Sud-Est, tout comme en Italie, le baptistère lui-même ne subit pas le même sort que dans la France du Nord. Celui de Fréjus s'est maintenu alors que le groupe cathédral était reconstruit, celui de Riez également alors que l'habitat de cette ville s'était déplacé. A Aix, si les colonnes et les chapiteaux de la rotonde ont été conservés ainsi qu'une partie des maçonneries des murs, il a été largement reconstruit au XIe siècle et encore modifié au XIIIe. Le baptistère de Valence, découvert en 1846, avait été totalement reconstruit au XIe siècle. Si les baptistères d'Aix et de Marseille ont conservé leur fonction baptismale, la piscine étant remplacée par une cuve, d'autres sont devenus de simples églises, comme à Lyon et Valence, au prix d'un changement de plan.

Avec la construction gothique, les chantiers de cathédrales prennent souvent, particulièrement dans la France du Nord, des proportions considérables. Les cathédrales romanes de grande dimension avaient été peu nombreuses, du moins si l'on observe celles qui ont été conservées (mais ce sont surtout celles du Midi où les évêchés, de plus petite dimension, disposaient de moyens plus limités). L'échelle des constructions nouvelles renforce encore l'image donnée par l'iconographie, d'une cathédrale dominant la ville, seul monument notable à dépasser la hauteur des remparts. Il n'est qu'à comparer la modestie de la « basse-œuvre » de Beauvais, l'ancienne cathédrale de la fin du Xe et du début du XIe siècle, que l'inachèvement d'une cathédrale démesurée *(32)* a laissé subsister en arrière du chevet, ou même la disproportion entre le chœur de la cathédrale de Toulouse bâti dans le style du gothique du Nord, à côté des restes de la cathédrale du début du XIIIe siècle, elle, dans le style languedocien. A Alet, lorsque l'ancienne abbatiale romane devint cathédrale

(33) Narbonne. Chevet de la cathédrale et palais des archevêques bâti contre l'enceinte gallo-romaine.

par décision de Jean XXII en 1318, l'évêque entreprit de bâtir, entre 1318 et 1333, un nouveau chevet, à déambulatoire et chapelles rayonnantes, qui devait provisoirement envelopper la modeste abside romane, mais les travaux furent interrompus en raison de la crise et l'on voit encore, malgré les destructions modernes, les éléments de la construction projetée tout autour de l'ancienne bâtisse. Cette image de la disproportion entre la construction ancienne et le nouveau projet a dû s'imposer dans bien des villes puisque la nécessité de ne pas interrompre le culte obligeait à ce que l'on ne fit pas table rase du passé avant d'ouvrir le chantier et que l'on ne démolisse le bâti ancien que progressivement, au fur et à mesure de l'avancement des travaux. L'agrandissement de la cathédrale par rapport à l'ancienne se faisait volontiers du côté du chevet, ce qui permettait de conserver l'ancien sanctuaire pendant que l'on commençait les travaux plus à l'est. Cela aboutissait aussi, lorsque la cathédrale était proche du rempart, cas fréquent nous l'avons vu, à détruite une portion de fortification afin de prolonger le chantier hors des murs. C'est ce qui se produisit à Noyon, Bourges, Angers, Tours... Il fallait pour ce obtenir l'autorisation du pouvoir, formalité qui n'est pas toujours allée de soi. Au Mans, Philippe-Auguste l'accorda en 1217 ; la muraille romaine fut donc entaillée et provisoirement remplacée par une palissade dressée autour du chevet jusqu'à ce que le chapitre élève, à ses frais, une nouvelle enceinte et une tour entre 1354 et 1356. L'affaire fut plus compliquée à Narbonne et entraîna en fin de compte l'abandon du chantier ; en l'occurrence c'était la nef qui devait franchir le rempart et non le chevet *(33)*. Philippe VI avait bien donné l'autorisation mais les consuls s'y opposèrent, il s'ensuivit un long procès à l'issue duquel, en 1354, la propriété des murailles fut reconnue aux seconds. Le projet dut donc être abandonné, alors même que la crise poussait au même résultat. A Amiens, l'architecte Robert de Luzarches avait projeté des tours occidentales plus développées. Il fallait pour cela transférer l'hôtel-Dieu, ce que l'évêque avait autorisé, mais les oppositions furent telles que l'on dut modifier le projet.

Les dimensions imposantes des nouvelles cathédrales laissent imaginer l'effet produit dans des villes où les habitations ne dépassaient pas souvent un ou deux étages *(313)*. Une cathédrale gothique de première génération comme Noyon atteignait déjà 94 m de long, avec une hauteur sous voûte encore modeste (23 m) ; celle de Laon mesurait 110 m, avec une largeur au transept de 56 m et une hauteur de 26 ; celle de Bourges atteignit 125 m, celle de Chartres 130 m avec une hauteur de 37 m ; celle d'Amiens 145 avec une largeur au transept de 70 m et une hauteur de 42 ; le chœur de Narbonne était long de 54 m avec hauteur sous voûte de 40 m ; celui de Beauvais culmina à 48 m *(32)* ! Certaines flèches atteignaient aussi des dimensions démesurées : celle de l'abbatiale de Saint-Denis était déjà haute de 73,50 m, l'ancienne flèche de Chartres (au sud) culminait à 105 m, sa flèche nord, refaite au début du XVIe siècle, a alors atteint 115 m. Celle de la cathédrale de Strasbourg est haute de 142 m *(315)*, celle de Beauvais, construite en plein XVIe siècle, de 150 m ! L'ambition était telle que les chantiers traînaient souvent en longueur. La reconstruction de la cathédrale de Lyon débuta par le chevet vers 1165. Les travaux avancèrent lentement. Le maître-autel fut consacré en 1245, à ce moment on n'en était guère qu'à achever le transept ; il fallut une cinquantaine d'années pour réaliser les trois dernières travées doubles de la nef ; après une interruption, les travaux reprirent sous l'archevêque Pierre de Savoie (1308-1332) à qui l'on doit le bas des premières travées et les portails occidentaux. On attendit encore la fin du XIVe et le XVe siècle pour voir l'achèvement des premières travées et de la façade. Parfois les travaux s'interrompirent sans jamais reprendre comme à Toulouse, Beauvais, Narbonne, Le Mans, Alet.

La même situation a prévalu hors de France : un exemple significatif en est la cathédrale de Sienne où l'on eut en 1339 l'idée de transformer l'ancienne cathédrale à trois nefs, bâtie au sommet de la ville, en transept d'une église immense orientée à la perpendiculaire. Ce projet fou n'aboutit jamais.

Les constructeurs n'eurent pas toujours les moyens techniques de leurs ambitions. En 1284, douze ans après l'achèvement du chevet de la cathédrale de Beauvais, des culées se rompirent, entraînant la chute des voûtes du vaisseau central de la partie droite du chœur ; la reconstruction dura une quarantaine d'années. A la même cathédrale, la tour de croisée, réalisée tardivement en 1569, s'effondra en 1573. Le projet démesuré de la cathédrale de Sienne fut interrompu en 1348 en raison de problèmes de stabilité, des piliers s'étant affaissés ; sont resté debout, en témoignages d'une étonnante ambition, la façade et les bas-côtés.

Des chantiers d'une telle ampleur et d'une telle longueur étaient sans doute un bienfait pour la vie économique d'une ville. Ils devaient être aussi une gêne notable *(314)*. A Narbonne, le désir de quitter le vieux palais des archevêques, tourné vers le chantier de la nouvelle cathédrale, et d'en construire un nouveau un peu plus loin est certainement dû au désordre et aux entraves provoqués par le travail des corps de métiers, les charrois, les échafaudages... accompagnés de la destruction d'une partie de l'ancien palais.

Le quartier de la cathédrale

La cathédrale se dressait au cœur d'une « ville sainte » qui était en principe nettement distinguée du reste de la ville. A l'époque carolingienne les clercs avaient quitté la *domus episcopi* pour constituer une communauté de chanoines autonome sous l'autorité d'un prévôt (dans le Midi), d'un doyen (France du Nord), ou d'un primicier (France de l'Est). Les chanoines assuraient la continuité de la prière par la récitation de l'office dans la cathédrale, l'aumône pour les pauvres et les malades, ils entouraient l'évêque, le conseillaient, participaient à son élection.

L'obligation pour le chapitre des chanoines de résider à l'intérieur d'une clôture est institutionnalisée par les règles édictées à l'époque carolingienne, celle que l'évêque de Metz Chrodegang imposa à son chapitre en 750, surtout celle rédigée lors du concile d'Aix-la-Chapelle en 816 qui élargissait à tout l'Empire le champ d'application de cette législation. Pour mettre ses clercs à l'abri de tout contact inutile avec le monde, Chrodegang, suivant le modèle monastique, leur avait imposé de vivre à l'intérieur d'une clôture (*claustrum*) ; c'est dans sa limite que devaient se tenir le réfectoire, le dortoir et les habitations canoniales individuelles. La règle de Chrodegang, reprise en cela par celle d'Aix, contenait à ce propos une contradiction : la vie commune avec réfectoire et dortoir communs était imposée aux chanoines mais il leur était permis dans certains cas de demeurer dans un logement qui leur était propre, possibilité qui est vite devenue une habitude généralisée ; la présence des demeures individuelles au sein de la clôture constitue la différence essentielle entre les quartiers canoniaux et les enclos monastiques. Le texte de Chrodegang fixait en même temps les règles applicables à ceux qui seraient amenés à franchir la clôture (femmes, travailleurs laïcs, les cuisiniers par exemple). La règle d'Aix indiquait que le lieu où étaient rassemblés « *les dortoirs, les réfectoires, les celliers et les autres habitations nécessaires aux frères vivant en une même société* » devraient être entourés « *par de solides clôtures de toutes parts pour qu'absolument personne ne puisse entrer ou sortir sinon par la porte* » ; il fallait cependant tenir compte de l'obligation évangélique d'accueillir les hôtes, les pauvres et les étrangers.

C'est donc pour réserver dans la ville un lieu propre à la vie religieuse, protégé autant que possible des influences laïques, que les législations canoniales ont imposé l'obligation d'une clôture qui devait créer au sein de la cité une véritable petite ville coupée du reste de l'agglomération, quartier dans lequel ne devaient résider que les chanoines, les autres clercs de la cathédrale et des laïcs en nombre limité dont la liste restrictive a parfois été précisée par des réglementations propres aux différents diocèses : proche famille et domestiques des chanoines, employés du chapitre avec leur famille, ce que les textes dénommaient la *familia* du chapitre. De ce quartier étaient exclues les activités profanes contraires au calme propice à la prière : les commerces, les jeux, la circulation des porcs.

Les documents témoignent de ce que les évêques ont assez vite mis en œuvre les principes édictés par le concile d'Aix en érigeant des « cloîtres » pour leurs chanoines. Vers 810, l'évêque de Lyon se glorifiait d'avoir construit « *le cloître des clercs où tous demeurent dans une même enceinte* ». Le *claustrum* de Rouen est connu en 822, celui d'Autun en 883. A Noyon, c'est l'ancienne enceinte réduite antique qui délimite le quartier cathédral.

L'obligation de la clôture est loin cependant d'avoir été toujours une réalité, la tendance naturelle de l'homme etant en permanence de tenter de s'affranchir d'obligations jugées trop pesantes. Si le *claustrum* de Rouen est signalé à l'époque carolingienne, on n'en trouve plus trace dans les siècles suivants et les chanoines résidaient dans des maisons dispersées dans la ville. C'est la situation qui prévaut aussi à Narbonne, Aix-en-Provence, Valence, Cahors, Carpentras... On pourrait penser que le mouvement réformateur qui a touché le milieu canonial au XIe siècle s'est accompagné d'une remise à l'honneur des clôtures. Un certain nombre d'actes portant sur la restauration de la vie commune incluent bien le terme *claustrum* mais il est difficile de dire s'il s'agit d'une formulation de principe ou si son usage correspond à une réalité monumentale. Celle-ci est bien attestée à Viviers où l'actuel clocher n'était vers la fin du XIe siècle qu'une tour-porte carrée précédée d'un porche, marquant l'entrée du quartier de la cathédrale. Les bandes lombardes qui l'ornent à l'extérieur, le double rouleau de l'arc d'entrée, les chapiteaux du porche et de la porte de sortie en font un monument ostentatoire, dépourvu de toute allure défensive, bien en vue du reste de la ville et propre à manifester le prestige retrouvé de l'institution canoniale *(316)*. Le mouvement réformateur eut une autre conséquence : la transformation d'un certain nombre de chapitres en communautés régulières, censées vivre selon la règle de saint Augustin : l'obligation du réfectoire et du dortoir communs devait être strictement respectée. Les quartiers touchés par ce mouvement ont donc été dépourvus de maisons individuelles, sauf cependant celles des dignitaires du chapitre. En France, ce mouvement toucha essentiellement le Midi : Aix, Arles, Orange, Uzès, Toulouse...

Lorsque la clôture canoniale était une réalité, elle affectait des allures diverses. Elle pouvait se limiter à un front continu de maisons que les chanoines n'étaient pas autorisés à ouvrir vers l'extérieur ; c'est le cas à Apt, Chartres. Ce système pouvait se conjuguer, comme à Laon, au Mans, à Arles, avec le système de la rue des chanoines, sur laquelle s'alignaient deux rangées de maisons canoniales et que l'on pouvait fermer à ses deux extrémités. Avant le XVe siècle, la clôture d'Arles ne dépassait guère l'étendue du cloître lui-même auquel s'ajoutait au sud la demeure du prévôt. La porte romane, d'allure plus ornementale que défensive, qui commandait l'accès au quartier religieux, était intégrée à cette maison. Avant 1434, le quartier canonial s'étendit plus au sud, jusqu'au nouveau rempart, au-delà d'une rue des chanoines sur laquelle donnaient les maisons des dignitaires du chapitre. Les nouveaux statuts de la communauté précisaient qu'il revenait au prieur claustral « *de tenir et faire tenir les deux portes du cloître fermées la nuit et même, en été, de jour au moment où l'on dort* ».

Certains quartiers cathédraux, particulièrement dans le Midi, étaient solidement fortifiés. Le cloître de la cathédrale de Béziers était délimité, au sud, à l'aplomb de la vallée de l'Orb, par un mur défendu par une série de mâchicoulis sur arcs sous lesquels s'ouvrent des jours présentant l'allure d'archères. La réédification d'un cloître plus vaste au XIVe siècle entraîna la réalisation d'une autre portion de mur, au-delà du mur précédent, elle aussi munie de mâchicoulis sur arcs mais plus hauts que les anciens : on voit donc aujourd'hui quatre arcs du premier état et trois du XIVe siècle. Une image de la clôture de Lyon nous est donnée par le plan scénographique de la ville, daté de 1550 *(30)* : on relève la juxtaposition de simples fronts de maisons le long de la Saône et vers l'ouest alors qu'au sud et au nord subsiste une muraille crénelée, avec une tour dans l'angle nord-ouest.

La clôture de Viviers est la seule enceinte d'un quartier canonial entièrement conservée en France *(34)*. Il s'agit d'une muraille fortifiée qui, pour sa plus grande partie, date de la mise en défense de la ville au XIVe siècle. Subsiste cependant, de la fin du XIe siècle, la porte d'entrée devenue plus tard clocher puis tour de guet ; il est possible qu'à ce moment la clôture elle-même n'ait été, pour l'essentiel, qu'une palissade. Plus au nord, une portion de muraille antérieure au XIVe siècle est munie de deux archères. La crainte des routiers fit qu'au moment de la guerre de Cent Ans, les défenses ont été largement refaites. On en profita pour agrandir le quartier, à l'ouest de l'entrée primitive. Il en reste aujourd'hui les deux portes (portes de l'Abri et de la Gâche, la première précédée au XIVe siècle d'une barbacane, de longues portions de courtines où subsistent quelques archères cruciformes, la tour de Châteauvieux, bien conservée dans la zone nord de la courtine ouest) *(26)*. On peut distinguer les restes de trois autres tours le long de cette même courtine et une tour beaucoup plus importante, très tôt arasée, a été mise au jour par les fouilleurs à l'extrême nord du site.

L'enceinte canoniale délimitait un espace réservé aux clercs et à la prière mais elle était aussi la limite d'une zone placée sous juridiction canoniale ; un dignitaire du chapitre y exerçait le droit de justice. C'était une zone d'immunité, avec droit d'asile. Les malfaiteurs pouvaient chercher à s'y réfugier, notamment à Lyon où les prisons royales étaient très proches. Les chanoines mettaient un point d'honneur à protéger ceux qui venaient chercher asile chez eux car il y allait de leur autorité qu'ils entendaient faire respecter. Le palais épiscopal étant situé dans un quartier de juridiction canoniale, les conflits n'étaient pas rares : faire traverser un territoire canonial par un prisonnier que l'on conduisait à la prison épiscopale était un problème délicat à résoudre. C'est sans doute un conflit de juridictions qui conduisit l'évêque de Viviers à installer sa résidence loin de son siège, à Bourg-Saint-Andéol, situation curieuse qui dura du XIVe au XVIIIe siècle.

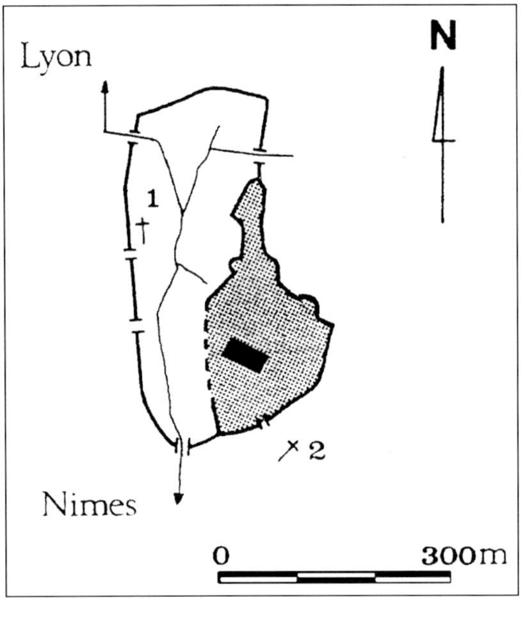

(34) Viviers. Plan de la ville au XIVe siècle, avec emplacement du quartier de la cathédrale (en gris). 1 : Saint-Laurent (église paroissiale). 2 : Notre-Dame-du-Rhône. Picard, Les chanoines dans la ville.

Depuis l'époque carolingienne, le cloître est très clairement l'élément organisateur principal de l'espace de l'enclos monastique. Regroupant autour de lui les bâtiments essentiels de la vie commune - salle du chapitre, réfectoire, cuisine, dortoir, salle des moines, *armarium* (bibliothèque) - il est un lieu de passage obligé aux différentes heures de la journée du moine. Son rôle premier est de mettre en relation des bâtiments. Du coup, comme l'a écrit C. Sapin, « *on a tendance à considérer le cloître comme un élément indispensable de la vie commune, mieux, comme son symbole* ». On s'attend donc à le retrouver au centre de l'organisation de la vie canoniale, les chanoines menant, tout comme les moines, une vie commune, à l'instar de ce que fut la vie apostolique. Il nous faut bien pourtant constater que la présence du cloître au cœur du quartier cathédral est loin d'être une règle absolue et que son rôle dans la structuration de ce quartier est bien différent de celui qu'il joue au cœur de l'enclos monastique.

Tout d'abord il n'est pas l'outil indispensable de la vie commune d'un groupe dont les règles sont bien moins strictes que celles du milieu monastique. L'habitude prise d'interpréter de façon laxiste les chapitres de la règle d'Aix-la-Chapelle concernant l'usage du réfectoire et du dortoir communs ainsi que des habitations individuelles a fait que, dans la plupart des cas, les chanoines demeurent dans des maisons qui leur sont propres. Le cloître perd ainsi son rôle de lieu organisateur des bâtiments de la vie commune. Souvent d'ailleurs, il n'en a jamais été construit (Paris, Chartres, Grasse). Ailleurs, sa réalisation paraît très souvent tardive. Certes il existe des exemples de présence précoce de cloîtres canoniaux. Lorsqu'aucune fouille n'a été entreprise, il est souvent difficile d'affirmer l'existence ancienne d'un cloître sur la seule foi d'une mention dans la documentation écrite en raison de l'ambiguïté de signification qui pèse sur le mot *claustrum* désignant aussi bien l'ensemble de l'enclos monastique ou canonial que le cloître à galeries.

Existait-il un cloître à Metz au moment où Chrodegang a rédigé la règle qu'il a destinée à son chapitre ? Faut-il, dans ce texte, opposer le singulier *claustrum* qui désignerait le petit cloître à galeries et le pluriel *claustra* employé pour désigner la clôture ? Ce n'est pas certain. Le passage de la règle où il est demandé aux chanoines de ne pas salir leurs vêtements et de respecter cette consigne « *dans l'église, dans tout le monastère et dans le portique* » s'applique-t-il à un cloître ? Peut-être. La règle d'Aix, qui se réfère beaucoup à la règle messine tout en lui donnant une portée générale pour

(35) Laon. Bâtiments canoniaux au sud de la cathédrale. A gauche : galerie de cloître ; au premier plan : salle capitulaire.

l'Empire, ne parle à aucun moment de cette structure architecturale. A Autun c'est l'archéologie qui semblerait prouver l'existence précoce d'un cloître à galeries : les fouilles menées depuis 1985 permettent de restituer au sud de la cathédrale un espace de 18 m de côté environ, bordé, au moins au sud et à l'ouest, de galeries larges de 3 m ; ce dispositif aurait existé dès le milieu du IXe siècle et aurait été reconstruit vers la fin du Xe ou le début du XIe siècle. A Toulouse, la réalisation du cloître s'insère dans le mouvement de construction des premiers grands cloîtres monastiques historiés (Moissac, la Daurade). Mais en Provence et dans la vallée du Rhône il faut attendre la seconde moitié du XIIe siècle (le plus ancien pourrait être celui de Vaison vers 1150-1160) et dans la France du Nord souvent le XIIIe, sans que l'on n'ait jamais la preuve de l'existence d'un cloître roman antérieur. L'unique galerie construite à Laon *(35)* date des environs de 1190. La réalisation du cloître de Noyon *(36)* se situe entre 1240 et 1269. A Rouen, les arguments avancés autrefois pour restituer un cloître dès la fin du XIe siècle ont été infirmés par les fouilles récentes menées par Jacques Le Maho ; rien ne prouve d'ailleurs qu'il y en ait eu un avant le XIIIe siècle. Au nord de la cathédrale, les bâtiments canoniaux se juxtaposaient autour d'une grande cour : une chapelle au nord, la *domus communis* à l'est, la tour Saint-Romain (à la fois clocher et trésor), le prétoire (pour la justice du chapitre) et la prison à l'ouest. C'est dans cet espace qu'aurait normalement pu prendre place le cloître. Dans la seconde moitié du XIIIe siècle un grand projet architectural devait refondre l'ensemble autour d'un cloître : la galerie est a été bâtie, celle du sud est restée inachevée (on n'en voit plus que des vestiges contre les chapelles latérales de la cathédrale). Au nord, les fouilles ont révélé les fondations d'une autre galerie qui n'a jamais été réalisée en élévation. Vers 1270-1280, le chapitre abandonne le projet. A Langres, les chanoines ont entrepris d'élever un cloître vers le début du XIIIe siècle, l'achèvement des travaux se situant vers 1240 ; les fouilles n'ont révélé aucune trace de cloître plus ancien.

La présence d'un cloître au côté d'une cathédrale est donc, on le voit, loin d'être une règle en France. Peu utile dans le déroulement de la vie quotidienne des chapitres non réguliers, il a plutôt été un accompagnement monumental de prestige, on s'en est finalement passé souvent, y compris en des lieux où le chantier de la cathédrale même était particulièrement grandiose. Dans ces conditions, on peut légitimement se demander s'il est

(36) Noyon. Cloître de la cathédrale. En arrière, bâtiment du réfectoire du chapitre.

bien un élément monumental fondamental dans la structure du quartier, quel rôle il a joué dans l'organisation des bâtiments canoniaux.

Habituellement, il rassemble autour de lui un certain nombre d'édifices le plus généralement liés à la vie commune mais il n'existe pas de schéma organisationnel type, à l'image de ce qui se passe dans les ordres monastiques. Selon un premier type d'organisation, le moins original par rapport au schéma monastique, il regroupe, outre la cathédrale, la salle capitulaire, le réfectoire et, lorsque la communauté est régulière, le dortoir, selon des schémas extrêmement variables parmi lesquels on peut relever quelques tendances mais pas de règle. Le schéma bénédictin est parfois adopté. On le rencontre jusqu'au début du XIVe siècle à Viviers (où la fouille a révélé la présence de la salle du chapitre à l'est et celle du réfectoire au nord) et, à partir du second quart du XIIIe siècle, à Auch où la communauté était régulière (chapitre et dortoir occupaient l'aile orientale et le réfectoire l'aile sud, face à la cathédrale). Dans un certain nombre de cas, le réfectoire, au lieu d'être situé face à la cathédrale, est localisé à l'ouest du cloître, en étage, avec au-dessous de lui le cellier ou une salle de réserve et éventuellement au-dessus le grenier, selon un dispositif qui s'inspire visiblement de l'organisation de l'*aula* aristocratique : c'est ce type que l'on observe à Arles, Lyon, Meaux, Noyon *(37)* et, avec des nuances, Aix-en-Provence. Une particularité notée à plusieurs reprises, en contradiction avec le schéma monastique, est l'implantation de la salle capitulaire entre la cathédrale et le cloître : à Arles, Toul.

Un deuxième cas de figure est celui qui voit le cloître longé sur deux de ses côtés au moins par des églises, la cathédrale et un ou plusieurs sanctuaires secondaires. L'exemple de Metz est le plus manifeste : la cathédrale était à l'ouest mais pas directement contiguë à la galerie du cloître dont elle était séparée par les écoles. La galerie sud, fermée à ses extrémités, tenait lieu de salle du chapitre. Lui était superposée au XIIe siècle l'église Saint-Paul, sanctuaire spécifique du chapitre dont ce saint était le patron. Contiguë à la galerie méridionale et à Saint-Paul, l'église Saint-Pierre-le-Majeur, devenue Saint-Pierre-aux-Images, a peut-être été érigée au début du VIIe siècle, réaménagée par Chrodegang, érigée en collégiale avant 1131 et reconstruite en 1314. Saint-Pierre-le-Vieux longeait la galerie nord. Son nom semble l'indiquer plus ancienne que l'autre église Saint-Pierre (Ve ou VIe siècle ?). Le périmètre du cloître était complété à l'est par le réfectoire. Le cloître, on le voit, est venu

(37) Noyon. Réfectoire du chapitre, façade ouest.

s'implanter au cœur de constructions préexistantes. C'est cette même situation que l'on retrouve à Toulouse où le portique prend place, vers 1100, entre la cathédrale Saint-Etienne en cours de reconstruction et l'église Saint-Jacques qui existait un peu plus loin depuis la fin de l'Antiquité sans doute ; aucune construction n'est connue à l'ouest mais à l'est s'étendait jusqu'au rempart un vaste bâtiment destiné à la vie commune, incluant réfectoire, salle capitulaire, bibliothèque et peut-être l'école cathédrale à un emplacement qui sera au XIIIe siècle la chancellerie de l'université. Comme l'a montré Q. Cazes, la cathédrale, le cloître et le bloc des bâtiments de vie commune appartiennent à une même campagne de construction relevant d'un même programme, le cloître étant bien, au sein de cet ensemble, l'élément fédérateur. A Cavaillon, on observe à première vue une structure analogue, à une échelle moindre : au nord la cathédrale Notre-Dame, au sud l'église Saint-Pierre, séparées par un espace qu'occupe aujourd'hui le cloître, avec, contre la galerie est, le bâtiment abritant le réfectoire mais au début du XIIIe siècle n'existait encore qu'une galerie unique, à l'est, qui reliait les constructions, simple passage qui n'avait pas forcément été conçu comme l'amorce d'un cloître complet ; les trois autres galeries sont venues après coup.

Un schéma plus original est celui où le cloître organise autour de lui des maisons canoniales et non des bâtiments communs. Cette disposition n'existe pas intégralement en France dans le cas des cloîtres cathédraux mais on en a le témoignage pour des chapitres collégiaux, notamment celui de Saint-Pierre d'Avignon où les maisons canoniales étaient disposées autour du cloître, avec accès au logis à l'étage de celui-ci et ouverture des caves sur la rue contiguë. A Carpentras, la salle capitulaire est implantée au XIVe siècle entre la cathédrale et la galerie sud du cloître, le réfectoire longe la galerie ouest ; mais au nord, à l'est et le long d'une partie de la galerie sud on trouve quatre maisons occupées par trois dignitaires et le plus ancien chanoine, disposition qui paraît antérieure à cette époque. Carpentras est un bel exemple de la situation du cloître au centre de l'ensemble du dispositif monumental du quartier cathédral : autour du cloître une première ceinture constituée par les bâtiments communs et les maisons des dignitaires et un peu plus loin une seconde ceinture comportant la cathédrale, l'église Saint-Etienne et le palais épiscopal. A Aix-en-Provence, la maison du prévôt bordait la galerie est et une partie de la galerie sud.

Le cloître apparaît parfois comme un lieu de passage mettant en communication non pas les bâtiments claustraux eux-mêmes, ce qui relève de sa nature première, mais des lieux extérieurs entre eux ou permettant à un public laïc de pénétrer par ce moyen dans la cathédrale. C'est dire combien l'image traditionnelle de calme et de silence que l'on associe au cloître monastique correspond bien peu alors à la situation du cloître canonial. Ce type de circulation peut n'avoir été établi que bien postérieurement à la construction du cloître. C'est le cas à Aix-en-Provence où une porte du XVe siècle percée dans le mur sud du périmètre claustral conduit directement à une porte latérale de la cathédrale à travers la galerie ouest qu'il a fallu élargir. A Metz, la galerie ouest est connue comme passage public en 1368, reliant le quartier bas de Chèvremont et la place du Grand-Moûtier ; les autres galeries étaient alors fermées par des grilles. Le cloître d'Apt s'est-il trouvé dans le même cas ? Sa construction avait coupé l'axe de circulation majeur de la ville, l'ancien *decumanus maximus* ; le campanile érigé vers 1561 au sud de la cathédrale, comportait au rez-de-chaussée un passage voûté qui permettait de ne pas interrompre la circulation urbaine. Celle-ci a-t-elle été rétablie après la destruction du cloître ou s'était-elle maintenue à travers celui-ci ? L'unique circulation vers le chevet de la cathédrale gothique de Narbonne, la seule partie de cet édifice qui a jamais été construite, était le cloître, implanté entre la cathédrale et la rue principale de la cité ; on gagnait le cloître par le passage de l'Ancre, sous le palais des archevêques. Mais la construction même de ce cloître avait posé un problème car cet édifice devait couper une circulation que les consuls disaient publique et qui permettait surtout aux hommes d'arme d'accéder aux remparts ; aux termes d'une transaction conclue en 1361, le mur du cloître serait percé de deux portes qui seraient ouvertes et accessibles aux hommes d'arme depuis matines jusqu'à ce que batte le tambour du soir et ouvertes jour et nuit en période de guerre ou de menace de guerre.

Dans bien des cas, le cloître ne joue aucun rôle ou seulement un rôle modeste dans la structure monumentale du quartier. A Langres, c'est plutôt le parvis qui a joué un rôle organisateur puisque convergeaient vers cet espace les circulations depuis plusieurs portes du quartier et qu'étaient implantés sur ses côtés l'hôpital de Saint-Mammès et l'église Saint-Pierre. Le cloître de Lyon paraît bien plus marginal encore par rapport à l'organisation de l'ensemble du quartier. Le réfectoire, dit ici *dapiferie*, le borde bien à l'ouest mais sa façade richement décorée avec une porte d'accès soulignée par des éléments ornementaux se trouve à l'opposé du cloître, à l'ouest, regardant vers le parvis de la cathédrale. Les deux autres sanctuaires du groupe, le baptistère Saint-Etienne et l'église Sainte-Croix, sont implantés de l'autre côté des nefs de Saint-Jean, au nord. Quant aux galeries sud et est, elles ne sont bordées par aucun édifice essentiel relevant du chapitre. Les bâtiments principaux de l'ensemble canonial (églises, réfectoire) étaient déjà en place avant même la construction du cloître et la proximité du palais archiépiscopal a bloqué par la suite tout développement de constructions canoniales sur le reste de sa périphérie. Le cloître de Laon, limité à une galerie parallèle à la cathédrale et à deux amorces en direction de celle-ci, est dépourvu de préau en raison du développement de la salle du chapitre sur son emplacement *(35)* ; on accède à cette salle non pas depuis le cloître mais à partir du bras sud du transept. La galerie étant située le long de la rue du cloître, axe de circulation essentiel du quartier, aucun bâtiment ne s'ouvre sur elle mais il est possible qu'elle ait comporté un étage abritant la bibliothèque. Le réfectoire ne se trouve pas dans cette zone mais bien plus loin, à l'est du chevet de la cathédrale. C'est le parvis de celle-ci qui paraît dès le XIIIe siècle jouer un rôle fort dans l'organisation monumentale : s'ouvrent sur lui, outre la cathédrale, deux sanctuaires secondaires, l'église Saint-Rémi-à-la-Porte-du-Cloître au sud et l'église Saint-Martin au nord, ainsi que l'hôpital et une maison canoniale. Sur le parvis de la cathédrale de Chartres donnait l'hôpital décrit pas Viollet-le-Duc et détruit depuis. A été conservée, en face du portail Royal, une maison canoniale dont la façade sculptée souligne l'importance et en même temps le souci d'ostentation. La salle du chapitre et la bibliothèque sont implantées loin de là, derrière le chevet de la cathédrale. D'autres sanctuaires sont dispersés dans le quartier sans être reliés à une trame topographique particulière.

Collégiales et monastères urbains

En sus de la cathédrale, monastères et collégiales étaient implantés en milieu urbain, en nombre plus ou moins élevé en fonction de l'importance de la ville et de l'initiative des fondateurs.

Hors de l'enclos même des villes, il faut d'abord considérer les basiliques paléochrétiennes bâties sur un site de nécropole qui conservait le corps du premier évêque de la cité ou d'un martyr lié aux origines du christianisme dans la ville. Ces premières églises ont été rebâties et desservies par des communautés de clercs ; elles ont donné naissance soit à d'importantes collégiales, soit à des abbayes, autour desquelles s'est progressivement aggloméré un habitat formant les bourgs dont il a été question plus haut. Ces églises suburbaines, parfois incluses plus tardivement dans une enceinte de réunion, pouvaient présenter des dimensions considérables et concurrencer par leur importance la cathédrale.

L'une des collégiales suburbaines les plus prestigieuses en France fut celle de Saint-Martin de Tours qui était d'abord importante par l'effectif considérable de la communauté qui la desservait (150 chanoines, 20 demi-prébendés et 56 vicaires à la fin du XIIe siècle). Son église, reconstruite sans doute à partir des années 1070-1080, présentait un plan développé à cinq nefs, avec transept saillant lui-même pourvu de collatéraux, un chevet à déambulatoire et chapelles rayonnantes. Il n'en reste que peu de choses aujourd'hui. A Toulouse, la basilique Saint-Sernin, bâtie sur la nécropole qui s'était développée autour du corps du saint fondateur de l'église de cette ville et desservie elle aussi par une communauté de chanoines, fut reconstruite également à partir des années 1070-1080. L'église, qui présentait le même plan que celle de Tours, est encore plus vaste, longue de 115 m, large de 32,50 m, avec un transept long de 64 m *(317)*. L'ampleur du plan de Saint-Martin de Tours, de Saint-Sernin de Toulouse et aussi de Saint-Martial de Limoges (église disparue) s'adaptait bien à la fonction de monuments qui étaient des étapes majeures du pèlerinage de Saint-Jacques-de-Compostelle.

A Arles, la basilique de Saint-Geniès fut élevée dans le quartier des Alyscamps au IVe ou au Ve siècle sur les reliques du martyr. Une nécropole s'y développa ; c'est là que se firent enterrer les évêques sans doute dès la fin du IVe siècle, s'ajoutèrent ensuite d'autres lieux de culte comme la basilique Saints-Pierre-et-Paul. Au XIe siècle, les moines de Saint-Victor de Marseille substituèrent à l'antique Saint-Geniès l'église de Saint-Honorat-des-Alyscamps, entièrement reconstruite dans la seconde moitié du siècle suivant.

A Marseille deux passages de Grégoire de Tours attestent au VIe siècle l'existence d'un culte suburbain rendu au martyr Victor et la présence d'un cadre monumental qui paraît bien correspondre au site occupé par l'abbaye médiévale sur le replat calcaire qui domine la rive sud du Vieux Port. Rien ne permet cependant d'identifier avec certitude la construction citée par Grégoire de Tours avec les édifices les plus anciens qui ont été conservés dans la crypte de Saint-Victor. La tradition situe à cet endroit la communauté monastique la plus anciennement établie à Marseille mais, là encore, nous n'avons pas de certitude. Au Ve siècle et surtout durant le VIe s'est développée sur le site une importante nécropole ; l'abondance des inhumations a donné lieu à d'impressionnantes accumulations de sarcophages.

Sur le site d'une nécropole gallo-romaine, une première basilique a été consacrée à Dijon en 535, abritant le corps de saint Bénigne. Restaurée, l'église fut de nouveau consacrée en 882. Guillaume de Volpiano, envoyé par Cluny et chargé de réformer l'abbaye, entreprit sa reconstruction en 1002. Elle fut consacrée en 1016. On lui adjoignit une rotonde mariale bâtie sur trois niveaux, consacrée en 1018, dont il ne subsiste que la crypte. Après un incendie qui détruisit une partie de la ville en 1137, l'abbatiale fut rebâtie puis encore, après un nouveau sinistre, pour aboutir à l'église actuelle, consacrée en 1287. L'abbatiale Saint-Ouen de Rouen remonte à l'époque mérovingienne. Elle abrita le corps de l'évêque de ce nom à partir de la fin du VIIe siècle ; située à l'extérieur du *castrum*, à proximité de son angle nord-est, elle fut détruite par les Normands et rebâtie à partir de 1046 puis encore après 1318 ; l'église était alors longue de 137 m, la nef haute de 33. L'abbaye bénédictine de Saint-Amand fut fondée dans l'angle sud-ouest de la cité en 1030. L'abbaye Saint-Vincent de Laon a été établie vers le début du VIe siècle en liaison avec le cimetière chrétien de la ville. Pillée à plusieurs reprises par les Normands, elle resta néanmoins la nécropole des évêques jusqu'au XIIIe siècle. Elle était desservie par un collège de chanoines fondé au IXe siècle, rétabli vers 925 puis remplacé par une communauté monastique bénédictine en 961. L'église, reconstruite à partir de la fin du XIIe siècle, comporte trois nefs de huit travées séparées d'un chevet triabsidial et d'un chœur de cinq travées par un transept saillant. De dimensions plus modestes, la collégiale de Saint-Aphrodise de Béziers, bâtie à l'emplacement d'une nécropole du Bas-Empire, reconstruite vers la fin du XIe siècle, était considérée comme l'église la plus vénérable de la ville, à tel point que les chercheurs se sont demandé longtemps si ce n'était pas l'emplacement de la cathédrale primitive. A Poitiers, l'église de Saint-Hilaire-le-Grand, desservie par des moines puis par des chanoines, succéda au sanctuaire qui abrita, à partir de 368, l'un des premiers évêques de la ville.

Si les abbayes ou collégiales nées du culte qui s'est développé hors de la cité, sur les reliques d'un évêque ou d'un martyr, ont souvent donné naissance à des bâtiments prestigieux et ont pu être le noyau d'un développement urbain conséquent, il faut aussi considérer les autres implantations canoniales ou monastiques, soit à la périphérie des villes, soit à l'intérieur même des murs. Un certain nombre de ces fondations remontent à l'Antiquité tardive mais les premières constructions n'ont pas toujours été relayées par des implantations médiévales comme le montre l'exemple arlésien. La vie de l'évêque Hilaire signale que celui-ci fonda des monastères et des églises ; celle de Césaire fait savoir que peu avant 508 le couvent de femmes qu'il avait fondé avait été prévu hors les murs mais que le contexte militaire l'avait contraint à le transférer à l'abri des murailles, peut-être là où était la cathédrale primitive, l'un de ses successeurs établit un monastère d'hommes dédié aux saints apôtres et un monastère de femmes dédié à la Vierge.

Le mouvement de reconstruction des cathédrales et des abbatiales autour de l'an mil s'est accompagné, de façon plus inégale cependant, de fondations de collégiales par les souverains et les princes. Robert le Pieux fonda autour de 1020 les collégiales de Notre-Dame d'Etampes, Notre-Dame de Poissy, Notre-Dame de Melun.

La ville d'Angers, particulièrement bien pourvue en collégiales, est un bon exemple de ce qu'ont été les strates de fondations. D'abord les églises installées sur des cimetières à des dates incertaines : l'église Saint-Pierre qui prétendait être la plus ancienne de la ville, celle de Saint-Maurille construite sur la sépulture de cet évêque mort en 453 et mentionnée pour la première fois au VIe siècle. Viennent ensuite des fondations épiscopales : l'église Saint-Jean-Baptiste-et-Saint-Julien, due à l'évêque saint Lézin, mort vers 610, desservie par des moines avant de l'être par des chanoines, et celle fondée par saint Maimbeuf, mort vers 660. Enfin les créations comtales : Foulque Nerra installe un chapitre dans l'ancienne église Saint-Martin vers 1012-1029 ; son fils Geoffroi-Martel fait de même vers 1056-1060 dans la chapelle castrale Saint-Laud.

Le nombre des abbayes et collégiales était également élevé à Poitiers. Le monastère de Sainte-Radegonde fut fondé dans la deuxième moitié du VIe siècle par l'épouse de Clotaire ; le culte y fut assuré par un collège de chanoines. Ce sont des chanoines réguliers de saint Augustin qui desservaient Saint-Hilaire-de-la-Celle, implantée, selon la tradition, à l'emplacement où le saint aurait achevé sa vie. L'église de Notre-Dame-la-Grande est citée comme collégiale à la fin du XIe siècle. L'abbaye bénédictine de Saint-Jean-de-Montierneuf, dans la dépendance de Cluny, fut fondée en 1076. Il faut ajouter deux abbayes féminines, celles de Sainte-Croix et de la Trinité, fondées respectivement au VIe et au Xe siècle, et quatre prieurés, ceux de Saint-Paul et de Saint-Nicolas (dépendant de Montierneuf), de Saint-Porchaire (dépendant de l'abbaye de Bourgueil) et de Saint-Denis (de l'abbaye de Noyers).

A Toulouse, l'église Sainte-Marie-de-la-Daurade, fondée sans doute dès le Ve siècle sur une île de la Garonne, tout près du mur de la cité, fut conservée dans sa structure d'origine jusqu'au XVIIIe siècle. Un beau cloître roman lui fut adjoint, dont il reste des sculptures présentées au musée des Augustins. Une communauté bénédictine y est mentionnée en 844 ; elle fut placée en 1077 sous la dépendance de Moissac, dans la mouvance clunisienne.

A cette abbaye était aussi rattaché le prieuré de Saint-Pierre-des-Cuisines fondé, sur le site d'une ancienne église liée à une nécropole du haut Moyen Age, à la suite d'une donation du comte de Toulouse en 1067 ; il était hors de l'enceinte jusqu'au XIIe siècle.

Les monastères installés en milieu urbain ne différaient pas fondamentalement dans leur organisation de ceux de la campagne, isolés par leur clôture du reste du bâti. Ils se sont en général mal conservés, dans un contexte plus sujet aux transformations modernes et contemporaines que le milieu rural. Citons l'exemple de Saint-Germain d'Auxerre, bien lisible malgré les modifications du XVIIIe siècle *(38)*. La vaste église était précédée d'une avant-nef à la manière des *galilées* bourguignonnes. Le cloître était au nord ; il subsiste dans son état XVIIIe siècle. Autour de lui existent toujours, récemment restaurés, le cellier à l'ouest, rebâti au XIVe siècle, le réfectoire au nord (remplacé au XVIIIe siècle), à l'est la suite habituelle sacristie - salle capitulaire - salle des moines qui a gardé en partie son état roman. Tous ces espaces médiévaux sont subdivisés en deux nefs et couverts de voûtes sur croisées d'ogives. L'abbaye Saint-Victor de Marseille s'est entourée d'une vigoureuse fortification dont un dessin de la fin du XVIe siècle nous donne le témoignage : les tours carrées, munies de mâchicoulis, flanquent une courtine avec son chemin de ronde ; l'ancienne tour d'Isarn

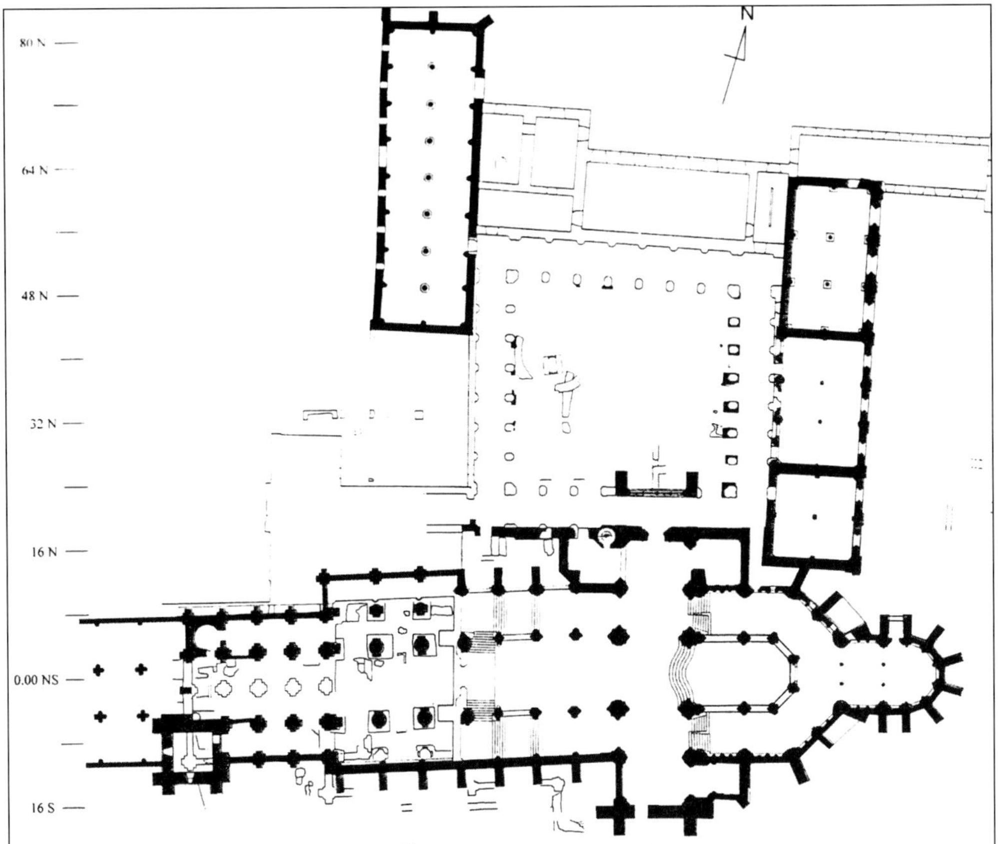

(38) Auxerre. Plan restitué de l'abbaye de Saint-Germain aux XIIIe-XIVe siècles. Sapin, Archéologie et architecture d'un site monastique.

a aussi été couronnée d'un mâchicoulis et domine nettement l'ensemble comme un donjon. A l'abri de ces murs, les bâtiments s'organisent autour de deux espaces : le cloître pour les moines et une grand'cour pour le logis de l'abbé. Du cloître, partie roman et partie gothique, avec son lavabo roman, il ne reste rien. Ce sont les dessins et gravures du XVIIIe siècle qui nous en donnent l'image.

Il serait plus intéressant de connaître l'organisation des bâtiments liés aux collégiales, particulièrement nombreuses en ville. Or les quartiers de collégiales ont quelque peu été négligés par les chercheurs jusqu'à présent. Les études monumentales et les fouilles se sont souvent limitées à l'église même. Quelques recherches récentes ont cependant démontré un intérêt pour le quartier qui l'entourait (à Avignon, Angers, Béziers, Provins). La multiplication des études dans ce domaine est souhaitable dans la mesure où les collégiales ont marqué la topographie urbaine et parce que le peu que l'on sait actuellement sur l'organisation monumentale des édifices dépendant de ces églises montre qu'à l'image de ce qui se passait pour les quartiers des cathédrales il n'existait aucune organisation type.

Comme ceux des cathédrales, les chanoines rattachés à ces églises menaient une vie commune qui s'accommodait de l'usage d'une demeure individuelle. Bâtiments communs et maisons canoniales devaient normalement prendre place à l'intérieur d'une clôture. Celle-ci pouvait être une véritable muraille (Saint-Martin de Tours), le front continu des maisons (Saint-Aphrodise de Béziers) ou encore le système de la rue fermée (Saint-Pierre d'Avignon). A Saint-Quiriace de Provins, il ne semble pas avoir existé de clôture matérialisée. L'efficacité réelle de cette clôture, lorsqu'elle existait, n'était pas très marquée ; à Tours on se contentait d'interdire la présence des femmes vénales dans les murs et on y tolérait les auberges puisque leur existence était soumise à autorisation.

La disposition et la structure des bâtiments communs connaissaient la même diversité que chez les chanoines des cathédrales. Le cloître a rarement été conservé mais on en voit parfois l'emplacement. A Saint-Aphrodise de Béziers, les galeries ont disparu, il n'en reste que les limites dont l'une est constituée par le

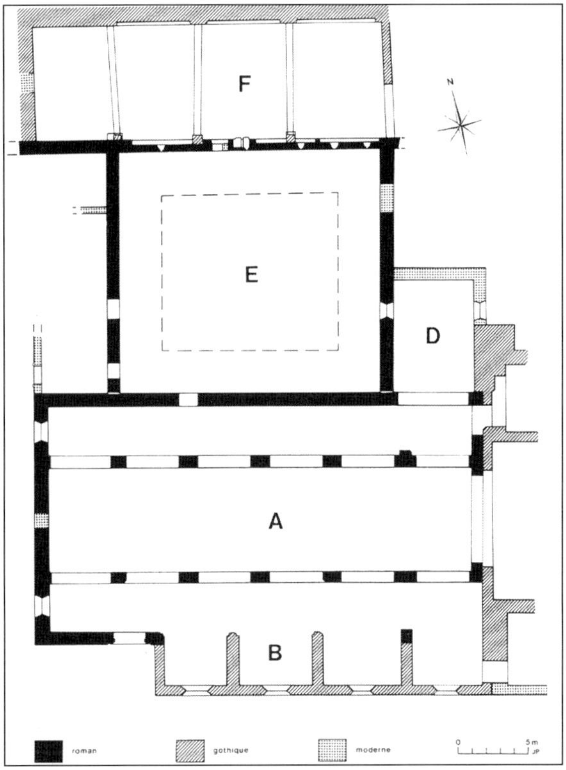

(39) Béziers. Plan de la collégiale Saint-Aphrodise et des bâtiments claustraux. A : Nefs romanes. B : Chapelles gothiques. D : Chapelle moderne, emplacement de la salle du chapitre ? E : Cloître. F : Réfectoire. Dessin J.-P. Pelletier.

réfectoire qui, lui, a été conservé et récemment restauré, implanté à l'opposé de l'église, comme dans le schéma bénédictin (39). Si l'ensemble a été refait au XIVe siècle, avec une charpente sur arcs diaphragmes, un mur roman demeure, avec la chaire du lecteur. A Béziers et aux collégiales d'Angers, les maisons des chanoines étaient disposées autour d'une cour ou d'un jardin, éventuellement utilisé comme cimetière. A Provins, les maisons qui s'organisent autour de la place située en avant de la façade ouest de l'église et le long de ses façades nord et sud sont regroupées traditionnellement sous le nom de cloître Saint-Quiriace et passent pour avoir été celles des chanoines. Celles de Saint-Pierre d'Avignon, après 1360, étaient le long d'une même rue, le logis du chanoine donnant sur le premier étage du cloître, avec la cave ouverte sur la rue, des chambres destinées aux chapelains occupant parfois les étages supérieurs. Les petites dimensions du quartier ou le grand nombre des chanoines obligeait parfois beaucoup de ceux-ci à résider hors de la clôture : c'était le cas à Saint-Laud d'Angers au XVe siècle.

Les couvents de mendiants

Les villes ont été marquées au XIIIe siècle par l'installation des ordres mendiants dont une caractéristique essentielle est l'implantation urbaine. Certes, comme on vient de le voir, les monastères des anciens ordres n'étaient pas tous à la campagne ou dans la solitude (des Bénédictins sont en ville, les Chartreux aux abords des villes) mais pour les mendiants désireux de prêcher au monde, la règle générale est l'implantation urbaine : très peu de couvents de mendiants hors des agglomérations et pas de centre urbain véritable sans un couvent de mendiants. Vers 1270, un texte attribué à saint Bonaventure précise, en réponse à des critiques venues sans doute du courant spirituel, que l'implantation urbaine de l'ordre répondait au désir pastoral qui voulait que l'on soit au plus près des fidèles, à la nécessité matérielle d'être aux sources de sa subsistance et de celle de ses assistés, à un besoin de sécurité qui incitait à se mettre à l'abri des remparts urbains et d'y protéger les livres et les ornements liturgiques. Dans un texte de peu antérieur, les Dominicains déclaraient qu'en ville la prédication était plus efficace en raison d'une population plus nombreuse, plus nécessaire parce que les mœurs y étaient plus mauvaises.

Le premier couvent de Franciscains fondé en France le fut en 1217 sur la colline de Vézelay ; l'ordre s'installa à Paris en 1219 : leur couvent y fut fondé en 1218, de là partirent des frères pour Orléans, Limoges, Reims, Poitiers. Les Dominicains prirent pied à Toulouse en 1215. A partir du couvent de Bologne fondé en 1219, l'ordre s'installa à Florence, Milan, Brescia... On remarque la préférence pour des centres universitaires dans la mesure où les couvents dominicains devaient être des foyers d'étude d'où partiraient les missionnaires. Les Franciscains se sont au contraire intéressés d'abord au réseau des petites villes, diffusant peut-être leur modèle d'Italie centrale : en France ils sont présents dans les centres urbains modestes, capables de n'accueillir qu'un seul couvent. Car le nombre des couvents est fonction de l'importance de la ville, donc de sa capacité à faire vivre les communautés : un document du milieu du XVe siècle concernant Douai rappelle que les conditions favorables à l'installation d'un couvent de Dominicains sont la présence dans la ville de catégories sociales susceptibles de l'entretenir et l'absence d'un autre couvent, condition qui pouvait être modulée en fonction de l'importance de la ville. L'habitude voulait qu'un couvent ne puisse être situé à moins de 300 m de celui d'un autre ordre. Clément IV avait interdit qu'une nouvelle église ou un nouveau couvent ne soit à mois de 500 m d'un couvent de Prêcheurs, ce qui était inapplicable dans le cas de petites villes. On finit par ramener la distance à 250 m.

Une enquête menée sur la Provence a montré que dans les villes de plus de 5 000 habitants, il y avait toujours au moins deux ordres mendiants. Dans les villes principales (Aix, Avignon, Marseille, Nice), les quatre ordres principaux étaient présents. Les Prêcheurs étaient absents des villes plus petites mais les Mineurs y étaient lorsqu'il s'agissait de petits centres administratifs ou commerciaux (Apt, Manosque, Forcalquier). Par exception les Dominicains avaient une maison dans des localités jalonnant la route d'Italie (Salon, Brignoles, Grasse).

A Tours s'installèrent d'abord et très vite les Jacobins (1222) et les Cordeliers (1224). Les Carmes vinrent plus tard, dans la seconde moitié du siècle, puis les Augustins au début du suivant. Dans cette grande ville on trouve encore les Trinitaires (1227) et les Sachets (1270). La petite localité de Rieux-Volvestre, dans la région toulousaine, était déjà considérée comme une ville avant même son élévation au titre de siège épiscopal par Jean XXII puisque les Dominicains y fondèrent une maison en 1275 et les Franciscains avant 1282.

Dans la plupart des cas, les ordres mendiants ont installé leur couvent à la périphérie de l'agglomération, le plus souvent en dehors des murs, parfois dans des quartiers récemment rattachés à la ville par une enceinte de réunion : c'est le cas pour les quatre ordres principaux à Tours *(40)*, Aix-en-Provence, Avignon, Albi... Il existe cependant bien des contre-exemples, tel le premier site urbain des Jacobins de Toulouse qui se trouvait au cœur de la cité, le site définitif étant implanté à cheval sur la cité et le bourg. Dans la même ville,

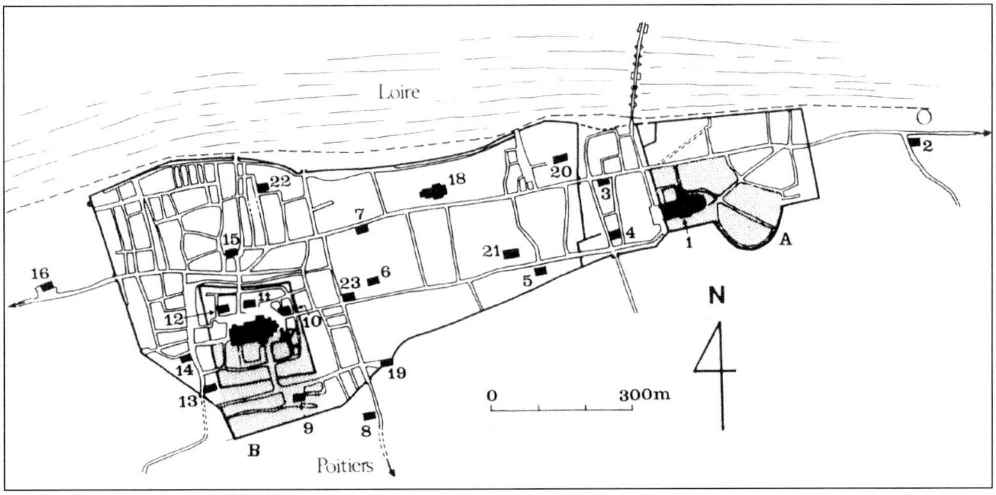

(40) Tours. Plan de la ville à la fin du Moyen Age, avec localisation des églises. A : La cité. B : Le bourg Saint-Martin.
1 : Cathédrale Saint-Maurice. 2 : Saint-Pierre-des-Corps (église paroissiale). 3 : Saint-Pierre-du-Boille (église paroissiale). 4 : Saint-Etienne (église paroissiale). 5 : Saint-Vincent (église paroissiale). 6 : Saint-Hilaire (église paroissiale). 7 : Saint-Saturnin (église paroissiale). 8 : Saint-Pierre-du-Chardonnet (église paroissiale). 9 : Saint-Venant (église paroissiale). 10 : Notre-Dame-de-l'Escrignolle (église paroissiale). 11 : Saint-Denis (église paroissiale). 12 : Sainte-Croix (église paroissiale). 13 : Saint-Simple (église paroissiale). 14 : Saint-Clément (église paroissiale). 15 : Saint-Pierre-le-Puellier (église paroissiale). 16 : Notre-Dame-la-Riche (église paroissiale). 17 : Saint-Martin. 18 : Abbaye Saint-Julien. 19 : Prieuré-cure Saint-Michel-de-la-Guerche. 20 : Couvent des Jacobins. 21 : Couvent des Cordeliers. 22 : Couvent des Carmes. 23 : Couvent des Augustins. Picard, Les chanoines dans la ville.

les Carmes s'installèrent dans les murs en 1288, les Augustins, logés jusque là à l'extérieur, près de la porte Matabiau, construisirent un couvent dans les murs à partir de 1315. A Pamiers (Ariège), Dominicains, Franciscains et Carmes étaient dans la ville alors que les Clarisses et les Augustins restaient à l'extérieur. Les Cordeliers de Rouen étaient dès le XIIIe siècle dans l'angle sud-ouest du *castrum*. A Rieux-Volvestre, les Dominicains, premiers installés, étaient dans les murs mais, par accord signé en 1282, ils imposèrent aux Franciscains de fonder leur maison au-delà des fossés, même si seulement 180 mètres devaient séparer les deux couvents.

Pourquoi cette préférence pour la périphérie urbaine ? Les raisons sont multiples : rareté et cherté des terrains en ville et hasard des donations qui sont plutôt celles de gens modestes qui possèdent des terrains périphériques et souvent de médiocre qualité, désir manifesté par les mendiants de se tourner vers l'évangélisation de nouveaux milieux urbains, récents immigrants d'origine surtout rurale, volonté de prendre soin des malades et des pèlerins (particulièrement sur la route de l'Espagne), hostilité manifestée par le clergé de la cathédrale et des paroisses.

Cette situation extérieure des couvents a souvent été modifiée dans la suite du Moyen Age, soit parce qu'ils ont été intégrés par l'établissement d'une enceinte plus vaste (couvents de Tours et d'Avignon, Augustins et Cordeliers d'Aix-en-Provence), soit en raison d'une reconstruction due essentiellement aux contre-coups de la guerre durant le XIVe siècle (à Aix, transfert des Carmes puis des Dominicaines et des Clarisses).

Si dans un premier temps l'étendue modeste et la qualité médiocre des constructions des Mendiants ne devaient pas bouleverser beaucoup le tissu urbain (encore que la construction des Jacobins de Toulouse ait entraîné la destruction d'une centaine de maisons), la situation se modifia profondément vers 1240. La première cause en fut le changement d'attitude du clergé séculier vis-à-vis des ordres nouveaux auxquels il reprochait une popularité acquise au détriment de la sienne propre, si bien que les Mendiants ne furent plus invités à prêcher dans les églises paroissiales et donc contraints à recevoir les fidèles dans leurs propres églises qui devaient être suffisamment vastes. D'autre part, la nécessité de la prédication imposait de longues études, un déplacement vers les couvents réputés, ce qui allait obligatoirement avec un assouplissement de l'idéal de pauvreté. Les Mendiants reçurent enfin l'autorisation d'enterrer des fidèles dans leurs églises, ce qui devait pousser les particuliers à faire des legs testamentaires aux églises où ils désiraient se faire enterrer. Ceci apporta une source de financement non négligeable aux chantiers et entraîna la construction de chapelles latérales privées. On assiste donc vers 1240 à un mouvement général de reconstruction des églises de mendiants. Les ordres tentèrent cependant de maintenir les édifices dans des limites par une réglementation restrictive (concernant les dimensions, le décor, l'interdiction de voûter). Mais cette position n'était plus tenable et, à partir des années 1260, on ne craignit plus de faire haut et grand, encouragé en cela par l'apport financier dû à l'appui de la grande bourgeoisie triomphante qui n'hésitait pas à procéder à de larges donations en relation avec l'importance que ses membres accordaient aux bonnes œuvres comme moyen de salut pour leur âme. Cette tendance est certes plus évidente en Italie où l'immensité des églises florentines de Santa Maria Novella et Santa Croce, le luxe du décor de leurs chapelles sont dus aux largesses des plus grandes familles banquières (les Alberti, Bardi, Peruzzi...), mais elle s'observe aussi chez nous, aux Jacobins de Toulouse par exemple. La première église, dont des éléments sont conservés dans la construction ultérieure et que l'on connaît aussi par la fouille qui a été menée à partir de 1947, était modeste : longue de 46 m et large de 22, elle n'était haute que de 13,60 m, soit à peu près la hauteur maximum prescrite par la réglementation. Les deux nefs de largeur inégale étaient terminées par un mur droit, couvertes d'une simple charpente. Entre 1234 et 1263, l'agrandissement s'est fait du côté du chevet. La couronne de chapelles rayonnantes est due à l'initiative des grandes familles toulousaines comme le montrent les blasons. La structure actuelle du chevet, subdivisé par de hautes colonnes de pierre d'une élégance remarquable, celle de l'est recevant une voûte d'ogives complexe connue sous le nom de « palmier des Jacobins » relève d'une autre campagne, entre 1275 et 1292. C'est avant 1323 que l'on entreprit de refaire les nefs, rendues égales par des colonnes établies dans le prolongement de celles du chevet. On a assisté ainsi à la transformation de l'église quelque peu rustique des origines en deux vaisseaux beaucoup plus hauts et élégants. Le haut clocher, entrepris entre 1294 et 1298, très élégant lui aussi, est devenu le prototype des clochers gothiques toulousains *(319)*.

La reconstruction du couvent des Dominicains d'Avignon, plus tardive, est due, à partir de 1310, au financement pontifical et à l'aide de prélats de l'ordre. Le dortoir fut bâti en premier, parallèle à l'église ; c'était une salle immense, longue de 84 m, large de 11, haute de 28 ou 29 m. La couverture en charpente lambrissée était considérée comme l'une des plus belles de France. L'église fut rebâtie ensuite : ses dimensions étaient plus modestes mais tout de même à peine au-dessous de celles de l'église de Saint-Maximin (65 m de long). Elle était subdivisée en trois nefs, celle du milieu couverte d'une charpente lambrissée en voûte d'arêtes, celles des collatéraux couvertes d'un lambris en berceau. Le cloître (40 x 32 m) fut inséré un peu plus tard entre les deux bâtiments. L'ensemble fut détruit vers 1835.

Les églises paroissiales

L'apparition d'églises paroissiales urbaines n'est pas toujours bien connue. L'institution paroissiale fut d'abord une spécificité rurale. A la fin du Ve siècle, la plupart des églises paroissiales étaient dans des domaines privés et dans des bourgs ruraux, quelques unes dans les agglomérations fortifiées, les *castra*. Dans les cités, c'est à la cathédrale et dans le baptistère qu'étaient administrés les sacrements. Le mouvement de création de paroisses urbaines ne semble pas remonter au-delà du XIIe siècle, lorsque l'extension des villes rendit plus difficile le rattachement des fidèles à la seule cathédrale. Evêques, monastères et chapitres canoniaux eurent cependant souvent tendance à ralentir le mouvement pour ne pas avoir à partager les revenus. Ce qui fait que les situations paraissent très contrastées, opposant les villes dépourvues de paroisses ou pourvues en nombre insuffisant (La Charité-sur-Loire, Moulins, Dunkerque) et celles qui en avaient trop (Arras, Douai, Arles).

La seule île de la Cité à Paris comptait au XIe siècle une douzaine de chapelles dépendant de la cathédrale qui accueillaient les fidèles ; elles reçurent un statut paroissial au siècle suivant mais les sépultures étaient réservées au cimetière de l'évêque. Sur la rive droite furent fondées d'abord les paroisses de Saint-Gervais et Saint-Germain-l'Auxerrois puis cinq autres, sur la rive gauche cinq églises dont Saint-Séverin et Notre-Dame-des-Champs. S'ajoutaient dans les bourgs les églises monastiques de Saint-Germain, Sainte-Geneviève et Saint-Marcel.

La petite ville de Cluny était dotée au XIIe siècle de trois églises paroissiales *(14)* alors que Lille en avait quatre à la même époque, auxquelles s'ajoutèrent trois autres au siècle suivant. A Toulouse, on voit des paroisses se fonder au gré du développement urbain, telle l'église de Saint-Nicolas au XIIe siècle dans le faubourg de Saint-Cyprien. En même temps, des monastères et des collégiales jouaient le rôle de paroisses comme Saint-Sernin, Saint-Pierre-des-Cuisines, la Daurade, la Dalbade.

A la fin du Moyen Age, Tours comptait 14 paroisses, trois pour la cité, huit pour le bourg Saint-Martin et ses environs, trois pour l'espace intermédiaire *(40)*. A Arles existaient 15 églises paroissiales au début du XIVe siècle *(41)* ; il y en avait trois de moins au siècle suivant en raison de la crise démographique.

Le réseau tissé dans la ville par l'ensemble des églises du groupe cathédral, des collégiales, des implantations monastiques et des paroisses devenait une réalité tangible lors de certaines fêtes qui étaient l'occasion de processions regroupant les différents clergés. Un coutumier des églises de Béziers, rapportant des usages des XIIe et XIIIe siècles, décrit ces cortèges. Pour les Rameaux, deux processions partaient de la cathédrale et de la collégiale Saint-Jacques pour se réunir à Saint-Aphrodise où avait lieu la bénédiction des rameaux. Les clercs de Saint-Aphrodise se joignaient alors au cortège pour se rendre à la cathédrale où tous assistaient à une messe solennelle. Des cérémonies similaires se déroulaient pendant les trois jours des Rogations. Chaque jour, les clergés de Saint-Aphrodise et Saint-Jacques se rendaient en procession à la cathédrale. De là, le cortège gagnait l'une des églises de la ville où une messe était célébrée : le premier jour c'était à la paroisse de la Madeleine ou à celle de Saint-Félix, le deuxième à Saint-Aphrodise, le troisième, la procession passait par la chapelle des Hospitaliers, Saint-Saturnin, avant de se rendre à Saint-Jacques *(6)*.

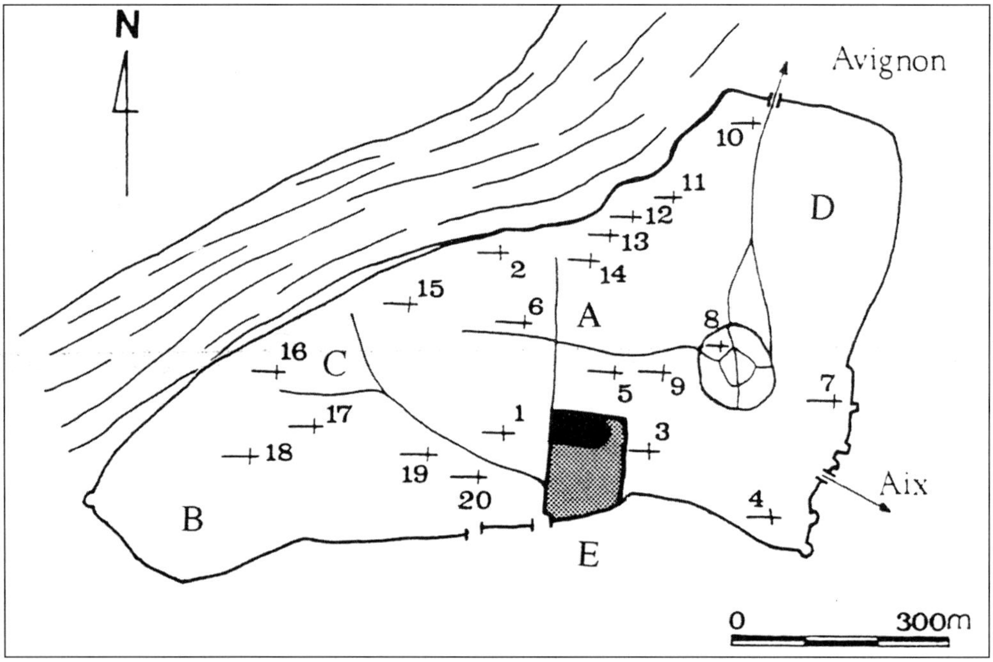

(41) Arles. Plan de la ville à la fin du Moyen Age, avec localisation des églises.
A : La cité. B : Le Bourg-Vieux. C : Le Méjean. D : Le Bourg-Neuf. E : Quartier cathédral. En noir : la cathédrale. 1 : Notre-Dame-La-Principale (église paroissiale). 2 : Couvent des Dominicains. 3 : Saint-Georges (église paroissiale). 4 : Abbaye Saint-Césaire 5 : Saint-Vincent (église paroissiale). 6 : Sainte-Lucie (église paroissiale). 7 : Notre-Dame-la-Major (église paroissiale). 8 : Saint-Michel-de-Scala (église paroissiale). 9 : Couvent des Mineurs 10 : Saint-Isidore (église paroissiale). 11 : Saint-Julien (église paroissiale). 12 : Couvent des Clarisses. 13 : Hospitaliers : Saint-Thomas de Trinquetaille. 14 : Hospitaliers : le Temple. 15 : Saint-Martin (église paroissiale). 16 : Saint-Laurent (église paroissiale). 17 : Sainte-Croix (église paroissiale). 18 : Couvent des Augustins. 19 : Couvent des Trinitaires. 20 : Couvent des Carmes. Picard, Les chanoines dans la ville.

IV. Les lieux du pouvoir

La ville apparaît naturellement comme le siège de pouvoirs. Les vues que les peintres en ont donnée en Italie la représentent dominée par le palais ou le château. Cette situation n'est cependant pas généralisée, en particulier durant le haut Moyen Age. Le palais n'est pas une réalité uniquement urbaine. A Paris, le centre du pouvoir se trouve hors de la Cité à partir du VIIe siècle. Le palais des rois mérovingiens est à Clichy. A partir de 650, Compiègne est le principal palais de Neustrie puis de l'ensemble du royaume, Charles le Chauve y instaure un collège de 100 chanoines. De plus, rois et princes, pour des raisons à la fois économiques et politiques, gouvernaient en se déplaçant, ils possédaient donc dans leurs domaines de multiples résidences urbaines mais aussi semi-urbaines ou rurales. Le statut de chacune de ces résidences variait au gré des circonstances.

Le château et le palais dans la ville

Le château, ou le palais, est le signe du pouvoir seigneurial ou princier sur la ville, pouvoir qui, jusqu'au développement du mouvement communal, s'exerce sans partage ou juxtaposé à celui d'un autre seigneur qui peut être l'évêque. De cette façon, la ville d'Aix-en-Provence était divisée en deux agglomérations distinctes, chacune pourvue de son enceinte, l'une autour du palais comtal, l'autre autour de la cathédrale. A Béziers, le pouvoir était partagé entre vicomte et évêque de la même façon mais il n'existait pas de séparation matérielle entre les quartiers relevant d'une autorité ou de l'autre. Cependant, jusqu'au milieu du XIIe siècle, le palais vicomtal jouxtait l'enclos du quartier de la cathédrale et en contrôlait même la porte, signe sans doute de la tutelle qu'exerça le pouvoir laïc sur le pouvoir ecclésiastique avant la réforme grégorienne. Lorsque celle-ci s'est manifestée, le vicomte a quitté son ancien palais pour s'installer dans une autre partie de la ville *(6)*. A Narbonne, l'évêque, à la fin du XIIe siècle, exerçait son pouvoir sur le tiers de la cité et sur le bourg, le vicomte sur le reste de la cité.

Le château, en milieu urbain, est une simple transposition du château féodal habituel. S'il existe un relief marqué dans la topographie, il en occupe le sommet. Le château des archevêques d'Arles à Salon est un édifice considérable, organisé autour de trois cours, qui est situé au sommet d'une butte, au milieu de l'agglomération. A Nice, celui des comtes de Provence, disparu, était au point le plus haut également mais dans un angle de l'enceinte primitive. Cette situation du château à la périphérie de l'espace urbain, dont les fortifications sont liées à celles de la ville, est fréquente. C'est le cas au château des Adhémar à Montélimar, au vieux château de Dijon.

Celui-ci était à l'état d'abandon au XIVe siècle et le duc, qui préférait résider dans ses châteaux ruraux, le transforma en carrière d'où il faisait extraire les pierres pour ses nouvelles entreprises monumentales. Le nouveau château de Dijon fut bâti, sur l'ordre de Louis XI, de 1478 à 1480. Il fut adossé à l'intérieur de la muraille urbaine sur un monticule au nord de la ville. Le prétexte avancé fut la défense de Dijon. En réalité, il s'agissait non pas de défendre les habitants mais de bien les surveiller : les deux grosses tours à canons flanquant la courtine étaient tournées vers la ville. Le château était en effet le symbole de la mainmise royale sur le duché consécutive à la mort de Charles le Téméraire, mais les habitants étaient réticents et des émeutes avaient éclaté en faveur de Marie de Bourgogne, fille du dernier duc.

Château et palais sont en principe deux notions bien différentes, voire antinomiques, et leur rapport avec la ville ne peut ainsi être le même. Au contraire du *castrum*, le *palatium* est un lieu de paix où l'ordre repose sur la justice et non sur la force des armes. On observe cependant dès l'époque carolingienne une tendance à fortifier les palais. Une première explication réside dans la multiplication des guerres privées qui contraint à établir de solides défenses autour du palais. Mais il existe aussi sans doute des raisons plus intellectuelles : le palais peut être assailli par les forces du mal, il doit donc se défendre à l'image de la cité de Dieu, la Jérusalem céleste que l'on représentait depuis longtemps comme un lieu fortifié. A la mosaïque absidiale de la cathédrale romane de Saint-Paul-Trois-Châteaux (Drôme), ce n'est même plus une ville fortifiée qui est représentée mais un véritable donjon de château, avec son crénelage, son accès au niveau du premier étage, sa chemise *(42)*.

La fortification du palais se manifeste par la transformation de sa clôture en une enceinte de défense, en bois d'abord puis en pierre, comme c'est le cas à Caen dès le XIe siècle où une tour-porte en défendait l'accès. A partir du XIIe siècle ce sont de puissantes murailles qui entourent bien des palais. C'est ainsi que se présente la première construction du Louvre sous Philippe-Auguste, cas particulier cependant puisqu'il ne s'agissait pas de bâtir au départ une résidence royale mais un ouvrage extérieur renforçant la fortification dont le roi dotait alors sa ville et commandant l'accès au fleuve en direction de l'ouest. L'enceinte alors réalisée l'était sur plan quadrangulaire régulier avec flanquement de tours en net commandement sur la courtine aux angles et au milieu des courtines.

(42) Saint-Paul-Trois-Châteaux (Drôme). Mosaïque de l'abside : représentation de la Jérusalem céleste sous forme de donjon fortifié.

Le château des Trencavel à Carcassonne offre un bel exemple de l'évolution vers une structure fortifiée puissante. Quand il fut bâti, vers 1150, il n'était pas encore conçu comme une forteresse et ses défenses, du côté de la ville, étaient faibles (de l'autre côté la construction s'appuie au rempart gallo-romain). Il était le plus souvent désigné dans les textes sous le nom de *palatium,* ce qui indique bien que la fonction défensive n'était pas prédominante. Le grand changement est à mettre en relation avec le rattachement de la vicomté au domaine royal en 1226. Une courtine flanquée de tours circulaires à la base pleine, talutée et doublée d'un fossé s'appuya alors au mur de la cité. Elle était couronnée d'un hourd que Viollet-le-Duc a partiellement restitué *(43).* Elle forme un quadrilatère régulier, comparable à celui du Louvre *(18).* L'entrée fut protégée par une porte à deux tours précédée d'une barbacane. Les archères sont à étrier et se chevauchent de façon à multiplier les angles de tir et à ne pas affaiblir la muraille. On a parfois antidaté ces défenses pour les attribuer aux Trencavel. Pourtant, toutes les caractéristiques de la fortification ne peuvent être antérieures au milieu du règne de Philippe-Auguste dans la France du Nord et sont sans équivalent dans le Midi où la défense restait encore très passive et où régnait toujours la tour quadrangulaire. Si l'on attribue cette entreprise de fortification à l'initiative royale, on comprend mieux pourquoi ces puissantes défenses sont dirigées vers la ville au moment où les représentants du roi avaient tout intérêt à se protéger contre une population restée fidèle aux Trencavel.

La transformation de la clôture en fortification affecta tout autant les princes de l'Eglise. A la fin du XIIIe siècle, le palais épiscopal d'Auxerre présentait des murs crénelés dominant l'Yonne. En 1305, c'est à la suite d'émeutes urbaines que la courtine du palais épiscopal de Beauvais fut dotée d'un impressionnant châtelet d'entrée. Le sommet dans ce domaine a sans doute été atteint par l'allure de puissante forteresse qu'affecta le palais des papes d'Avignon dès la construction de Benoît XII à partir de 1335 puis encore avec les adjonctions de Clément VI après 1345 : courtines crénelées et renforcées par des mâchicoulis sur arcs, tours hautes et puissantes aux angles, dotées de murs très épais, couronnées de crénelages sur mâchicoulis en encorbellement, les deux plus grosses, celles de Trouillas et du pape, abritant des garnisons *(44, 321).* Aux dires du chroniqueur Froissart, c'était la plus imprenable des citadelles.

(43) Carcassonne. Château vicomtal. Porte et courtine.

(44) Avignon. Palais des papes, vu du nord-ouest. A gauche, tour de la Campane et palais de Benoît XII, à droite palais de Clément VI.

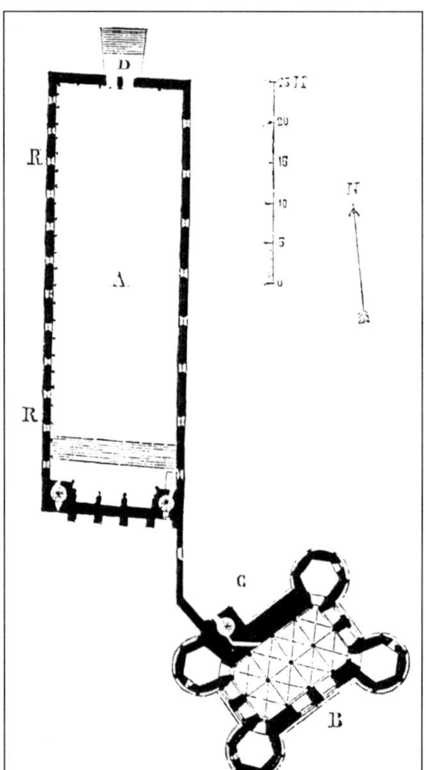

L'évolution du palais vers le *castrum* a été également marquée par la construction d'une tour que l'on doit bien distinguer, par son importance, des tours de flanquement, tour à fonction plus symbolique que défensive, affirmant clairement sur la ville la prééminence seigneuriale ou princière. C'est entre 936 et 949 que Louis IV ajouta au palais carolingien de Laon une tour à la hauteur encore médiocre. La fouille a fait connaître à Tours le plan de la résidence du comte d'Anjou vers 1030-1040 : une tour carrée de 6 m de côté était liée au bâtiment qui abritait l'*aula*. Il s'y trouvait sans doute la chambre du comte et ses archives. Cette structure juxtaposant, de façon jointive ou non, une tour et un bâtiment rectangulaire destiné à l'*aula*, allait devenir récurrente dans l'architecture palatine.

(45) Poitiers. Plan du palais comtal. A : aula ; B : tour Maubergeon. Viollet-le-Duc, Dictionnaire raisonné de l'architecture française, *VII.*

(46) *Grasse. Palais épiscopal. La tour.*

Au palais comtal de Poitiers, la tour dite de Maubergeon *(45, 322)* est à quelque distance de l'*aula*. Bâtie en 1104, elle a été réaménagée par le duc de Berry. Elle se présente sous l'apparence d'une puissante forteresse, la tour primitive cantonnée par quatre tourelles circulaires ajoutées par Jean de Berry, couronnée sans doute de mâchicoulis. Mais seule l'apparence est militaire. Les larges fenêtres, les seize statues qui sont accrochées à l'extérieur sur des culots lui donnent une allure à la fois résidentielle et symbolique ; chaque étage comporte une véritable salle subdivisée en deux nefs par une rangée de piliers, avec des chambres dans les tourelles.

On peut sans doute restituer dans l'angle sud-ouest du bâtiment de l'*aula* du palais épiscopal de Meaux une tour rectangulaire de 8 x 10 m. Au palais de l'archevêque d'Arles, c'est une tour privée, la tour Gioffredi, qui est incorporée au palais épiscopal dans la seconde moitié du XIIe siècle. Le palais s'étend alors vers le sud, depuis la façade de la cathédrale jusqu'à cette tour connue dès lors sous le nom de tour de l'archevêché. Il n'en reste rien. La tour du palais épiscopal de Grasse, datée de la première moitié du XIIIe siècle, n'est pas attenante au palais lui-même mais lui est rattachée par une galerie *(46)*. Son allure défensive est assez marquée si l'on considère la présence d'un hourd que l'on peut restituer grâce aux trous de boulin, l'usage de bossages aux angles, l'accès primitif par une porte située au premier étage, la faible dimension des percements.

A Viviers, la tour du palais épiscopal *(323)*, bâti vers la fin du XIIe siècle ou au début du suivant, est accolée à l'extrémité sud du bâtiment de l'*aula*. Un inventaire effectué en 1382 y localise la chambre épiscopale, les archives et la prison ; une frise d'écus aux armes de l'Empire qui étaient aussi celles de l'évêché décorait le haut de la chambre de l'évêque. Le château Moncade à Orthez, édifié au milieu du XIIIe siècle et résidence principale de Gaston Fébus au siècle suivant, comporte une tour pentagonale dont l'éperon fait face au point le plus vulnérable de l'ensemble ; d'abord haute de deux niveaux seulement puis accrue de deux étages par Gaston Fébus, elle abritait dans le bas une prison et, au-dessus, le trésor ; les étages du haut, munis de cheminées et de fenêtres à coussièges, avaient une vocation résidentielle.

Les deux tours palatiales les plus impressionnantes datent du XIVe siècle. La première est celle bâtie par l'archevêque Gilles Aycelin en 1308 à l'angle sud-est de son palais de Narbonne, sur l'emplacement d'une tour de l'enceinte gallo-romaine *(320)*. Elle renferme quatre étages : au-dessus d'une première chambre aveugle, couverte d'une coupole, le deuxième étage, voûté d'arêtes, donne accès, sur chacune des deux façades visibles du dehors, à un couloir conduisant à trois chambres de tir desservant de très longues archères. Les niveaux supérieurs sont des pièces d'habitation. La plate-forme sommitale est crénelée et flanquée de trois échauguettes aux angles visibles de l'extérieur. L'appareil à bossage rend l'ouvrage encore plus impressionnant. C'est une fois de plus vers la ville que ces défenses paraissent dirigées. La tour du Pape au palais d'Avignon, dite autrefois *magna turris*, appartient à la construction de Benoît XII (1335-1337). Haute de 46,50 m, large de 17 m hors œuvre, défendue par des murs à l'épaisseur considérable (3 m), par un crénelage, des mâchicoulis sur arcs, avec le logement d'une garnison au dernier étage, elle abritait sur six niveaux une cave (à vin ?), le trésor bas, la chambre du camérier, la chambre du pape, le trésor haut et la bibliothèque, le châtelet de la garnison.

L'emprise du palais sur la ville est variable en fonction de l'importance de son possesseur, de l'utilisation qui en a été faite, du mode d'agencement des bâtiments qui a été adopté.

Le palais médiéval résulte d'exigences multiples correspondant à des fonctions variées, pratiques ou symboliques. Il héberge, à titre permanent ou temporaire, un prince et sa suite, il doit donc s'y trouver un logement et toutes les annexes nécessaires à la vie quotidienne. Dans le palais doivent être conservés les témoignages tangibles de l'autorité : les archives, le trésor, composé d'objets précieux provenant souvent de trésors princiers de l'Antiquité, et aussi un trésor sacré composé de reliques, tous deux nécessaires comme manifestations de la puissance et de la légitimité. Le palais est aussi un lieu où s'exerce le pouvoir, un espace est donc nécessaire pour abriter les assemblées qui assistent le prince, pour tenir la cour de justice : c'est la grande salle ou *aula*.

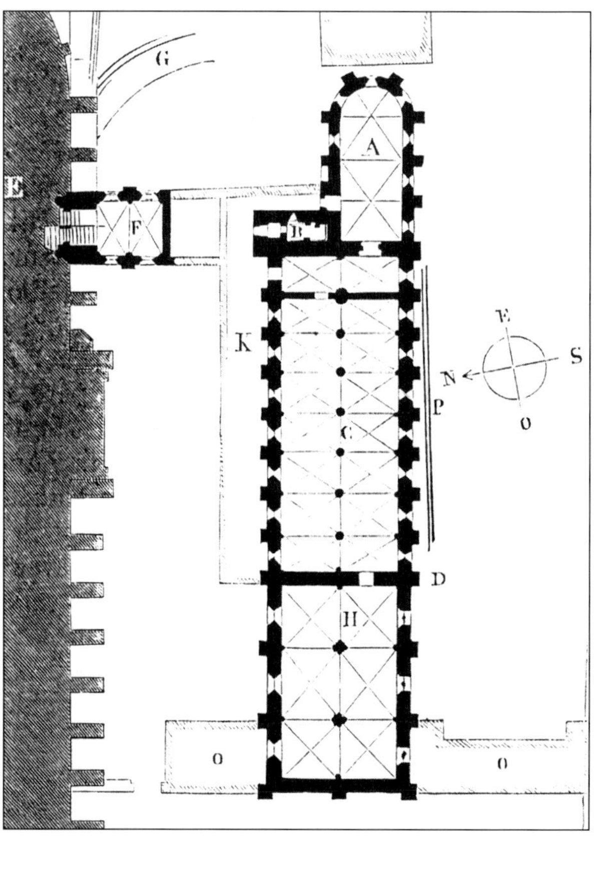

(47) Paris. Plan du palais épiscopal. A : chapelle ; C : aula ; H : logis de l'évêque.
Viollet-le-Duc, Dictionnaire raisonné de l'architecture française, *VII*.

Aux Xe et XIe siècles on distingue deux grands types d'agencements : la concentration des locaux sous un même toit ou la dispersion. Le premier type est représenté à Douai vers 965. Le second est celui de résidences princières de fondation ancienne qui pouvaient être incluses dans des enceintes très amples et occuper ainsi des espaces de plusieurs hectares. L'exemple le plus flagrant en France est celui de Caen au XIe siècle : sous le duc Guillaume, l'*aula* et la *camera* sont proches l'une de l'autre mais pas dans le prolongement, alors que la chapelle se trouve à quelque distance. Ce schéma dispersé existait déjà à Fécamp à la fin du Xe siècle.

A partir du XIIe siècle domine le schéma concentré, le plus souvent par juxtaposition des espaces. Au palais des comtes de Champagne à Troyes, les pièces résidentielles étaient parallèles à la grande salle. Au palais épiscopal de Maurice de Sully à Paris (fin XIIe siècle), les éléments étaient juxtaposés à la suite les uns des autres *(47)*, comme au palais comtal de Provins.

Après 1200, il est peu de palais développés hors de toute contrainte. Les plus importants multiplient les bâtiments : chapelles nombreuses au palais royal de Paris, démultiplication des salles où s'exerce le pouvoir au palais des papes d'Avignon... De cela il résulte qu'en dehors du palais des papes, bâti de neuf en deux grandes campagnes même s'il existait des constructions pré-existantes, les grands palais sont un conglomérat de bâtiments divers, d'époques variées, juxtaposés de façon aléatoire : ainsi le palais comtal d'Aix-en-Provence et surtout le palais royal de la Cité à Paris. Celui-ci *(48)* était un ensemble complexe rassemblant de façon apparemment anarchique, autour de plusieurs cours et reliés par des galeries, des services multiples : trésor, chartes, chambre des comptes, parlement, conseil

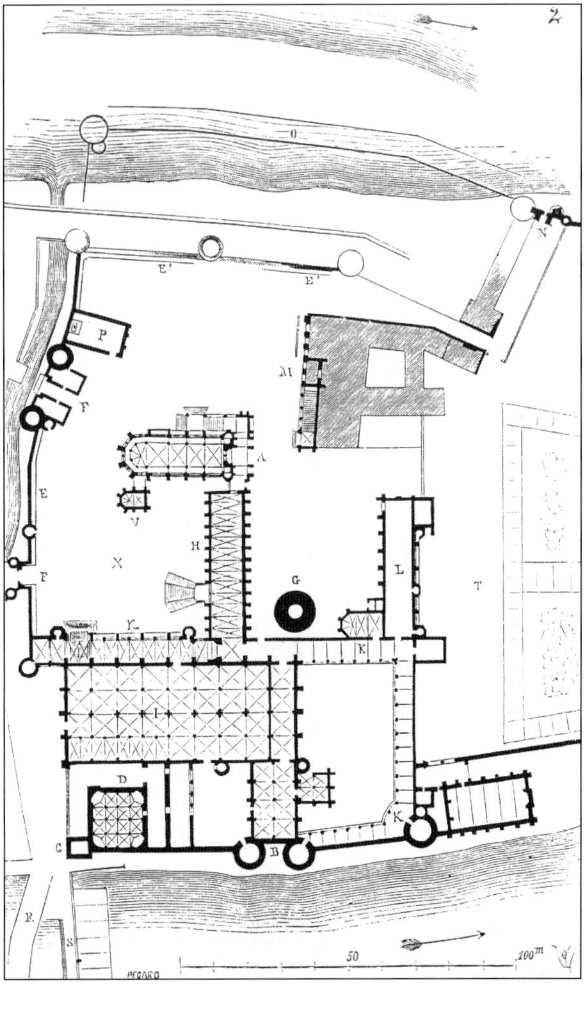

(48) Paris. Plan du palais de la Cité. A : Sainte-Chapelle. D : Cuisine. G: Donjon ou tour de Montgomery. I : Grande salle. M : Chambre des comptes. P : Chapelle Saint-Michel. V : Sacristie et trésor des chartes. Viollet-le-Duc, Dictionnaire raisonné de l'architecture française, *VII.*

royal, chancellerie. Prenaient place en outre les bâtiments résidentiels, les chapelles, les logis des chanoines. Le palais n'était pas construit en rupture avec la ville puisqu'en plein milieu de l'ensemble apparaît curieusement une fonction commerciale : des échoppes existaient autour de la Sainte-Chapelle et du trésor et le long d'une galerie marchande qui subsista jusqu'à l'époque moderne ; des étaux portatifs étaient même autorisés sur la terrasse de la Sainte-Chapelle.

Le palais des papes d'Avignon est exceptionnellement une construction réalisée selon un projet global en très peu d'années *(49)*. Les constructeurs se sont cependant trouvé tributaires du bâti antérieur puisque l'on admet que le « Vieux Palais » de Benoît XII n'a fait que reprendre le schéma de l'ancien palais épiscopal dont Jean XXII, ancien évêque d'Avignon, avait fait en 1316 la résidence pontificale. Cet ensemble comportait trois ailes formant, avec au nord l'église paroissiale Saint-Etienne, un quadrilatère organisé autour d'une cour. Benoît XII remplaça l'ancienne résidence épiscopale à partir de 1335. L'essentiel de son palais est composé de quatre ailes entourant la cour que borde, à la manière d'un cloître, un portique ouvert sur le préau par de grands arcs brisés, surmonté d'une galerie elle-même ouverte sur la cour par des baies jumelles. Au nord, la chapelle pontificale remplace l'ancienne église Saint-Etienne. Le consistoire occupe le rez-de-chaussée de l'aile est, avec, par-dessus, le grand tinel. La

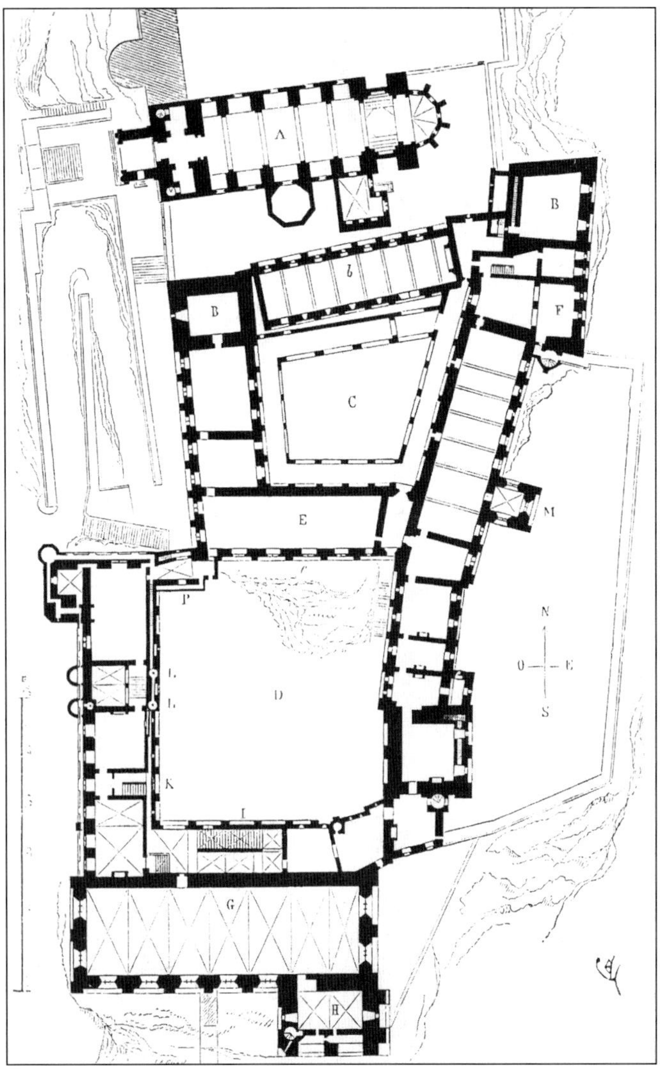

(49) Avignon. Plan du palais des papes. A : Cathédrale. B : Tour de Trouillas. C : Cour du palais de Benoît XII. D : Tour de la Campane. E : Aile du Conclave. F : Tour de la cuisine. G : Chapelle de Clément VI. H : Tour Saint-Laurent. Viollet-le-Duc, Dictionnaire raisonné de l'architecture française, *VII.*

tour de la Campane marque l'angle nord-ouest *(44)*, celle de Trouillas, beaucoup plus imposante, l'angle opposé au nord-est. Hors de ce quadrilatère, l'aile du consistoire se prolonge par un bâtiment qui abritait la chambre de parement et les services financiers puis par la tour du Pape. Pour construire le palais, il avait fallu prendre la place de l'ancienne résidence épiscopale mais aussi de plusieurs bâtiments appartenant au chapitre de la cathédrale. Construction massive accrochée à la partie sud du rocher des Doms, le palais de Benoît XII présentait, au-dessus de la ville, une allure de citadelle. A partir de 1345, Clément VI éleva un nouveau palais dans la suite de celui de son prédécesseur. La tour de la Garde-Robe fut d'abord accolée à celle du Pape. Puis, dans sa suite, une aile superposant la Grande-Audience et une vaste chapelle, à laquelle on accédait par un grand escalier d'honneur, et l'aile des Grands Dignitaires délimitèrent une seconde cour.

Le palais était fréquemment lié à l'enceinte de la ville. C'est notamment le cas de celui de l'évêque dans la mesure où, comme nous l'avons vu, la cathédrale était souvent installée à la périphérie de l'espace urbain. Le palais épiscopal utilisait donc la muraille contre laquelle il s'appuyait. Les exemples sont nombreux. Le palais de Laon était adossé à la partie nord de l'enceinte *(51)*, près de son extrémité orientale, parallèlement au chœur de la cathédrale. Des fouilles ont montré que cet emplacement a été très anciennement celui de la résidence épiscopale : des structures carolingiennes mises au jour étaient superposées à un bâtiment du VIe siècle. L'évêché de Senlis est constitué par une suite d'édifices adossés au rempart gallo-romain, qui se poursuivent en retour d'angle. Ils ont intégré une tour antique, toujours conservée. Le palais neuf des archevêques à Narbonne s'est adossé à la muraille antique et a intégré trois de ses tours : deux sont bien visibles *(33)*, la troisième a été englobée dans l'énorme tour carrée bâtie par l'archevêque Gilles Aycelin. Le palais épiscopal roman d'Auxerre est bâti contre l'enceinte romaine, le long de l'Yonne.

Le palais est une architecture de prestige dans la construction duquel on se doit d'utiliser les matériaux les plus nobles. C'est pourquoi, comme l'a remarqué A. Renoux à propos de Fécamp, « *construire en bois acquiert assez vite une connotation négative* ». Au Xe siècle, bois et pierre cœxistent toujours : si les résidences comtales de Douai, Gand et Tours sont encore en bois, l'*aula* de Fécamp, la *turris* de Rouen sont en maçonnerie, ainsi que des portions de courtine à Bruges et Fécamp. Au XIe siècle, le bois paraît de moins en moins utilisé, si ce n'est pour des bâtiments secondaires : les palais de Tours, Caen, Angers... sont en pierre.

Les pôles du palais

Le bâtiment qui bénéficie le plus des soins du commanditaire est celui du pôle public, l'*aula*. Ses dimensions, la richesse de son décor, l'abondance et la qualité des ouvertures sont autant de critères du niveau social du commanditaire. Si les dimensions restent encore médiocres au XIe siècle, comme elles l'étaient au précédent (l'*aula* du duc Guillaume à Caen ne mesure encore que 16 x 8 m), apparaissent tout de même des salles déjà plus imposantes (30 à 40 x 10 m à Tours). C'est cependant aux XIIe et XIIIe siècles que les *aulae* de vastes dimensions se diffusent, surtout en milieu royal ou princier : Angers, Caen, Provins, Troyes, Le Mans. Celle de Poitiers, œuvre des Plantagenêt, atteint 50 m de long sur 17 de large *(45)*. En ce qui concerne le niveau auquel on la situe, on constate une nette évolution depuis le Xe siècle où l'*aula* paraît située plutôt en rez-de-chaussée, vers une situation essentiellement en étage ; c'est sans doute déjà le cas au XIe siècle pour les rares exemplaires fouillés (Tours, Caen, peut-être Angers) bien que la broderie de Bayeux représente l'*aula* de Rouen de plain-pied.

Par la suite, les exemplaires connus nous montrent, sauf exception (Le Mans, Poitiers), l'*aula* en étage : Provins, Troyes, palais des ducs de Normandie à Caen et Lillebonne, et aussi les palais épiscopaux. A Caen, la salle de l'Echiquier, située à proximité de l'ancienne *aula* de Guillaume, serait *l'aula* reconstruite par Henri Ier Beauclerc dans la première moitié du XIIe siècle *(50)*. Il s'agit d'un bâtiment rectangulaire mesurant 30,70 x 11 m. Au-dessus de l'espace des communs, la salle est couverte d'une charpente, largement éclairée par douze fenêtres en plein cintre encadrées de colonnettes.

Le comte Raoul de Vermandois a reconstruit au milieu du XIIe siècle son palais de Senlis sur le modèle du palais royal voisin. La salle, qui occupe tout l'étage d'un bâtiment rectangulaire, était particulièrement soignée, les murs animés par une suite d'arcs en plein

(50) Caen. Château des ducs de Normandie. Salle de l'Echiquier.

(51) Laon. Palais épiscopal. Salle vue du côté du rempart.

cintre reçus par des colonnes et des chapiteaux, sous les arcs s'inscrivaient des fenêtres rectangulaires à meneau. L'une des plus belles salles conservées est celle du palais épiscopal de Laon, édifiée en 1240-1245. Elle est à l'étage, au-dessus de pièces qui ont pu servir de cellier et de grange. Longue de 33 m, large de 10, elle était couverte d'un berceau lambrissé dont des traces subsistent. La lumière pénétrait largement par neuf baies sur la façade méridionale, sept autres au nord et une sur chaque mur pignon. Les remplages, tous détruits, ont dû être restitués à partir de débris d'un meneau et d'un chapiteau retrouvés. Trois tourelles en encorbellement qui scandent la façade côté rempart donnent une allure encore plus prestigieuse à la construction *(51)*.

La salle du palais comtal de Poitiers, construite vers la fin du XIIe ou au XIIIe siècle, largement refaite par le duc de Berry à la fin du XIVe siècle après qu'elle a été incendiée par les Anglais en 1346, est l'une des plus vastes. C'est aussi l'un des rares exemples de grande salle à avoir conservé sa charpente médiévale. Le mur pignon sud, refait par Jean de Berry, percé de belles verrières et encadré de tourelles d'escaliers, a très belle allure *(52)*.

La salle du château de Montaner (Hautes-Pyrénées), élevé à partir de 1362 pour être une résidence du comte de Foix-Béarn Gaston Phébus, était à l'étage, attenante à la courtine, longue de 30 mètres et large de 13, éclairée par trois larges croisées.

Un certain nombre de salles (Bourges, Poitiers, Riom) comportaient, à l'opposé de l'accès public, un espace privilégié, surélevé de plusieurs marches, en communication directe avec les appartements princiers, qui pouvait aussi être chauffé par une cheminée particulière placée sur le mur pignon : un bel exemple est conservé à Poitiers, avec la juxtaposition de trois cheminées monumentales surmontées de statues royales et princières et accompagnées d'une tribune haute (pour les musiciens ?).

(52) Poitiers. Palais comtal. Mur pignon de l'aula.

On constate parfois une démultiplication des salles. Ainsi au palais épiscopal d'Auxerre où, vers le milieu du XIIIe siècle, a été édifiée, à côté de l'ancienne *aula*, une salle basse couverte d'un plafond reposant sur une rangée de piliers octogonaux et une salle haute dont la charpente lambrissée en berceau a été conservée. Au palais des papes d'Avignon, les salles multiples liées à l'exercice du pouvoir ont reçu des attributions plus spécifiques : Grand Tinel, salle de Parement, Grande Audience, Consistoire *(49)*.

Pour conduire à la salle située à l'étage, le « grand degré » était la façon la plus prestigieuse, se prêtant à l'ostentation et à la mise en scène. Pour accroître les effets, le degré pouvait aboutir non pas directement à l'*aula* mais à une sorte de narthex d'où le prince était vu de la cour, comme à Bourges et à Perpignan. Au palais de Clément VI à Avignon, le degré conduit de la même façon à un espace d'où le pape pouvait bénir la foule, mais en avant de la chapelle. La grande vis, qui présente un caractère moins théâtral que le grand degré, a été préférée à la fin du Moyen Age : Raymond du Temple en a bâti une au Louvre après 1364. Il en a existé au palais ducal de Dijon. Celle de Louis Ier d'Anjou à Saumur (1471) a été conservée. Le palais ducal de Nancy comportait deux vis implantées dans deux angles opposés de la cour, l'une, dans une tour carrée, a été conservée. Elle était autrefois surmontée d'une haute flèche. La seconde, disparue, était abritée par une énorme tour circulaire à la façade largement percée de fenêtres qui suivaient le dessin hélicoïdal de l'escalier.

Le second pôle essentiel du palais, la chapelle, n'est pas en principe un lieu de célébration liturgique, sauf si le prince y installe un collège de clercs. Plus qu'un lieu privé de culte, elle est avant tout un reliquaire. La relique assure au palais la protection spirituelle, donne un fondement religieux au pouvoir, joue un rôle dans la manifestation de la grandeur du prince, dans l'affirmation de sa mission chrétienne. Le palais impérial de Constantinople abritait un riche trésor de reliques. Les rois mérovingiens considéraient comme ayant une grande valeur la cape de saint Martin : elle est attestée dans le palais franc dès 680. Le petit oratoire qui la conservait à Paris portait le nom de *capella*, d'où l'appellation dont on a usé ensuite pour désigner les oratoires reliquaires. La chapelle palatine d'Aix était riche en reliques : en 798, l'impératrice de Byzance avait envoyé à Charlemagne la chemise de la Vierge, le pape avait cédé une relique de saint Etienne, le patriarche de Jérusalem plusieurs reliques insignes dont un fragment de la vraie croix. Au IXe siècle, la *Camara Santa* d'Oviedo (palais du roi des Asturies) conservait le corps de sainte Léocadie et deux croix reliquaires venues de Terre Sainte. C'est pour abriter des reliques encore plus prestigieuses que Louis IX bâtit pour son palais de la Cité la Sainte-Chapelle : la couronne d'épines lui fut donnée par l'empereur de Byzance en 1239. Dans les années suivantes, d'autres reliques arrivèrent encore de Constantinople : un fragment de la croix, une fiole de sang du Seigneur, des reliques de la Vierge, de saint Jean-Baptiste, de plusieurs autres saints. Signe de l'importance de la chapelle, le chef du chapitre de chanoines fondé pour assurer son service avait droit à la mitre et à l'anneau au même titre qu'un évêque.

De ce double rôle de la chapelle (oratoire privé et réceptacle de reliques) ressortent deux caractères, non pas constants, mais fréquents de cet édifice : le plan centré et une structure à deux niveaux dont la chapelle de Charlemagne offre l'exemple. Ce dédoublement permettait en outre de séparer deux catégories de fidèles : à Aix, l'empereur occupait la tribune.

La Bohême et la Pologne ont livré de nombreux sites palatiaux incluant un sanctuaire de plan centré, telle l'église Saint-Guy qui devint la cathédrale de Prague. En Allemagne, la chapelle de plan carré peut être considérée comme une simplification du parti d'Aix. Ainsi celle du palais archiépiscopal de Mayence : une abside se greffe sur un plan rigoureusement

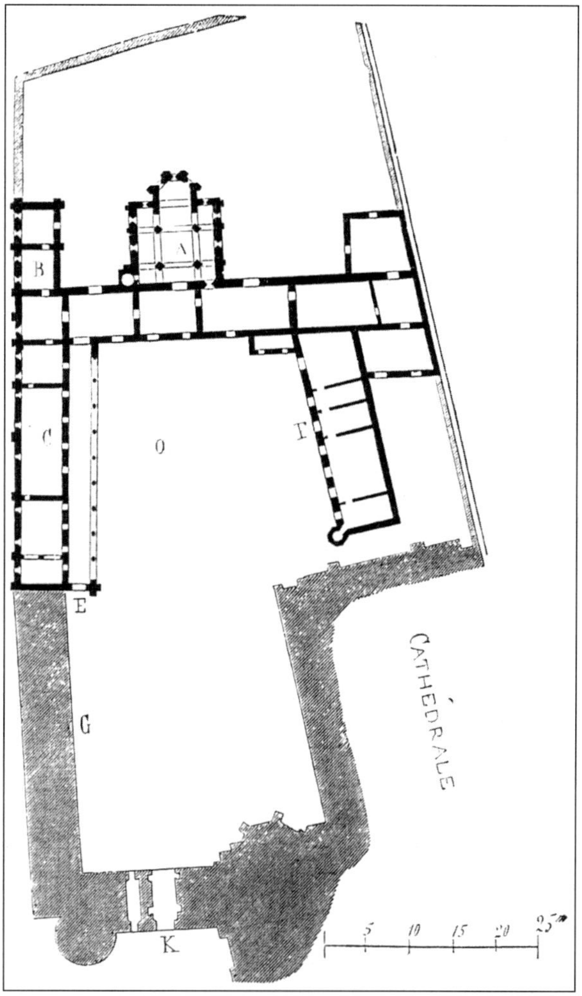

(53) Laon. Plan du palais épiscopal. A : chapelle ; C : : aula. Viollet-le-Duc, Dictionnaire raisonné de l'architecture française, *VII.*

carré, les deux étages sont mis en relation par une ouverture pratiquée dans la travée centrale, rappel évident de la structure d'Aix-la-Chapelle. L'Allemagne offre d'autres exemples de chapelles doubles d'un type voisin : Saint-Godehard de Mayence, Saint-Etienne de Trêves, la chapelle de l'évêque Robert de Lorraine à Hereford...

De la chapelle de Mayence on doit rapprocher celle du palais épiscopal de Laon, due à l'évêque Gauthier de Mortagne (1155-1174). Chaque étage est construit sur plan carré, la nef centrale est accostée de deux étroits collatéraux et prolongée par une abside à cinq pans *(53)*. La travée du milieu est carrée alors que les autres sont barlongues, ce qui confère à l'ensemble une allure centrée. Tandis que la chapelle basse est entièrement couverte de voûtes d'arêtes, excepté la croisée d'ogives de l'abside, celle du haut a reçu des voûtes d'arêtes sur les travées d'angles, une croisée d'ogives bombée sur la travée centrale et un berceau brisé sur les autres travées, ces berceaux disposés sur un plan cruciforme autour de la travée du milieu renforcent ainsi l'idée du plan centré. La différence avec la chapelle de Mayence est qu'aucune communication n'est établie entre les deux niveaux. Une chapelle à deux niveaux est aussi attestée au palais royal de la même ville ; l'étage du haut était en communication directe avec la grande salle. Au palais des comtes de Champagne à Provins, la structure à deux niveaux de la chapelle résulterait d'une surélévation de l'édifice primitif à la fin du XIIe siècle. La chapelle du palais des archevêques à Reims, construite vers 1230, comporte deux niveaux voûtés sur croisées d'ogives ; à celui du bas, de faible hauteur, trapu et peu éclairée, s'oppose la chapelle haute, aux murs minces, très élancée et lumineuse *(54)*. Citons encore la chapelle double du palais épiscopal de Meaux, bâtie vers 1150-1170 (celle

(54) Reims. Chapelle du palais de l'archevêque.

du bas voûtée d'arêtes, la chapelle supérieure voûtée d'arêtes renforcées par des ogives primitives), celle du palais épiscopal de Noyon (vers 1175), partiellement conservée, celle de Maurice de Sully à l'évêché de Paris, disparue *(47)*. Datée du milieu du XIIIe siècle, la chapelle épiscopale d'Auxerre communiquait à chacun de ses niveaux avec l'un des étages de l'*aula* double. Hormis celle de l'évêque de Laon, les chapelles gothiques françaises, de plan longitudinal, ne font plus référence au plan centré. Dans aucune il n'existe de communication entre les deux niveaux.

La Sainte-Chapelle du palais de Paris est l'aboutissement de cette série de sanctuaires doubles. Elle fut réalisée de 1243 à 1248. Les nefs sont longues de quatre travées, prolongées par une abside polygonale. L'espace inférieur était réservé aux serviteurs et à la garde, la chapelle haute, de plain pied avec les appartements royaux, était celle du roi et de son entourage. Comme au palais royal d'Oviedo, comme, à une date plus proche, aux palais épiscopaux de Noyon et de Reims, les deux volumes s'opposent par leurs proportions : la chapelle basse a une élévation moindre, elle est trapue, sombre, alors que la chapelle haute a plus d'envolée, de légèreté, de luminosité. Les murs de la chapelle basse sont presque aveugles, seulement percés dans chaque travée par une rose inscrite dans un triangle aux côtés incurvés. Pour donner plus de stabilité, des supports séparent une nef centrale de collatéraux étroits. En haut au contraire l'espace est unifié, les murs ont complètement disparu au profit de verrières de couleur qui en font une illustration de la Jérusalem céleste. Les fenêtres sont plus élancées qu'elles ne l'ont jamais été, leur élan étant accentué au-dehors par des gâbles qui rythment d'une façon nouvelle chaque travée.

C'est dans le même esprit, mais en conservant les murs pleins habituels au Midi, qu'a été construite, à partir des années 1280, la chapelle double du palais royal de Perpignan. Elle sépare les logis du roi et de la reine. On accédait directement de la cour de la reine à la chapelle inférieure. La chapelle supérieure, dédiée à la Sainte-Croix, servait au roi et abritait le trésor de reliques, notamment le morceau de la vraie croix contenu dans une croix en or. Au siècle suivant, la tradition de la chapelle double s'est maintenue au vieux palais de Benoît XII à Avignon mais la restauration de Révoil a malheureusement fait disparaître le plancher intermédiaire. Peu de temps après, la grande chapelle du palais de Clément VI sera au contraire une large nef unique superposée à la salle de la Grande Audience.

(55) Grasse. Palais épiscopal. Façade de la chapelle.

La chapelle palatine est donc loin d'être toujours de structure double et lorsqu'elle occupe un second niveau, l'étage inférieur n'a pas forcément d'usage religieux. Dans les palais dont la structure inclue une tour, la chapelle peut en occuper un étage comme au palais archiépiscopal d'Arles (au palais épiscopal de Viviers, elle n'est pas dans la tour mais dans le bâtiment contigu de l'*aula*). Au palais épiscopal de Grasse (55), elle occupait l'étage d'un bâtiment carré accolé à celui de l'*aula*. Au-dessus d'un espace voûté et ouvert sur le dehors par un portique formé de deux arcades en arc brisé, espace dont nous ignorons la fonction, la chapelle est voûtée d'une lourde croisée d'ogives aux arêtes chanfreinées, reçues sur de fines colonnettes d'angles. Elle est marquée à l'extérieur par deux pignons, à l'est et à l'ouest, aux corniches ornées d'arcatures lombardes dont les arcs reposent sur des modillons sculptés. Ce soin apporté au décor des pignons témoigne de l'importance que l'on a voulu donner à la chapelle parmi les constructions du palais.

C'est dans une ancienne tour de l'enceinte gallo-romaine qu'a été aménagée la chapelle du palais épiscopal de Die, c'est d'ailleurs la seule partie conservée de ce palais. Ces dimensions sont modestes (25 m^2) mais elle est ornée d'un pavement de mosaïque romane remarquable, à l'iconographie complexe sur laquelle on reconnaît les quatre fleuves du paradis, les astres, une flore et une faune abondantes. Une pièce aménagée de la même façon dans une tour gallo-romaine de l'évêché de Senlis passe, sans preuve, pour avoir été un oratoire de l'évêque en raison de la voûte sur croisées d'ogives reçues par des culots sculptés d'anges musiciens ou tenant des phylactères. La chapelle épiscopale de ce même palais, construite en 1222, est à l'étage mais au-dessus d'un espace complètement ouvert par de grandes arcades de tracé brisé retombant sur des piliers carrés. Elle est, de façon archaïque, voûtée d'un berceau rampant et éclairée de baies en tiers-point légèrement ébrasées.

Un organe qui paraît récurrent dans les parties nobles des ensembles palatiaux est la galerie. On a mention au palais des archevêques d'Arles d'une galerie sans que l'on sache où elle se trouvait ni à quel niveau. Le palais épiscopal d'Auxerre a conservé sa splendide galerie romane, bâtie au premier étage, face à l'Yonne, par Hugues de Montaigu (1115-1136). Sa beauté avait frappé les contemporains puisqu'une chronique la décrit : « *un promenoir que l'on appelle en langue populaire "loges", extrêmement agréable d'aspect, orné de très belles colonnes et d'où la vue embrasse tout à la fois le fleuve qui coule en contrebas, la vigne et les champs* ». Ce promenoir long de 22 m s'ouvre par une suite de 18 arcs en plein cintre reposant alternativement sur des colonnettes simples et géminées aux chapiteaux richement ornés. L'aile de l'*aula* du palais épiscopal de Laon est bordée, côté cour, par une longue galerie bâtie au XIIIe siècle, ouverte du côté de la cathédrale par des arcs brisés (56). A Grasse (46) c'est une galerie de liaison qui a été établie entre la tour et le bâtiment de l'*aula*. Les trois arcs brisés reposant sur de grosses colonnes rappellent les galeries du premier niveau des palais communaux de Lombardie. Si l'on en croit une description donnée par le chroniqueur Froissart, au château d'Orthez, une galerie ouverte de fenêtres était accrochée au flanc sud de *l'aula* et surplombait la cour.

Le logis du prince est certes une partie importante du palais mais, dans un premier temps, sa construction répondait plus à des critères fonctionnels qu'ostentatoires, c'est pourquoi jusqu'au XIe siècle il a été modeste tant par ses dimensions que par la qualité des matériaux et ne se distinguait guère des annexes et des communs. Le pôle privé a connu un net développement à partir du XIe siècle. Les textes distinguent plusieurs « chambres » (*camerae*) en distinguant celles du maître, de l'épouse, des enfants. Au palais épiscopal de

(56) Laon. Palais épiscopal. Bâtiment de l'aula et galerie.

Viviers, la chambre de l'évêque était dans la tour, le haut des murs orné de représentations héraldiques *(323)*. De même, la prestigieuse chambre de Benoît XII au palais d'Avignon, richement décorée de rinceaux de feuillages peuplés d'animaux sur les murs, de carreaux de faïence à motifs verts et bruns sur le sol. Clément VI adossa à la tour du Pape celle de la Garde-Robe qui servait de complément au pôle privé, avec la garde-robe, le *studium*, les étuves. A la résidence de Gaston Phébus à Orthez, le logis occupait à la fois deux niveaux de la tour et l'étage situé au-dessus de l'*aula*. On a vu plus haut comment, au palais comtal de Troyes, au palais épiscopal de Paris, les chambres du logis étaient juxtaposées à la salle.

A partir du XIVe siècle, la résidence devint plus complexe : à Saumur elle occupait trois ailes du quadrilatère sur deux niveaux. Les grandes pièces pouvaient être subdivisées par des galandages légers ou des panneaux mobiles. On en a parfois la preuve lorsque les peintures murales juxtaposent des décors différents comme à la tour Perrière du château d'Annecy.

Le pôle domestique est plus difficile à saisir, les fouilles nous livrent néanmoins des indications. Il convient de distinguer une première catégorie d'espaces séparés des pièces principales mais cependant liés architecturalement au pôle noble : la cuisine qui peut occuper le rez-de-chaussée de l'*aula* ou une pièce adjacente, le cellier placé sous la salle ou à côté de la cuisine. A la salle du château de Caen, a été mis au jour sous un dallage tardif un sol de terre battue qui présente les inclusions que l'on trouve au rez-de-chaussée de nombre de résidences princières, avec notamment un foyer : on serait au niveau de la cuisine et des communs auquel *l'aula* de Guillaume aurait été superposée. Au premier niveau de la salle de l'Echiquier voisine, le sol primitif de terre battue est creusé çà et là de cavités emplies de déchets ménagers attestant le voisinage d'une cuisine (os d'animaux, écailles de poissons, cendres, fragments de céramique noircis par le feu). Les foyers n'ont pas été retrouvés mais les couches médiévales n'ont été conservées que contre le mur ouest. La pièce dans laquelle on pénétrait par une belle porte en plein cintre sobrement décorée était divisée en trois nefs par des poteaux de bois supportant le plancher. Une partie de ce niveau au moins a dû être utilisée comme cuisine mais, en l'absence de cheminée, on s'interroge sur l'évacuation de la fumée que l'on peut difficilement imaginer s'échapper à travers le plafond et l'étage noble. Des annexes devaient occuper l'ancien bâtiment de la salle de Guillaume.

L'une des rares parties conservées du palais épiscopal du XIIe siècle à Laon abritait peut-être la cuisine qui aurait été ainsi contiguë à la grande salle d'alors ; les façades gardent les traces de fenêtres en plein cintre. Un document du début du XIXe siècle indique la présence d'un puits dans le bâtiment.

Au château de Gaston Fébus à Montaner, il reste des traces de la cuisine, à l'étage, attenante à la salle, autrefois couverte d'une voûte pyramidale sur trompes d'angles en briques, pourvue d'un évier et éclairée par deux croisées. Sous la salle, la pièce subdivisée par trois gros piliers devait être un espace de réserves.

Les autres dépendances, séparées du pôle noble, nous échappent le plus souvent, d'où l'intérêt de la fouille du palais épiscopal d'Aix-en-Provence où les annexes domestiques sont apparues. Au sud d'une cour correspondant au centre d'une *insula* antique, on a reconstruit au XIIe siècle un bâtiment qui conservait en gros l'organisation de l'édifice antérieur. Ce fut sans doute un lieu d'habitation dans un premier temps, qui évolua ensuite pour devenir un local de réserve. Le sol a été creusé de 59 silos répartis tant à l'intérieur, dans presque toutes les pièces, qu'à l'extérieur ; leur contenance était de 1 à 2 m^3 et leurs formes diverses. La fin de leur utilisation a été marquée, comme c'est l'habitude, par leur transformation en dépotoir : le matériel figurant dans les comblements date de la fin du XIIe ou du début du

XIIIe siècle. La fouille menée au palais épiscopal de Fréjus a fait connaître, pour le XIIIe siècle, la construction d'une aile de service contre le mur de clôture du palais, sans doute couverte d'une toiture en appentis reposant sur des piliers dont on a retrouvé la base. Au sud de la galerie avaient été aménagées deux caves auxquelles on accédait par une trappe.

Des études récentes ont montré que certaines grandes demeures jouaient aussi un rôle public en relation avec l'autorité féodale : c'est le cas de l'hôtel de ville de Saint-Antonin (Tarn) et de la maison des Chevaliers de Pont-Saint-Esprit (Gard) où la famille propriétaire de la maison exerçait aussi une fonction de justice. A Saint-Antonin, la maison romane qui est actuellement l'hôtel de ville est datée par son décor sculpté du milieu du XIIe siècle. Il s'agit d'un bâtiment rectangulaire à deux étages, le rez-de-chaussée percé de trois arcs brisés ouvrant sur des boutiques. Lui est accolée une tour ouverte de fenêtres jumelées aux deux étages et sommée d'un couronnement en mâchicoulis qui est une restauration de Viollet-le-Duc dans le style des tours communales italiennes. Le premier étage du logis est éclairé par une belle claire-voie qui s'étale sur toute la longueur de la façade. Les ouvertures sont coiffées de linteaux appuyés sur des colonnettes aux chapiteaux sculptés séparées par deux piliers également sculptés. L'un d'eux montre Adam et Eve debout de part et d'autre de l'arbre, l'autre un homme en position frontale, autrefois couronné, tenant d'une main un livre ouvert, de l'autre un sceptre terminé par un aigle. Sur le livre sont inscrits les premiers mots des *Institutes* de Justinien, ce qui permet d'identifier l'empereur. La qualité du décor (la sculpture mais aussi l'insertion dans la façade de *bacini*, plats de faïence décorés dont l'usage est fréquent sur les édifices italiens), la présence d'une figure impériale font qu'on ne peut assimiler cette demeure à une maison bourgeoise ordinaire malgré la présence de boutiques. Elle appartenait à Pons de Graulhet, membre de l'une des premières familles de la ville. L'iconographie montre à la fois le péché et le droit. Le texte des *Institutes* explique que « *le droit doit ramener l'homme, naturellement faible devant le péché, à l'équité et à la justice* » (M. Scellès). Reste à imaginer que Pons de Graulhet a été le viguier du vicomte et a rendu, au nom de celui-ci, la justice dans la grande salle de sa demeure.

La maison des Chevaliers de Pont-Saint-Esprit était celle de la famille des Piolenc qui appartenait à l'aristocratie marchande de la ville. La demeure présente sur la rue une très belle façade percée au rez-de-chaussée de deux larges baies qui pouvaient ouvrir sur des boutiques ou des entrepôts, disposées symétriquement de part et d'autre de la porte d'accès, et à l'étage d'une exceptionnelle baie géminée romane axiale à laquelle s'ajoutaient peut-être symétriquement deux autres fenêtres. Cette fenêtre s'inscrit sous un arc de décharge en plein cintre dont la voussure est richement ornée et repose sur deux colonnettes aux chapiteaux dérivés du corinthien, comme celui de la colonnette médiane. Nous savons qu'en 1301 le juge royal siégea dans la grande *aula* de l'étage de cette demeure, bien susceptible par ses dimensions d'abriter la cour de justice. Plus tard, cette salle fut surélevée et couverte d'une superbe charpente peinte, au décor célébrant la justice royale et le maître des lieux (au-dessus de la cheminée, alternent les écus du roi de France et des Piolenc). L'étude de l'héraldique et la dendrochronologie datent cette transformation des années 1337-1343.

Le palais de la commune

A partir du XIe siècle, l'émergence d'un pouvoir communal face aux structures féodales s'est d'abord manifestée en Italie du Nord et en Flandre. Le fondement de la lutte entamée en France par les bourgeois pour donner un statut aux communautés urbaines fut d'abord l'exigence de conquérir la liberté personnelle. Il s'agissait ensuite d'obtenir le droit d'association qui se traduisait par le serment mutuel que se prêtaient les habitants. La communauté devait pouvoir lever des taxes pour ses propres besoins et obtenir un droit de juridiction, la haute justice restant le fait du seigneur. La concession par celui-ci de ces droits se traduisait par une charte dite « de franchises » ou « de libertés ». La démocratie urbaine allait en principe reposer sur l'assemblée des bourgeois qui désignait en son sein des conseillers en nombre variable, connus généralement sous le nom d'échevins dans la France du Nord, de conseillers dans le Midi, avec à leur tête un maire assisté de prud'hommes dans le Nord, la magistrature collégiale des consuls dans le Midi.

On voit apparaître le mouvement urbain en région flamande dans le dernier tiers du XIe siècle. Les Cambrésiens tentent en 1077 puis en 1107 de faire reconnaître leur commune par l'évêque. Le mouvement s'amplifie au XIIe siècle. La révolte communale prend une allure violente à Laon en 1111 : les bourgeois en viennent à assassiner l'évêque Gaudri. A la suite de l'assassinat de Charles le Bon en 1127, les villes, telle Saint-Omer, peuvent obtenir des privilèges des deux comtes rivaux. Philippe d'Alsace accorde à son tour, à partir de 1163, des franchises aux grandes villes du comté. En Hainaut, Valenciennes a sa commune dès 1114.

En France méridionale, l'institution consulaire, très dépendante encore de l'aristocratie et dotée d'une juridiction souvent très limitée, se cantonne au XIIe siècle à un petit nombre de villes. Des consuls sont attestés à Avignon vers 1129, à Arles en 1131 puis à Tarascon, Nice, Grasse, en 1178 seulement à Marseille. En Languedoc, des consuls sont connus à Saint-Gilles en 1143, à Nîmes en 1144. Après un premier mouvement consulaire amorcé à l'occasion d'une révolte et tenu en échec en 1141, le nouveau seigneur de Montpellier, Pierre II d'Aragon, accorde une charte de franchises en 1204, la Grande Charte prévoyant une représentation élue de douze prud'hommes. A partir de 1180, les consuls de Toulouse sont au nombre de 24. Les institutions municipales sont attestée vers 1180 à Cahors où sont élus annuellement douze consuls. C'est vers le début du XIIIe siècle que ces institutions se développent plus nettement. Au-dessus du consulat, certaines villes ont institué un conseil, *commune consilium*, composé d'un nombre variable de citoyens (120 à Arles, 80 à Avignon, 72 s'ajoutant à 32 prud'hommes à Cahors), qui exerce un pouvoir délibératif. Pour les affaires importantes, le conseil pouvait convoquer une assemblée des habitants qui se réunissait dans un vaste lieu public, place, pré, église. Dans la première moitié du XIIIe siècle, des villes provençales se dotèrent, par suite d'un mouvement populaire dû au désir d'arracher le pouvoir à la classe dirigeante qui n'avait plus sa confiance, de podestats, sur le modèle italien. Le podestat était choisi parmi des étrangers à la commune, en général dans de grandes familles italiennes. Marseille eut un podestat en 1223, Avignon en 1226.

Alors qu'en Italie du Nord des palais communaux existent couramment à partir du milieu du XIIe siècle, dans la plus grande partie de la France, la construction d'une maison de la commune se révèle tardive. A Bordeaux, le corps municipal se réunissait près de la porte Saint-Eloi, devant l'église de ce nom. A Béziers les assemblées avaient lieu dans l'église de la Madeleine. A Rennes où il n'y eut pas d'hôtel de ville avant le XVIe siècle, les réunions se tenaient soit chez un particulier, soit à l'évêché, soit au couvent des Franciscains, soit à l'une des portes de la ville. A Viviers, c'est la grande salle de l'évêché qui abritait au XIVe siècle les assemblées.

C'est peut-être sous l'influence de l'Italie que l'on voit apparaître en Provence des maisons communes dès la fin du XIIe siècle. Une charte est passée en 1194 à Marseille dans la maison des consuls. Le *palatium communis Massiliae* nous est plus tard connu en bordure de la place de l'église Sainte-Marie-des-Accoules, sur laquelle se tenaient les assemblées populaires. Il ne reste rien de ce bâtiment. En revanche, la maison commune d'Avignon a en partie été conservée. Elle est située tout près de la façade sud du palais des papes, dans un ensemble monumental connu sous le nom de Vice-Gérence.

L'édifice, qui n'a subsisté dans son état premier que sur 12 m de haut, est de plan rectangulaire. Il comportait au moins trois niveaux : le premier, obscur, a pu être un cellier ou une prison ; le deuxième, plus haut (5,60 m) et plus soigné (en pierres de taille finement appareillées, avec des ornements au ciseau) correspond à un espace de prestige, certainement la salle de réunion du conseil de ville. C'est à ce niveau que s'ouvrait, sur le mur sud, l'entrée principale, large d'environ deux mètres, ornée d'un tympan en plein cintre sculpté. Celui-ci a été déposé au musée Calvet après la chute du mur en 1834. Il montre un chevalier coiffé d'un casque conique, portant un écu et une lance avec un pennon aux armes de la maison d'Aragon qui a régné sur la Provence de 1166 à 1245. Il est précédé d'un animal (chien ou lion ?). Derrière lui se tient un homme dont l'habit désigne le milieu populaire et qui utilise une corde dans une action difficile à interpréter mais qui symboliserait la prospérité économique d'Avignon. On ignore la fonction du niveau supérieur. Après l'abolition de la commune en 1251, le bâtiment fut siège de l'administration comtale. Le conseil de ville d'Avignon fit en 1447 l'acquisition de l'ancienne demeure cardinalice d'Albano pour en faire la nouvelle maison commune, avec sa tour qui devint le beffroi municipal.

La maison commune d'Arles, connue sous le nom de palais du Podestat, est mieux conservée mais a subi bien des remaniements. Elle se présente aujourd'hui sous forme d'un grand bâtiment rectangulaire. La façade est divisée en deux parties mais il s'agissait clairement d'une même construction à l'origine, bâtie de mœllons en bas, de pierres de taille en haut. Dans la partie de droite s'ouvrent une belle porte cochère romane avec cordon

(57) Arles. Façade de la maison de la commune (palais du Podestat).

d'archivolte et, au-dessus, une baie géminée *(57)*. Le crénelage qui couronne cette partie doit être du XIXe siècle. A gauche, l'étage a été ouvert à la fin du Moyen Age de trois croisées à larmiers retombant sur des culots sculptés. La porte conduit à une cour autour de laquelle s'organisent quatre corps de logis. Sur trois côtés, ils étaient ouverts au premier niveau de larges arcades en plein cintre formant galerie.

A Montpellier, c'est en 1205 que les consuls achètent, pour en faire le lieu de leur administration, une demeure située en plein centre commerçant, près des marchés et de l'église Notre-Dame-des-Tables, loin des deux pôles féodaux, le château situé à l'ouest et la résidence épiscopale à l'est. L'édifice qui avait sa façade principale sur le marché aux herbes fut doté d'un beffroi en 1310, d'une chapelle en 1336. La vétusté et l'incommodité du bâtiment, la gêne procurée par le marché justifient le déplacement du consulat après 1364 vers un autre édifice situé derrière le chevet de Notre-Dame-des-Tables. L'édifice comportait au rez-de-chaussée une salle voûtée, peut-être ouverte par un portique sur l'espace public, et un beffroi. Cette seconde maison commune, tout autant que la première, reste un édifice modeste, en rien comparable aux palais communaux italiens.

Les consuls de Toulouse firent, de 1190 à 1204, l'acquisition des terrains contigus à la muraille antique pour bâtir la maison commune, connue dès le XIIIe siècle sous le nom de Capitole, soit pour perpétuer le souvenir du Capitole antique situé non loin de là, soit par référence au nom donné localement à la magistrature municipale des capitouls. Du Capitole médiéval il ne reste que la grosse tour carrée, entièrement réservée aux archives. La partie haute du bâtiment a été entièrement reconstruite par Viollet-le-Duc sur le modèle de beffrois de la France du Nord.

(58) Grenade-sur-Garonne (Haute-Garonne). Les halles, avec, dans le volume de la toiture, le premier niveau de la maison commune bâti en bois.

L'histoire de l'hôtel de ville de Paris est assez complexe, liée à celle d'une institution particulière, le Parloir aux Bourgeois. Il abritait au XIIIe siècle les réunions de la hanse des marchands de l'eau qui exerçait le monopole du transport fluvial sur la Seine. Le Parloir fut d'abord situé rue Saint-Denis, près du Châtelet, puis transféré, dans la première moitié du XIVe siècle, dans une tour de la montagne Sainte-Geneviève. Cette implantation ne fut plus possible lorsqu'en 1356 on se préoccupa, pour améliorer les fortifications, de débarrasser l'enceinte de toutes les constructions adventices. Le prévôt des marchands fit alors l'acquisition de la Maison aux Piliers, place de Grève. Il s'y tenait les audiences du Parloir, destinées à juger des contraventions aux privilèges de la hanse ; le prévôt des marchands y exerçait aussi sa juridiction sur les autres métiers de Paris.

C'est plus fréquemment, à partir du XIVe siècle, que les autorités municipales se préoccupèrent de bâtir ou d'acquérir un local fixe pour leurs délibérations. La commune de Besançon acheta vers 1380 plusieurs maisons contiguës pour y installer ses services. En 1393 des travaux sont entrepris pour donner plus d'homogénéité à l'ensemble sans que l'on sache s'il s'est agi d'une reconstruction ou d'un simple réaménagement. Une tour, achevée en 1469, a été ajoutée pour abriter les archives, le trésor communal et une horloge. Une vaste tour rectangulaire de la fin du XIIe ou du XIIIe siècle, bâtie sur un rocher dominant la ville basse, est attestée comme maison de ville de Viviers en 1483. Depuis quand l'était-elle ?

Les maisons communes des villes neuves du Sud-Ouest se superposaient volontiers à la halle commerçante ; elle en occupait la partie centrale dans le volume de la toiture puis se prolongeait en un étage au-dessus de celle-ci, éventuellement surmonté d'un petit beffroi. Peu d'exemples de cette organisation ont été conservés : Villeréal *(328)*, Beaumont, Grenade *(58, 65)*, Montréjeau. A Fleurance, la reconstruction du XIXe siècle a conservé ce schéma.

L'hôtel de ville devait être accompagné d'un beffroi, symbole de l'autorité communale et de la prospérité de la ville. Cette tour abritait, outre les archives, la cloche destinée à convoquer les assemblées et à annoncer les dangers et on y installa à partir du XVe siècle l'horloge qui donnerait désormais un rythme laïque à la vie en remplacement du rythme ecclésiastique qui régnait sans partage jusque là. Souvent même on se préoccupa de construire le beffroi avant l'hôtel de ville et, par souci d'économie, on réutilisa volontiers une ancienne tour de l'enceinte, désaffectée. Le beffroi d'Auxerre est construit en 1484 sur une porte de l'enceinte gallo-romaine. La porte Saint-Eloi servait de beffroi à la ville de Bordeaux et une cloche y est attestée à partir de 1336. A Rennes on utilisa une tour de la première enceinte qui avait perdu sa valeur défensive, la tour Saint-James ; l'horloge y fut établie après 1467. Une grande tour-porte munie d'une horloge a été construite sur une pile du pont de Grenoble en 1415.

La construction de l'hôtel de ville d'Arras commença en 1443 par le beffroi qui ne fut achevé qu'en 1551. Il était prévu pour rester isolé. L'hôtel de ville lui fut adossé en 1501 ; sa façade gothique, avec portique, grandes fenêtres à remplage, pignons décorés de crochets, balustrade finement ouvragée, allait servir de fond à la Petite-Place ou place du Petit Marché. L'édifice, détruit durant la Grande Guerre, a été reconstitué. D'autres beffrois du nord de la France ont été conservés : Abbeville, Saint-Riquier *(59)*, Boulogne-sur-Mer, Rue *(329)*. Ce sont des constructions souvent plus imposantes que celles du Midi, proches de l'architecture des donjons.

Le beffroi d'Avignon fut sans doute pourvu dès 1473 d'une horloge. Dans les années qui suivirent, les consuls firent modifier le couronnement de la tour pour mieux loger le mécanisme : un étage carré a été ajouté au-dessus du niveau des mâchicoulis, coiffé d'un dais

(59) *Saint-Riquier (Somme).*
Le beffroi.

central, destiné à abriter la cloche et ouvert de grandes baies en arc brisé extradossé d'une accolade, couronné d'un grand pinacle central et de quatre pinacles dans les angles. A Aix-en-Provence, la porte nord de la cité comtale, bâtie en un bel appareil à bossage, devient, au milieu du XIVᵉ siècle, le signe de l'autorité municipale. C'est après 1357 que le local errant des réunions du conseil de ville se fixe au pied de cette tour ; il a été incendié en 1536 et il ne reste aucun vestige de cette époque. La tour a été conservée et une horloge y existait au XVIᵉ siècle.

A Cahors, l'absence de beffroi fit qu'il fallut un accord entre la commune et le chapitre en 1229 pour l'utilisation d'une cloche de la cathédrale.

Dans un certain nombre de villes, une église jouait un rôle particulier dans la vie municipale. Celle de Saint-Jacques à Montauban, commencée en 1230, était considérée comme « *église de la communauté des bourgeois et du peuple* » avant de devenir paroissiale en 1359. Les églises Saint-Félix et Sainte-Marie-Madeleine de Béziers ont de tout temps été les paroisses consulaires de la ville, à ce titre elles ont été liées aux événements de son histoire. C'est là qu'après avoir entendu la messe les nouveaux consuls prêtaient serment. C'est dans l'église de la Madeleine que le comte de Toulouse Raymond V prêta serment au vicomte de Carcassonne en 1149, là encore qu'en 1167 le vicomte Roger Trencavel fut assassiné par les Biterrois, là que l'on fit faire des prières et que fut prononcé un sermon solennel pour la naissance du futur Charles VI en 1368.

A Montpellier, l'association du consulat et de l'église Notre-Dame-des-Tables apparaît dès la naissance de l'institution municipale, comme symbole de l'identité urbaine. C'est là que se tiennent les assemblées populaires, destinées notamment à ratifier les modifications des coutumes (en 1212, 1221, 1223...) ; c'est sur son autel que prêtent serment les consuls, les représentants des différents corps de la ville, les officiers de la commune. Son clocher joue un rôle de beffroi bien plus que la tour de la maison commune : deux guetteurs y veillent en permanence, la grosse cloche installée par les consuls en 1264 est destinée à un usage communal, celui qui l'actionne est un officier de la commune. L'église Saint-Eloi jouait le même rôle à Bordeaux. C'est devant elle que se réunissaient les assemblées.

V. Les équipements individuels et collectifs

C'est sans doute la présence d'équipements collectifs qui, à notre regard, est un des éléments constitutifs de l'aspect urbain d'une agglomération. De cela l'imagerie médiévale ne nous montre guère que le pont. A partir du XIVe siècle les boutiques sont parfois présentes pour évoquer la fonction économique.

Les ponts

Disposer d'un moyen sûr pour traverser la rivière, là où celle-ci partageait la ville en deux ou la longeait en l'isolant de la campagne voisine, était un objectif prioritaire pour la communauté. C'est un pont avec ses tours qui figure sur un sceau du consulat de Cahors à la fin du XIIIe siècle.

Faute de pont, ce sont des bacs qui assurent la traversée des fleuves. Nous voyons les passeurs d'Avignon protester contre les conséquences de la reconstruction du pont au XIIIe siècle ; il faudra que « l'œuvre du pont » chargée de sa gestion leur rachète leurs droits. L'abbaye de Saint-Martin d'Ainay détenait à Lyon, au XIe siècle, un bac sur le Rhône. Un bac sur la Saône est signalé à Tournus au XVe siècle, dans l'axe de la rue qui menait au marché. Pour mettre en communication la ville de Pertuis avec la route de la capitale régionale, Aix-en-Provence, par-delà la Durance, le seigneur de Meyrargues fit établir un bac en 1260. En 1286, on a mention de deux bacs reliant Pertuis à Meyrargues d'une part, au Puy-Sainte-Réparade d'autre part. La ville de Pertuis passa commande d'un nouveau bac en 1396. Le chantier fut installé dans la halle et dura douze jours. Le bateau devait être muni d'un gouvernail et de rames, 1 150 clous étaient nécessaires pour l'assemblage.

La traversée par bac paraissait toutefois difficilement compatible avec la vie urbaine et lorsque, par suite de la destruction d'un pont, l'on dut revenir provisoirement à une traversée de ce type, ce fut ressenti comme une regrettable régression.

La construction d'un pont n'était cependant pas toujours techniquement aisée et mobilisait une disponibilité financière importante. Les maîtrises d'ouvrage ont été diverses. En ce qui concerne la recherche du financement, il faut signaler au sud de la Loire, à partir du XIIe siècle, l'apparition d'institutions particulières, des confréries de laïcs, les « œuvres du pont », chargées de solliciter la charité des fidèles, entreprise favorisée par la construction conjointe du pont et d'un hôpital.

Si un certain nombre de ponts médiévaux en pierre nous sont parvenus, nous devons considérer qu'ils sont souvent de construction très tardive, voire postérieurs au Moyen Age dans leur état actuel, même si certains dispositifs nous rappellent des ponts plus anciens : becs destinés à couper le courant et à limiter les affouillements autour des piles, profil en bâtière...

Le pont de bois était moins coûteux et plus rapide à construire mais pas très solide. C'est le mode de construction que l'on rencontre le plus souvent avant le XIVe siècle. Un pont de bois est terminé à Lyon, sur la Saône, en 1189. La plupart des ponts de Strasbourg devaient être en bois : on dénombrait 57 ponts et pontons dans les murs en 1771 ; tous étaient encore en ce matériau sauf une dizaine qui comportaient, en tout ou partie, des piles de pierre. Le pont de Saumur, sur la Loire, était encore pour l'essentiel en bois au XVIIe siècle.

Nous accorderons une attention spéciale au pont sur le Rhône à Lyon, celui de la Guillotière, en raison d'une fouille effectuée en 1984 sur la rive gauche à l'occasion du creusement d'une ligne de métro qui a permis de mieux en connaître l'évolution. En 1953 furent détruites les huit arches restantes du pont de pierre bâti au XVIe siècle ; les douze autres avaient progressivement été remblayées depuis le début du XIXe siècle : ce sont les bases de leurs piles qui ont pu être observées par les fouilleurs.

A Lyon, la traversée du Rhône était rendue difficile en raison de l'impétuosité du fleuve, de sa largeur (500 m environ) et de la structure mouvante de sa rive gauche faite de bancs de graviers et d'îles aux contours changeants séparés par des petits bras du fleuve. L'un d'eux, plus important, délimitait une grande île sur laquelle devait reposer plusieurs piles. La première mention du pont médiéval, implanté au débouché de la route du Dauphiné et de l'Italie, est relative à son effondrement en 1190. Il était construit depuis une dizaine d'années tout au plus. L'accord ne se fait pas sur son emplacement. Faut-il le restituer là où était le pont du XIVe siècle, remplacé au XVIe par celui qui a été démoli en 1953 ? ou un peu en amont (face à l'Hôtel-Dieu), ou un peu en aval (un fort étiage en 1864 a permis d'observer des séries de pieux dans l'axe de la rue de l'Université) ? La fouille n'a rien livré d'antérieur au XIVe siècle, ce qui laisserait peut-être entendre que l'on usait encore, pour traverser le petit bras de Rhône, d'un ancien pont de bois situé en amont pour gagner l'île. En tout cas, la construction du XIVe siècle ne semble pas se faire sur le tracé antérieur.

Jusqu'en 1308, la gestion et l'entretien de l'ouvrage étaient confiés à l'œuvre des Frères du Pont. A cette date, l'abbaye de Hautecombe en reçut la charge. En 1335, le pont change de statut, passant de l'archevêque à la ville de Lyon. Il traverse alors complètement le Rhône. Les transits par barque signalés par les sources concernent des ruptures accidentelles liées à des crues entre 1290 et 1328. Il n'était cependant construit que partiellement en pierre ; on admet en général que le bâti de pierre était du côté de la ville alors que la partie rive gauche était en bois. Est-ce bien assuré ? Des documents précisant qu'une partie en pierre se trouvait du côté de la Savoie, il faudrait admettre que ce matériau était utilisé sur plus de la moitié de la longueur et qu'il n'existait plus alors qu'une petite portion en bois. Mais on peut envisager aussi une structure composite avec des piles de pierre et une superstructure de bois. C'est ce que la fouille a confirmé. Selon la documentation écrite, le pont fut l'objet de travaux importants entre 1385 et 1400 : établissement d'une porte fortifiée du côté de la ville, amélioration de la structure. Un document de 1396 permet d'établir clairement qu'une partie du pont, au moins treize arches, est alors entièrement en pierre. Une tour bâtie sur la sixième pile pouvait marquer la limite entre une partie plus ancienne en pierre et une partie où le bois a été remplacé plus récemment. Les textes distinguent d'ailleurs un pont vieux, alors en mauvais état, et un pont neuf. Une dernière partie, côté rive gauche, reste cependant en bois jusqu'à la fin du Moyen Age. Les analyses dendrochronologiques, quant à elles, déterminent une période de travaux entre 1341 et 1383. On devait alors, parallèlement au remplacement progressif du pont de bois par des arches de pierre sur la rive droite, achever le pont de bois vers la rive gauche. Les piles, de ce côté, étaient larges de 2 m et longues de 7,50 m environ, munies de deux becs, fondées sur près de 200 pieux de chêne, bâties en pierre à bossage de granit. En fait, pour le « pont

(301) Le Mans. Enceinte et tour du Bas-Empire.

(302) Carcassonne. L'enceinte et les tours du Bas-Empire.

(303) Castelnau-Montmirail (Tarn). La place et les couverts.

(304) Monpazier (Dordogne). L'accès à la place à la rencontre des couverts. Au fond, les halles.

(305) Aigues-Mortes. Une ville médiévale à l'abri de ses remparts.

(306) Carcassonne. Les remparts et les lices près de la porte Narbonnaise.

(307) *Carcassonne. Les remparts ; à gauche, tour de Vade.*

(308) *Aigues-Mortes. Tour de Constance.*

(309) *Aigues-Mortes. Porte des Moulins.*

(310) Laon. Porte de Soissons.

(311) Marseille. Eglise de Saint-Victor.
Le chevet fortifié.

(312) Arles. Vue générale. Le clocher le plus haut est celui de la cathédrale.

(313) Laon. La cathédrale.

(314) Une cathédrale, chantier permanent au cœur de la ville. Flavius Josephe, Antiquités et guerre des juifs. *Construction du temple de Jérusalem. Enluminure par Jean Fouquet, fin XVe siècle.*

(315) Strasbourg. Clocher de la cathédrale.

(316) Viviers. Tour de la cathédrale, ancienne porte du quartier canonial.

(317) Toulouse. Eglise Saint-Sernin, vue d'ensemble depuis le nord-ouest.

(318) Toulouse. Cloître et église des Augustins.

(319) Toulouse. Eglise et clocher des Jacobins.

(320) Narbonne. Le palais et la cathédrale au-dessus du tissu urbain. A gauche la tour de Gilles Aycelin (palais des archevêques), à droite la cathédrale.

(321) Avignon. Le palais et la cathédrale au-dessus du tissu urbain. Au centre, la cathédrale. A droite, le palais des Papes. A gauche, le Petit Palais (résidence épiscopale depuis Jean XXII). En avant, une tour de l'enceinte urbaine.

(322) Poitiers. Palais comtal. Tour Maubergeon.

(323) Viviers. Palais épiscopal : tour et amorce du bâtiment de l'aula. Maquette par I. Di Marco.

(324) Carcassonne. Pont sur l'Aude. Une chapelle subsiste à l'extrémité droite.

(325) Cahors. Pont Valentré.

(326) Avignon. Partie subsistante du pont Saint-Bénézet.

(327) Marseille, musée Borély. Scène d'étuve (enseigne ?). Cl. Centre Camille Jullian, CNRS, Aix-en-Provence.

(328) *Villeréal (Lot-et-Garonne). Les halles et la maison commune.*

(329) *Rue (Somme). Le beffroi.*

(330) Semur-en-Auxois (Côte-d'Or). Eglise collégiale. Vitrail des bouchers.

(331-332) Encombrement de la rue par le travail des artisans. Un exemple ethnographique : les teinturiers dans une rue de Fès (Maroc) en 1973.

(333) Semur-en-Auxois (Côte-d'Or). Eglise collégiale. Vitrail des foulons et des drapiers.

(334) Martel (Lot). Fenêtres de l'hôtel de la Raymondie.

(335) Dijon. Maison des Trois-Pignons (XIVe siècle). Cette maison, placée à l'angle de deux rues, présente trois pignons, ce qui a nécessité une charpente complexe.

(336) Saint-Antonin-Noble-Val. Maison gothique.

de bois », seules les superstructures étaient en ce matériau. Ce devait être aussi auparavant le cas de la partie proche de la rive droite pour laquelle on procédait depuis 1335 au remplacement progressif du tablier de bois par des arches de pierre.

Le pont sur le Rhône à Avignon fut commencé en 1177 et achevé au plus tard en 1185. La gestion de l'entreprise fut assurée par « l'œuvre du pont » autour de Bénézet que la légende a rendu célèbre. Les observations effectuées dans le lit du fleuve en 1969 tendraient à montrer que des piles de pierre ont alors été établies sur les restes de celles d'un pont du Bas-Empire. Le tablier était en bois, ce qui explique la rapidité de la construction. L'ouvrage fut ruiné par les croisés en 1226 et la reconstruction décidée dès les années 1230. Les travaux prirent fin, côté rive gauche, sur l'initiative de Clément VI, entre 1345 et 1350. Le nouveau pont, désormais entièrement en pierre, long de 915 m, comportait 22 arches au tracé surbaissé, les becs surmontés d'ouvertures, les ouïes, dans les écoinçons. Des ouvrages fortifiés, la tour Philippe le Bel sur la rive droite, bâtie en 1307, un châtelet, intégré à la muraille urbaine, sur l'autre rive, barraient les accès. Le tracé n'était pas rectiligne mais formait un angle vers l'amont, comme au pont de Pont-Saint-Esprit, pour lutter contre le courant. On conserva de l'ancien ouvrage la chapelle Saint-Nicolas, bâtie dans la seconde moitié du XIIe siècle sur la deuxième pile, côté Avignon. Il s'agissait alors d'une haute nef unique, voûtée d'un berceau, ouverte directement sur le tablier de bois. Au moment de la reconstruction, on a subdivisé la nef en deux vaisseaux dans le sens de la hauteur pour que la chapelle supérieure reste ouverte sur le nouveau tablier, fortement surélevé. La chapelle basse, qui reçut la sépulture de saint Bénézet, fut alors voûtée d'une croisée d'ogives. L'abside supérieure a été ajoutée en 1513.

(60) Béziers. Le pont sur l'Orb. En haut la cathédrale, les fortifications du cloître et le palais épiscopal. Dessin de Martellange, 1616.

L'insuffisance des fondations, la puissance du courant et la répétition des crues entraînèrent des destructions successives et des réparations partielles. Le pont fut finalement abandonné en 1669 et il n'en subsiste que quatre arches sur la rive gauche *(326)*.

Le pont de Béziers sur l'Orb, au pied de la ville, a été conservé, long de seize arches d'inégale grandeur, ses piles sont munies de becs surmontés d'ouïes *(60)*. Il est mentionné pour la première fois en 1139 mais on l'a dit antique sans beaucoup de preuves. Ce qui est sûr est que ce que nous en voyons aujourd'hui ne correspond pas à l'état premier du pont en pierre : le dallage primitif, découvert lors de travaux en 1968-1969, reposait directement sur les reins des arches plus étroites qu'aujourd'hui (2 m seulement). On voit clairement que des parements ont été ultérieurement plaqués contre le noyau ancien pour élargir le tablier.

La création de villes s'est normalement accompagnée de la réalisation d'un pont dans un délai plus ou moins long. Villeneuve-sur-Yonne, fondée en 1163, a son pont en 1191. Celui de Villeneuve-sur-Lot a été bâti très peu après la fondation de la ville, de 1282 à 1285, par des ingénieurs venus d'Angleterre. Il comportait cinq arches, était fortifié de trois tours, une au milieu, deux aux extrémités. Il a été plusieurs fois remplacé depuis. Celui de Montauban, commencé en 1291, alors que la ville avait été fondée en 1144, devait également comporter trois tours, on n'en réalisa seulement deux aux extrémités, une chapelle occupant le milieu. Ces trois éléments ont disparu mais le pont de brique avec ses ouïes au-dessus des piles subsiste.

La concurrence entre les pouvoirs, le désir de favoriser l'expansion urbaine ou les relations commerciales expliquent la multiplication des ponts dans une même ville. Au Pont Vieux de Toulouse, qui existait dès le XIe siècle, se sont ajoutés après 1119 celui de la Daurade, avant 1218 celui de Bazacle, au XIVe siècle ceux de Tounis et de Comminges. Un vieux pont sur le Lot est attesté à Cahors au début du XIIIe siècle. Les piles de pierre du Pont Neuf (démoli en 1906-1907) existent dans les années 1270, avec un tablier de bois. Les arches de pierre sont bâties à partir de 1287. Ce pont n'était pas achevé depuis dix ans que les consuls décidaient, en 1306, de doter la ville d'un troisième pont, le pont Valentré, qui paraît utilisé vers 1345. Il a été conservé avec son ensemble de fortifications très restauré : deux tours précédées de barbacanes aux extrémités, une troisième au milieu dominent fortement un ouvrage composé de six grandes arches en arc brisé avec des becs montant jusqu'au niveau du tablier *(325)*.

L'un des traits récurrents des ponts médiévaux est l'établissement de portes fortifiées à l'une au moins des extrémités *(60)*, la défense du passage pouvant être renforcée aussi par des tours intermédiaires. Les tours-portes sont équipées de vantaux et d'une herse percées d'archères. On trouve mention de barbacanes en bois à la tête du pont de Rouen dès 1204, à Saintes vers 1240-1250, ces ouvrages pouvant se transformer en de solides fortifications à l'occasion de la guerre de Cent Ans, comme à Rouen. Outre le bel exemple du pont Valentré, quelques rares ponts ont conservé leur système fortifié : celui d'Orthez (Pyrénées-Atlantiques), bâti sans doute au XIVe siècle, possède encore une tour (il en existait peut-être une seconde). Il en reste une aussi au milieu du Vieux-Pont de Sospel (Alpes-Maritimes), sur la Roya (mais complètement reconstruite en 1957). Une autre caractéristique réside dans la présence d'une chapelle sur une pile ou à l'une des extrémités. Nous avons déjà décrit les exemples d'Avignon et Montauban. Le débouché du pont sur le Rhône à Lyon était flanqué, sur la rive droite, de deux chapelles, l'une sous le vocable de Saint-Nicolas. Il subsiste une chapelle gothique à l'une des extrémités du pont de Carcassonne *(324)*. Le pont Notre-Dame à Bar-le-Duc a été reconstruit mais une pile ancienne a été préservée avec sa chapelle du XIVe siècle. Citons encore une chapelle Saint-Jacques sur le pont de Beaugency sur la Loire, une dédiée à Notre-Dame sur une pile de celui de Romans (Isère), une dédiée à saint Nicolas sur une pile de celui de Pont-Saint-Esprit, toutes disparues.

Un hôpital, nous le verrons plus loin, était enfin volontiers lié à l'établissement du pont.

L'eau dans la ville

L'alimentation en eau se faisait en puisant dans les rivières, les fontaines, les puits et les citernes.

Les puits étaient soit publics, soit privés. L'iconographie nous montre les premiers au milieu de rues, notamment à un carrefour, ou encore appuyés à une maison. Nous savons qu'il y avait à Auxerre huit puits publics au Moyen Age. Celui des Dames existait depuis le XIIIe siècle et tirait son nom du couvent des Dames de Saint-Julien à proximité duquel il se trouvait. Celui de la Croix de Pierre existait dès le XIIe siècle au carrefour de deux rues marqué par une croix. Celui du Grand-Renard était au XVe siècle sur une place, face à une auberge à cette enseigne, le puits de l'Arbre Verd sur une autre place, celui de la cour Guinois dans une impasse. Celui des Juifs alimentait le quartier occupé par cette communauté entre le XIIIe et le XVe siècle. Strasbourg comptait au XVe siècle une trentaine de puits publics.

L'idéal était pour chacun de posséder son propre puits ou sa propre citerne. La densité des puits privés devait varier selon la nature du terrain, la proximité de la nappe phréatique : ils étaient nombreux à Paris à proximité de la Seine. A Rouen, la nappe phréatique ne se trouvant qu'à quelques mètres de la surface, presque chaque maison avait son puits. A Avignon au contraire, la fouille de maisons du XIVe siècle rue Carreterie n'a mis en évidence que trois puits privés sur 22 maisons fouillées.

La fouille du site de la Cour-des-Bœufs à Strasbourg en 1986 a fait connaître quelques puits : les uns étaient privés, intégrés dans la maçonnerie de maisons, un autre, semble-t-il isolé, était peut-être public, ce qui expliquerait son diamètre supérieur (1,75 m au lieu de 1,35 au maximum).

Le puits privatif pouvait s'ouvrir dans la cave. On en a des exemples à Dijon (maison des Trois Pignons, vers 1440), Saint-Gengoux-le-National (Saône-et-Loire, début XVe siècle), Tours (rue Briçonnet, XIVe siècle). Dans le premier cas le puits est appuyé contre un mur, une poulie est accrochée à la voûte et deux trappes sont percées dans celle-ci, à proximité, afin de pouvoir hisser l'eau plus commodément jusqu'à la cour sous laquelle la cave est creusée. A Tours, le puits est pris dans l'épaisseur du mur. C'est dans la cour ou le jardin que le puits se situe plus volontiers. Les fouilles du Carrousel à Paris ont montré qu'au XVe siècle chaque parcelle de ce quartier disposait d'un puits, ouvert dans l'arrière-cour. Un sondage dans la cour d'une maison du XIVe siècle à Lyon (rue Saint-Jean) a révélé la présence d'un puits. Dans une autre maison de la même rue et pour la même époque, le puits est couvert d'une voûte divisée en trois parties s'ouvrant dans trois directions : la cour, le couloir qui y conduit et la boutique adjacente. A la fin du XVe siècle, une maison de Tours (rue Colbert) a son puits dans une petite pièce ouvrant sur l'arrière de la cour. S'il était à cheval sur le mur qui séparait deux maisons, le puits était mitoyen, éventuellement même matériellement partagé en deux demi-puits. Les textes et l'archéologie en donnent le témoignage, plus rarement l'iconographie. Ainsi, un puits creusé à la limite de deux jardins contigus à Aix-en-Provence en 1505 : les deux propriétaires partageaient les frais et une dalle verticale divisait l'ouverture en deux. Un « *demi-puits avec séparation* » est signalé à Paris (rue Alexandre l'Anglois) en 1499. Une miniature des *Heures de Rohan* dépeint un puits à cheval sur un mur séparant une cour d'une rue.

Un conduit débouchant au-dessus du puits pouvait traverser verticalement la maison afin que l'on puisse puiser l'eau depuis chaque étage ou depuis celui de la cuisine sans avoir à descendre dans la cour. cette disposition a été conservée dans une maison de Strasbourg (rue des Orfèvres). On en connaît d'autres exemples à Rouen, Aix-en-Provence (mention dans un prix-fait en 1514).

L'iconographie nous montre la base de la margelle des puits garnie d'une ou plusieurs marches en pierre ou en maçonnerie, parfois de simples planches de bois, destinées à préserver les utilisateurs de la boue inévitablement provoquée par le débord de l'eau au moment du puisage. Pour aider à monter les seaux, le bâti représenté le plus couramment est la potence de bois, comportant un montant vertical planté à côté du puits et une poutre horizontale à laquelle est attachée la poulie. Il pouvait aussi exister deux montants verticaux plantés de part et d'autre de la margelle. A Carcassonne, un système plus complexe comprenait trois colonnettes supportant trois poutres disposées en triangle.

(61) Carcassonne. Puits du XIVe siècle (l'une des colonnettes et les superstructures ont disparu).

A chacune devait être suspendue une poulie, ce qui permettait à trois personnes de puiser de l'eau simultanément *(61)*. Dans certains cas, une petite toiture en bâtière s'appuie sur le montant horizontal, protégeant l'ouverture du puits et le dispositif de puisage. A l'extrême fin du Moyen Age, l'imagerie nous présente parfois en milieu urbain des puits surmontés d'une construction gothique plus complexe, en fer, affectant la forme d'un dais raffiné, analogue au ciborium destiné à protéger l'autel. En raison de leur beauté, certaines de ces réalisations nous sont parvenues : dans la cour du château ducal de Nantes, dans celle de l'hospice de Beaune.

L'eau de pluie était jugée préférable à celle des puits que l'on estimait, à juste titre, trop polluée. L'iconographie montre des canalisations verticales conduisant l'eau des toits dans des tonneaux de bois ; c'est sans doute dans un tonneau aussi qu'aboutissaient des tuyaux de terre cuite et de plomb mis en évidence dans une maison de la rue Saint-Jean à Lyon. En pays méditerranéen, le système de récupération était mieux organisé, au moyen de citernes dont l'usage paraît généralisé à la fin du Moyen Age. Dès le début du XIVe siècle, le Bolonais Pierre de Crescens conseillait de « *faire citernes dessoubz les maisons* ». Au XVIe siècle, le voyageur suisse Platter, de passage à Montpellier, signale que les citernes y sont « *fort nombreuses ; on y fait couler l'eau des toits, préalablement lavés par la première pluie* ». Un série de citernes des XVe et XVIe siècles a pu être étudiée dans le quartier de la cathédrale de Viviers : voûtées d'un berceau surbaissé, maçonnées à l'aide d'un mortier de tuileau, elles ouvrent dans la cour. Le système d'adduction de l'eau depuis la toiture, à l'aide de tuyaux de terre cuite (« bourneaux »), a parfois été partiellement conservé ainsi que le dispositif pour évacuer la première eau de pluie. Après l'eau de pluie, celle de la source était considérée comme la meilleure. Néanmoins, les fontaines publiques qui apportaient cette eau étaient, en ville, moins nombreuses que les puits. Il n'y en avait que trois ou quatre à Paris au XIIe siècle. A la fin du Moyen Age on n'en comptait que six ou sept à Lyon, deux à Rouen, une quinzaine à Paris, une seule dans le Dijon *intra-muros*. Au XVe siècle, la source Gaalor alimentait trois fontaines dans le centre de Rouen, celles de la Grosse Horloge, du Baillage et de la Crosse. A la fin du siècle et au suivant de grands travaux permirent de capter d'autres sources et de réaliser un réseau de larges canalisations qui alimenta près de 25 fontaines. Celles-ci semblent avoir été plus nombreuses en Italie, en Allemagne : au cours d'un voyage, Montaigne s'émerveille de la beauté des fontaines à Augsbourg, Innsbruck, du nombre de celles des villes italiennes ; à Bâle il en compte cent !

L'adduction de l'eau se faisait en général au moyen de canalisations en bois, en « bourneaux » de terre cuite (tuyaux d'une cinquantaine de centimètres de long emboîtés les uns dans les autres) ou de plomb. Dès cette époque on se méfiait de l'eau apportée par des canalisations de plomb du fait qu'elle causait « *souvent dysenterie et autres semblables maladies* ». L'entretien des fontaines était à la charge de la ville : les comptes de celle de Paris nous font connaître un marché passé en 1393 avec un fontainier qui devait entretenir les tuyaux de la fontaine des Saints-Innocents. On dut, en 1441, « *estouper un trou sur les tuyaux de la fontaine des halles* ». Au débouché de la canalisation, la fontaine était volontiers, en milieu urbain, un édicule complexe. Elle pouvait être isolée ou adossée. L'iconographie montre surtout la première. La vasque, circulaire, polygonale ou quadrangulaire, repose sur un socle ou un pied ; l'eau s'écoule à partir d'une colonne centrale par un certain nombre de canons ou de jets. Dans les cas les plus monumentaux, il existe plusieurs vasques superposées et l'eau s'y écoule en cascade. En France, les fontaines antérieures au XVe siècle, jugées trop modestes, ont été remplacées à la Renaissance, il n'en reste donc presque rien. Nous connaissons celle de la place du Marché à Lagny, attestée au XIIe siècle, avec une vasque circulaire. A la même époque, la fontaine de Provins, face à l'hôpital, était dotée d'un bassin hexagonal, sa courte colonne supportait peut-être une statue. Du chapiteau partaient trois sortes de gargouilles de bronze qui crachaient l'eau.

Si aucune fontaine médiévale monumentale n'a été conservée en France, nous donnerons l'exemple de celle de la ville toscane de Perugia, chef-d'œuvre de la sculpture médiévale italienne. Elle a été bâtie au sommet de la hauteur sur laquelle est construite la ville, sur la place principale, entre la cathédrale et le palais communal. Elle devait être la manifestation monumentale de la prospérité de la ville, expression du triomphe technique qui avait permis à l'eau de monter sur cette hauteur. La réalisation technique fut confiée au Bénédictin Fra Bevignate, le décor à Nicolà Pisano et son fils Giovanni. L'ouvrage fut achevé en 1278. Sa disposition est pyramidale, l'eau descendant d'un vase porté par des jeunes filles jusqu'à une vasque de bronze et, de là dans un bassin de marbre à douze côtés puis dans le bassin inférieur, en marbre aussi, polygone de 25 côtés. Les panneaux du bassin inférieur sont sculptés et séparés par des groupes de colonnettes ; ceux du bassin supérieur sont lisses et séparés par des statues. L'iconographie juxtapose des images relevant du répertoire des grandes églises gothiques (les arts libéraux, les travaux des mois, des figures de saints) et l'expression du triomphe de la ville : Pérouse personnifiée siège sur un trône avec une dignité de souveraine ; les deux villes de Chiusi et Trasimène lui apportent leur tribut, blé et poisson, qui font la richesse de la ville.

Des porteurs d'eau assuraient le transport vers les habitations. Il y en avait 80 à Paris à la fin du XIIIe siècle.

Les bains publics

Comme le montrent aussi bien l'iconographie que les inventaires de mobilier après décès, l'hygiène quotidienne à la maison était assurée à l'aide de baquets de bois dans lesquels on se lavait les pieds et l'on faisait prendre le bain de l'enfant, et encore de bassins et d'aiguières de cuivre ou d'étain pour se laver les mains. Plus rares étaient les cuveaux de bois, faits comme les tonneaux de douelles cerclées de fer, parfois tapissés à l'intérieur d'un linge afin d'éviter les échardes ; il s'agissait de véritables baignoires amovibles. L'iconographie flamande de la fin du Moyen Age (*l'Agneau mystique* de Van Eyck à Gand, *l'Annonciation de Mérode* du Maître de Flemalle) dépeint parfois un coin toilette aménagé dans un mur de la salle : une niche dans laquelle est suspendu un récipient contenant l'eau et sur le fond de laquelle est posé un bassin ; à proximité est accrochée une potence destinée à supporter le linge de toilette. Une telle niche (avec évacuation d'eau) est conservée dans une pièce du XIVe siècle de la Maison des Chevaliers à Viviers.

Il était préférable bien sûr de prendre un bain dans un lieu plus adapté : c'est l'étuve. Mais celle-ci, avec son dispositif complexe pour le chauffage de la pièce et de l'eau et pour l'évacuation de celle-ci n'était accessible individuellement qu'aux plus fortunés : de beaux spécimens ont été conservés au palais des papes d'Avignon pour le XIVe siècle (dans la tour de la Garde-Robe), au palais ducal de Bruges et à l'hôtel de Jacques Cœur à Bourges pour le siècle suivant. Pour les moins riches il existait dans les villes des établissements spécialisés ouverts au public dont la fréquentation relevait autant du plaisir que de l'hygiène. L'iconographie montre une grande salle avec pavage (ou simple planche) sur lequel de grandes cuves étaient disposées les unes à côté des autres ; celles-ci étaient comparables à celles des particuliers mais souvent plus grandes quand elles pouvaient contenir de deux à une vingtaine de personnes. Autour de chaque cuve des dispositifs de courtines permettaient d'isoler les baigneurs et de les protéger des courants d'air. Les clients vivaient là des moments de détente qu'ils aimaient prolonger et ponctuer de véritables repas. Les cuves abritaient aussi les ébats amoureux. Lieux d'adultère, les bains étaient aussi des lieux notoires de prostitution malgré les interdictions et les condamnations. Des peintres ont montré des cuves suspendues à la manière de balançoires qui devaient donner du piquant aux jeux amoureux sous l'œil des convives attablés qui faisaient leurs commentaires en montrant la cuve du doigt ! L'Eglise ne manqua pas de s'inquiéter de cet état de fait. Le synode d'Avignon de 1441 interdit aux ecclésiastiques de fréquenter les étuves. A partir du XIVe siècle on voit apparaître des réglementations visant à séparer les sexes.

Aucune étuve publique n'est connue par des fouilles archéologiques. Or l'iconographie ne nous informe qu'incomplètement. Elle ne nous apprend rien sur les dispositifs techniques, le fonctionnement des installations. Si elle nous montre volontiers le bain dans les cuves elle ne s'intéresse pas à la seconde manière d'utiliser les étuves : prendre un bain de vapeur, ce qui était sans doute moins intéressant pour l'imagier et moins suggestif. Les inventaires après décès nous renseignent un peu plus. En Alsace sont mentionnés au XVIe siècle des poêles (équipement spécifique des régions de l'Est), des lits de repos, des serviettes, peignoirs, bonnets... C'est sans doute une enseigne d'étuve publique de la fin du XIIIe ou du XIVe siècle, qui est conservée au musée Borély de Marseille : ce haut relief de pierre, haut de 55 cm, représente un couple dans une cuve de bois oblongue *(327)*.

Si les établissements parisiens étaient plutôt situés près de l'eau, à proximité des deux rives de la Seine, l'approvisionnement en eau ne paraît pas avoir été un facteur de localisation essentiel. Seuls neuf des vingt bains existant à Strasbourg étaient proches de la rivière et trois seulement possédaient un puits.

Evacuation des eaux usées et des ordures

La ville montrée par l'iconographie et certaines descriptions est une cité idéale. Ce qui l'éloigne le plus de la réalité est la question de la propreté et de l'hygiène. Certes, ce qu'était la réalité des rues en ce domaine est sujet à controverses car la documentation est contradictoire.

L'archéologie en effet donne des résultats contrastés. Une fouille menée à Nice d'une maison du XIVe siècle en bordure de rue (place du Palais de Justice) a montré l'existence d'un égout large de 40 cm, bâti en briques. En revanche, pour la même époque, les recherches faites à Avignon, rue Carreterie, n'ont livré aucun indice d'évacuation des eaux usées. A Arles, les archéologues ont mis en évidence un égout large de 60 cm, haut de 80 au moins, en partie creusé dans les dalles de l'ancien *cardo*, et un autre, à la commanderie de Sainte-Luce, orienté est-ouest. Le premier est difficile à dater mais il était utilisé au Moyen Age, le second serait des Xe-XIe siècles.

L'usage de latrines est fréquemment attesté par les archéologues. Citons parmi les nombreuses découvertes celles qui appartenaient sans doute à des maisons de chanoines aux XIe-XIIe siècles près de la collégiale d'Etampes, une autre de la fin du XIIIe siècle fouillée rue Lanterne à Paris, des latrines du XIIIe siècle cuvelées en bois à Saint-Omer. Il est en revanche plus difficile de mesurer l'abondance relative de ce dispositif d'hygiène. Les inventaires après décès des XIVe et XVe siècles, étudiés notamment à Arles et en Bourgogne, qui nous donnent par ailleurs d'abondantes précisions sur l'organisation et la fonction des espaces dans les maisons, citent quelques chaises percées mais bien rarement des latrines ; il est vrai que le notaire ne les mentionnait que s'il s'y trouvait un objet à inventorier. Un bail concernant à Paris la maison d'un procureur de la Chambre des comptes signale en 1478 les lieux d'aisance, avec tuyaux, retraits et « *éventouers* » qui seraient des conduits destinés à aérer la fosse d'aisance, allant de celle-ci jusqu'au toit. Un acte passé entre deux acheteurs de lots contigus à Paris en 1400 signale que la fosse est commune aux deux maisons, qu'un conduit et quatre sièges, deux par propriétaire, s'y branchent à chaque niveau ; les frais de vidange seront partagés par moitié ; la fosse reçoit en outre les eaux de pluie et les eaux usées rassemblées par un conduit en sous-sol de la cour. Les prix-faits de constructions ou de transformations à Aix-en-Provence dans la seconde moitié du XVe siècle et la première du suivant mentionnent souvent les latrines sans que l'on puisse là non plus avoir une idée de leur fréquence. Elles sont volontiers situées à l'arrière de la maison, du côté du jardin ou de la cour où est creusée la fosse d'aisance ; celle-ci est voûtée et ouverte d'une trappe que bouche une dalle. Les conduits sont bâtis en maçonnerie de mœllons ou de briques. Chaque latrine, en étage ou seulement au rez-de-chaussée, est équipée d'un ou deux sièges. Ces installations paraissent relativement coûteuses et devaient donc être un luxe.

A Strasbourg, chaque maison ou groupe de maisons disposait de fosses à déchets en pleine terre, en bois, ou, à partir du XIVe siècle probablement, en briques. Ce qui a eu pour conséquence, à partir de la fin du Moyen Age, la pollution de la nappe phréatique et donc une mauvaise qualité de l'eau des puits. La fouille du site de la Cour-des-Bœufs a montré qu'à la fin du Moyen Age, les latrines situées à l'arrière de maisons, construites en briques maçonnées, avaient servi aussi de dépotoirs. Les recherches archéologiques ont un peu modifié dans cette ville l'image que l'on a d'une ville sale : les observations faites sur les fossés défensifs montrent que ces derniers, eux, ne servaient pas de dépotoirs. Mais ailleurs les fossés ont vu se déverser ce qui provient des latrines publiques implantées sur le chemin de ronde du rempart : c'est le cas à Aigues-Mortes *(20, 309)*, Sens, Rennes.

Des textes d'archives nous donnent plutôt l'idée de villes dans lesquelles l'absence d'infrastructures sérieuses et de services publics pour assurer l'évacuation des eaux usées et des ordures, liée à l'absence de pavage et aux négligences des riverains, ont pour conséquence une hygiène et une voirie déplorables constituant une gêne pour la vie quotidienne. J.-P Leguay a rapporté l'enquête menée à Rennes en 1463-1464, suite aux plaintes des habitants de plusieurs quartiers. Il s'agissait d'un canal d'évacuation d'eaux usées, dit « conduit de Trégetin », qui débouchait à l'air libre sur la place du Marché à l'Avoir et se poursuivait en caniveau ouvert au milieu de la rue jusqu'à la Vilaine après que bien des riverains avaient branché sur ce conduit l'évacuation de leurs latrines ; de plus, l'égout fonctionnait mal, se bouchant sans cesse, ce qui provoquait des odeurs nauséabondes qui entraînèrent les protestations des habitants. Les évacuations à l'air libre étaient monnaie courante, comme les « ruisseaux-dépotoirs » dont la toponymie garde toujours le souvenir : on ne compte pas dans les agglomérations grandes ou petites les ruisseaux dénommés Merdanson, Merderet, Merdier, Merderon... Il faut ajouter les latrines situées en encorbellement sur des ruelles où elles ouvraient directement, les eaux sales jetées depuis les étages, les tas d'ordures ou de fumier négligemment accumulés devant les maisons, le passage de troupeaux dans des villes qui restent très liées à l'activité rurale (cela a été démontré pour Arles), la divagation des animaux, notamment des porcs qui, outre leur odeur, constituaient un danger véritable (un fils du roi Louis VI fut tué par un porc qui le jeta à bas de son cheval et l'écrasa), le travail en pleine rue de professions polluantes (des teinturiers, des bouchers qui tuent dans la rue et y jettent les eaux sales comme on le voit encore dans certains pays méditerranéens) *(331-332)*... Qui plus est, il n'existait en général pas de service régulier pour l'enlèvement des ordures : quand l'état des rues était arrivé à un point insupportable, la ville payait des charretiers pour enlever le surplus. En 1390, le nettoyage, à Avignon, de la rue Paraphernerie nécessita 70 journées de travail à un manœuvre ! Dans certaines villes d'Alsace, il existait des troupeaux de porcs municipaux qui étaient lâchés dans les rues pour les nettoyer. Tout cela en dit long sur l'état de la voirie.

Les fleuves et les canaux n'étaient pas mieux lotis : réceptacles des égouts, il s'y trouvait aussi des latrines flottantes ; les eaux étaient polluées par le rouissage des draps et le tannage des peaux.

Les structures commerciales

Le commerce se déroulait soit dans le cadre de boutiques installées au rez-de-chaussée des maisons d'habitation *(62)*, comme nous le verrons dans le chapitre suivant, soit sous forme de marché sur les places, soit dans des installations en dur prévues à cet effet, les halles.

Les boutiques des commerçants, tout autant que celles des artisans, se regroupaient de préférence le long des axes majeurs de la ville et à proximité des ponts, voire sur les ponts eux-mêmes. La présence commerciale sur ceux de Paris commença en 1141 lorsque Louis VI installa autoritairement les changeurs sur le Grand Pont, tout près du palais royal. Les échoppes n'étaient d'abord que de simples étaux ouverts à tous les vents avant de devenir de vraies boutiques. S'installèrent ensuite des professions voisines : joailliers, orfèvres, émailleurs, maroquiniers, vendeurs de bourses. Le pont fut reconstruit en 1296 un peu plus loin mais garda la même fonction : on y comptait en 1403 50 boutiques de changeurs et 51 ouvroirs d'orfèvres. D'autres ponts parisiens - le Petit Pont près de l'hôtel-Dieu, le pont Saint-Michel bâti en 1387, le pont Notre-Dame construit après 1412 - se couvrirent aussi d'échoppes, mais plus diversifiées. De la même façon, le pont de Montbéliard était consacré aux orfèvres, celui d'Abbeville aux changeurs. Il existe toujours des boutiques sur celui qui relie, à Narbonne, la cité au bourg Saint-Paul.

(62) Bruniquel (Tarn-et-Garonne). Etal de boutique d'une maison gothique.

Des regroupements par corps de métiers dans une même rue ou dans un quartier se sont produits soit spontanément, soit par décision autoritaire des autorités municipales ou du seigneur, justifiés par des facilités d'approvisionnement, un contrôle des prix par la concurrence ou par des règles d'hygiène. Les noms de rues ont laissé le souvenir de ces regroupements : rues Fusterie (travail du bois), Peyrollerie (les chaudronniers), de la Poulaillerie, des Cardeurs, des Chapeliers, des Tonneliers... Est-ce dire pour autant que dans ces rues aux noms évocateurs travaillaient uniquement ou essentiellement des gens exerçant le même métier, et à l'inverse que s'y regroupaient la majorité de ceux de la même profession ?

Les savetiers de Nice étaient bien rue Saveterie ancienne, les fustiers rue de la Fusterie, les drapiers rue de la Draperie. A Marseille, en 1405, sur 64 maisons de la rue Fusterie, 42 étaient bien occupées par des fustiers. A Paris, on comptait en 1292. 39 selliers sur 44 contribuables de la rue Sellerie. Mais en 1300 il n'y avait que trois charrons rue Charronerie contre douze fripiers.

Une enquête sur les métiers à Montpellier au XIIe siècle montre que certains métiers sont regroupés topographiquement depuis longtemps, plutôt pour des raisons techniques ou commerciales que par décision réglementaire : c'est le cas des tanneurs, des changeurs, des professions alimentaires. L'idée d'un regroupement pour les autres métiers doit être fortement nuancée : on trouve côte à côte dans la rue Française, à la fin du XIIe siècle, deux merciers, un aubergiste, un fabricant de bas, un marchand de cuir, trois tanneurs... A Tarascon au XIVe siècle, les métiers avaient tendance à se regrouper mais aucune rue n'avait le monopole d'une profession. Selon un document de 1351, il n'y avait à Grasse qu'un tailleur rue Pélisserie, la rue Mercerie comptait des merciers mais aussi un apothicaire et un boucher ; on trouve dans cette même rue en 1433 un peaussier, un savetier, un drapier, un orfèvre, un apothicaire. A la fin du Moyen Age les regroupements de métiers paraissent moins nets encore : il n'y a plus de textile rue des Drapiers à Rennes en 1455, plus de cordonniers rue de la Cordonnerie. A Dijon, au XVe siècle, la rue Verrerie est celle des drapiers !

C'est la place qui était par excellence le lieu du marché. Le marché de Verdun, créé en 935, se tenait sur une place entourée d'un mur fortifié *(claustrum mercatorum)*. La place pouvait être l'ancien forum, à l'intersection du *cardo* et du *decumanus* comme c'était le cas à Reims où aux nombreux étaux s'ajoutaient la loge des changeurs, la pierre aux changes sur laquelle les commerçants comptaient leur monnaie. Au milieu du XIIIe siècle, la place fut subdivisée en un marché aux grains et un marché aux draps. A Figeac, la place aux Herbes était proche de l'abbatiale Saint-Sauveur. A Nîmes, le marché se tenait au-devant de la cathédrale *(63)* : Louis XI approuva en 1475 la démolition que les consuls avaient ordonnée des loges et tablettes d'étalage situées à cet endroit car il y avait là des marchands « *d'aulx, oignons et herbages* », des cordonniers et savetiers « *qui jetaient plusieurs immondices devant ladite église, dont les consuls avaient grande déplaisance pour l'honneur de Notre-Dame* » ; qui plus est, ces loges menaçaient « *de choir et tomber à terre par vieillesse et antiquité* ». A Cahors, la place *del Mercat* était, comme à Nîmes, le parvis de la cathédrale. Il n'y avait certes pas de véritable enclos canonial ni à Nîmes ni à Cahors. En revanche, c'est dans la clôture même que quatre des dix foires annuelles de Chartres se tenaient et les chanoines louaient volontiers à des marchands le rez-de-chaussée de leur maison, en contradiction flagrante avec leur règle qui interdisait aux laïcs de pénétrer dans l'enclos et à plus forte raison d'y pratiquer le commerce. Si, à Lyon, on réussit à écarter les commerces réguliers du quartier de la cathédrale jusqu'au XVIIe siècle, en revanche, depuis 1393, le chapitre tolérait deux fois par an, pour la saint Jean et les saints Pierre et Paul, la tenue d'un marché qui attirait les foules près de la cathédrale. A l'occasion d'une enquête, l'un des commerçants disait qu'il avait toujours vendu « *avec feu son père au devant de ladite église tous les ans des tuppins et pots de terre* » ; un autre affirmait vendre « *plusieurs danrées toutes les années comme œufs, fromages, aulx et autres choses* », un prêtre témoignait de ce qu'il voyait vendre « *dans le cloître... marchandises comme merceries, tuppins, chandelles, fruits et plusieurs autres menues denrées* ».

A Arras, deux vastes places de marché étaient implantées très près l'une de l'autre, que l'on nommait « Grand et Petit Marché » ; la seconde était devant l'hôtel de ville. La plus

(63) Nîmes. Le marché devant la cathédrale. Lithographie, 1856.

grande, avec ses deux hectares, était l'une des plus grandes de France. Ces places ont subsisté mais avec un aspect très régulier qui remonte à une restructuration du XVIIe siècle. Auparavant les alignements étaient moins réguliers, les maisons bâties en matériau plus léger, l'espace pas aussi vide : une chapelle, reconstruite en 1425, et la halle au cuir étaient dressées sur la petite place. Les foires de Reims s'étalaient hors de la cité, dans le faubourg sud ; la rue de la Couture, très large, servait de champ de foire *(13)* ; le rez-de-chaussée des maisons y formait une galerie où s'installaient les loges.

Dans les villes neuves la place du marché était prévue au moment de la fondation, soit, comme nous l'avons vu plus haut, à l'intersection de deux axes principaux, soit, dans le cas d'une ville de plan longitudinal, par élargissement de l'axe principal ou par réunion de deux rues parallèles, en remplacement d'un îlot. Les couverts qui bordaient la place en constituaient un prolongement pratique pour abriter les activités commerçantes. Sous ceux de Sauveterre-de-Rouergue étaient creusées des caves à usage d'entrepôt dont les escaliers débouchaient près des piliers.

Les marchés se tenaient aussi volontiers sur des ponts. Celui de Saintes accueillit le marché de la ville à partir de 1244. Le comte supprima en 1255 la foire triennale qui avait lieu sur le pont d'Angers mais des commerces (on a mention d'un armurier, un épicier, un barbier, un orfèvre) s'y maintinrent jusqu'au XVe siècle, moment où les boutiques laissèrent la place à des moulins. Sur le pont de Châtellerault se tenait le marché aux poissons, un marché au pain sur celui d'Orléans au XVe siècle.

Quelques fouilles permettent de se faire une idée de l'aspect des places de marché. A Lille (fouille de 1986), les niveaux médiévaux sont caractérisés par une accumulation de terre noire, riche en végétaux (fumier, brindilles, graines de céréales), avec des éléments en cuir (semelles de chaussures usées, fragments de ceintures), des fers de mulet. Ces couches sont séparées par des rechapages d'argile jaune. Des traces de poteaux, calés par des morceaux de grès, doivent être rapportées aux étaux. On a mis au jour, sur la place des Halles de Chartres, trois niveaux successifs empierrés de silex, briques et tuiles cassées, le plus ancien daté du XIIIe siècle, le plus récent du XVIe. Autour des restes de la halle de Béthune, a été dégagé un sol brûlé avec des ossements, de l'herbe et des grains, une chaussée empierrée.

L'existence de marchés couverts, les halles, est attestée depuis le XIIe siècle au moins. A Rouen, un acte des environs de 1186 parle d'une terre, rue Saint-Eloy, « *avant que ladite halle fût construite de pierre* », ce qui laisse entendre que la halle avait été depuis peu reconstruite en pierre en remplacement d'une plus ancienne en bois. C'est celle qui, jusqu'au début du XIIIe siècle, fut aussi siège de l'administration communale. Sur la place du Vieux Marché, une fouille menée à partir de 1969 a permis de découvrir, sous l'emplacement des halles du XVIIIe siècle, des dés de pierre carrés et chanfreinés, supports des poteaux d'une halle plus ancienne, sans doute du XVe siècle. Leur était lié le sol de la place, fait de galets, percé de trous de poteaux correspondant peut-être à de petites constructions disséminées, probablement des échoppes de marchands. Au-dessous de ce niveau a été mis au jour une partie de bâtiment rectangulaire en pierre, antérieur au XIIIe siècle. Il était bordé, à 4 m de distance environ, par un mur de construction médiocre d'où partaient, à la perpendiculaire, des murs délimitant des sortes de cellules d'environ trois mètres de large. S'agissait-il d'un bâtiment destiné à abriter des marchandises ou des bestiaux en liaison avec le marché ? voire de la halle elle-même ?

Une halle des merciers et la place aux Halles sont attestées à Chartres au XIIIe siècle. Nous connaissons, sur cette place, la réfection de deux grandes halles en bois en 1530. En

(64) Gimont (Gers). Les halles. La rue axiale de la ville, dont la place est un élargissement, emprunte la nef centrale des halles.

(65) Grenade-sur-Garonne (Haute-Garonne). Les halles surmontées de la maison commune.

1213, quatre poissonniers de Montpellier, par accord avec les consuls, furent autorisés à construire une halle dont ils assureraient le financement. Elle devait abriter, de part et d'autre d'une allée centrale, seize tables dont les détenteurs auraient l'exclusivité de la vente du poisson sur la ville. Les poissonniers d'Avignon exerçaient primitivement leur commerce le long de deux ou trois rues publiques à proximité de la commanderie du Temple, installation qui était gênante tant au point de vue de l'hygiène que de la circulation. C'est pourquoi, en 1320, le roi Robert, seigneur de la ville, décida la construction d'une halle pourvue d'un dallage et d'un écoulement souterrain pour évacuer les eaux provenant des étaux. Cette halle aux poissons fut construite tout près du Grand Masel (la boucherie), en plein centre-ville. Une halle a été construite à Besançon en 1395, une autre, place Saint-Pierre, en 1403, avec une annexe pour les poids et mesures. Les halles de Dijon ont été construites en 1430 par le duc Philippe le Bon.

L'aspect commun de la halle était un espace couvert d'une grande toiture, subdivisé en plusieurs nefs si les dimensions l'exigeaient. Dans le Midi, on se passait de fermeture latérale.

Les halles des villes neuves du Sud-Ouest s'élevaient sur la place aménagée au centre de l'agglomération, soit au milieu (Gimont, Grenade, Villeréal), soit sur le côté (Beaumont, Monpazier, Mirepoix). Dans le cas où la place était constituée par l'élargissement de la rue axiale, la halle pouvait, comme à Gimont, être traversée par la circulation principale de la ville *(64)*. La construction était primitivement en bois, les bureaux de l'administration communale occupant l'étage, au-dessus de la partie centrale. C'est ainsi que se présente encore la halle de Villeréal, longue de 14 m, la superstructure de chêne reposant sur de gros poteaux *(328)*. Dans les reconstructions ultérieures, les poteaux de bois laissèrent la place à des piliers, souvent octogonaux ou à pans coupés, en brique comme à Grenade *(65)* ou en pierre comme à Gimont où quatre rangs de piliers déterminent une construction longitudinale à trois nefs. C'est en 1273 qu'à Cordes l'on procéda à la couverture de la place affectée au marché. La reconstruction de la halle fut autorisée en 1353 afin de favoriser le négoce des étoffes et du cuir, principaux objets du commerce local. Les piliers octogonaux, au nombre de 24, ont souvent été refaits et il est possible qu'aucun ne date du XIVᵉ siècle. Le toit est une reconstruction du XIXᵉ siècle *(66)*.

L'une des plus grandes halles de France conservées est celle de Crémieu (Isère). Longue de 60,80 m, large de 19,50 m, elle est divisée en trois nefs par quatre rangées de 21 poteaux de bois *(67)*. Les deux façades-pignons sont en maçonnerie, percées chacune de trois baies en arc brisé à l'est et à l'ouest ; les bas-côtés sont séparés de la nef centrale et de l'espace extérieur par des murs bahuts portant les sablières des poteaux. La halle est couverte d'une toiture de lauzes de micaschiste supportée par une robuste charpente. Le Dauphin ayant créé à Crémieu un nouveau marché en 1321, on a longtemps pensé que la halle datait de ce moment. L'analyse dendrochronologique l'a rajeunie en situant sa construction à partir de 1434. Quelques petites halles ont été conservées en France du Nord : à Lorris (Loiret), Nolay (Côte-d'Or), Saint-Pierre-sur-Dives (Calvados).

La halle n'était pas forcément isolée au sein d'un espace dégagé comme les exemples conservés nous le laisseraient entendre. Celle aux poissons de Montpellier était un bâtiment long de 16 m et large de 8, intégré dans un îlot de cinq maisons bâties autour d'elle et également au-dessus, peut-être après coup.

Les halles étaient à Paris un ensemble complexe fondé par le roi Philippe-Auguste sur un terrain, proche de l'église Saint-Eustache, où Louis VI avait créé un simple marché. Philippe-Auguste bâtit deux marchés couverts, la halle du commun et la halle au blé. De

(66) *Cordes. Les halles.*

nouvelles constructions s'ajoutèrent sous le règne de Saint Louis, puis la halle des merciers et celle des drapiers, celles des peaussiers et des cordonniers. Ces bâtiments regroupaient des marchands exerçant le même métier mais d'autres réunissaient aussi des commerçants de même origine (ceux de Saint-Denis, Beauvais, Chaumont, Douai).

La halle aux draps de Béthune faisait corps avec le beffroi qui s'élevait au milieu de la place du marché. Elle disparut en 1664. L'îlot construit par-dessus à l'époque moderne fut détruit durant la Première Guerre mondiale, ce qui a permis des fouilles sur son emplacement en 1970-1978. Sous l'aire de la halle a été reconnue une série de caves disposées sur les quatre côtés du plan en rectangle, en deux niveaux superposés, voûtées en berceau, sauf la plus monumentale, voûtée sur croisées d'ogives retombant sur un pilier central (fin XIIIe-début XIVe siècle). Elles prenaient jour sur la halle par le haut de leur voûte. S'agissait-il de greniers ? ou plutôt d'ateliers de tisserands travaillant à l'humidité naturelle ?

Nous ne trouvons rien de comparable en France aux grandes architectures de la Flandre (Bruges, Gand, Ypres).

Sensiblement différent de la halle était le *mazel* des bouchers, héritier du *macellum* antique conçu pour faciliter la vente de produits périssables grâce à un dispositif l'abritant du soleil et de la pluie (un portique), la présence d'une fontaine pour laver les comptoirs, éventuellement d'un entrepôt en sous-sol. Le *mazel* réapparaît en France méridionale (et aussi en Italie sous le nom de *macello*) au XIIIe siècle pour désigner à la fois l'abattoir et le débit de viande fraîche, plutôt une viande de qualité. On oppose alors le *mazel* à la « boucherie » consacrée à la viande plus commune (mouton et porc) comme c'était le cas à Alès, Rodez, Montpellier. Des *tabulae macelli* sont signalées dans cette ville en 1212 tout près de la halle aux poissons. Dans le courant du siècle les consuls réaménagèrent ce marché

(67) Crémieu (Isère). Les halles.

en construisant à côté une véritable halle, le *macellum novum*, mentionnée en 1301. Un relevé effectué en 1698 au moment de sa destruction montre des piliers octogonaux pouvant appartenir à l'édifice du XIIIe siècle. C'est le sénéchal de Rouergue qui prit l'initiative de faire édifier à Najac, sur financement royal, un mazel en 1308, qui devait être bâti « *de pierres et de ciment* » et de « *dimensions suffisantes* », le long de la rue principale. A Rodez, le chapitre prit en 1319 l'initiative d'en construire un, à la limite sud de la cité. Malgré les transformations, le bâtiment subsiste, avec ses deux portes gothiques, ses étaux alignés de part et d'autre du cheminement. La ville d'Albi possédait au XIVe siècle deux *mazels*, l'un près du pont sur le Tarn, dont l'archevêque interdisait l'utilisation au profit du second, « mazel vielh », situé au cocœur de la ville.

Comme le marché, la halle et le *mazel* étaient subdivisés en tables ou étaux, avec des loges. A Avignon en 1397, le changeur Elzéar Roubat, descendant d'une lignée de poissonniers enrichie par la présence pontificale, possédait cinq tables à la halle des poissonniers (une pour le poisson d'eau douce, quatre pour le poisson de mer) et quatre autres au *mazel* des bouchers (dont une pour le mouton et deux pour la viande de bœuf). Il existait vingt tables au *mazel* de Najac tout comme à celui de Rodez et au *mazel* neuf de Montpellier où elles étaient disposées le long de deux allées nord-sud et est-ouest.

Dans les grandes villes commerçantes existait aussi, plus tardivement, un espace spécialement aménagé pour le grand commerce, désigné sous le nom de loge ; c'était un centre de transactions susceptible d'attirer courtiers et commis, on y pratiquait le change, on y signait des contrats d'affrètement... A Montpellier, deux bâtiments, la Petite Loge et la Grande Loge, se dressaient sur les côtés de la place aux Changes, face à l'église Notre-Dame-des-Tables. Les consuls avaient décidé la création de la première en 1377 mais le projet n'avait pas débouché sur une réalisation. Ce sont les poivriers, ou importateurs d'épices, l'un des plus puissants métiers de la ville, qui le firent aboutir en 1384, mais pour leur propre compte. Les armes du métier devaient figurer, sculptées, sur la façade. L'idée d'une loge pour

(68) Perpignan. Loge de la Mer.

l'ensemble des marchands fut reprise en 1447 par Jacques Cœur qui assura le financement et la direction des travaux. Situé en angle de la place et d'une rue, le bâtiment était composé d'une vaste salle à chacun de ses deux niveaux. Elles étaient reliées par un ample escalier en vis. Celle du rez-de-chaussée devait servir aux transactions, celle de l'étage aux assemblées ; celle-ci était suffisamment grande pour que les Etats du Languedoc aient choisi de s'y réunir en 1551 et qu'on y ait célébré le service paroissial après la destruction de l'église Saint-Firmin par les huguenots en 1567. Un perron de trois marches et trois baies, avec un décor alliant les armes du commanditaire et celles de France, rendait l'entrée de cet édifice, construit de neuf, monumental. La loge de Perpignan, dite loge de la Mer a été conservée. Elle fut bâtie en 1397, à la suite de la décision du roi d'Aragon de créer deux consuls de la mer. Située à l'angle d'une place et de la rue des Marchands, son plan était carré à l'origine. Le rez-de-chaussée, très élevé, ouvert par quatre arcades de tracé brisé, servait de bourse, une chapelle lui était jointe. L'étage, plus court et éclairé par des baies à croisée, abritait le tribunal et le greffe des consuls. La loge a été plus tard agrandie, les nouvelles arcades reprenant le tracé des premières ; les fenêtres ont alors été transformées *(68)*.

M. Scellès émet, pour Cahors, l'hypothèse que le vaste bâtiment, édifié au milieu du XIVe siècle et situé rue de la Chantrerie, dont l'architecture ne correspond en rien à celle des maisons voisines, serait une loge des marchands. La façade, avec pignon sur la rue, est organisée de façon symétrique avec quatre baies à arc brisé au premier niveau et deux fenêtres jumelées de part et d'autre d'une cheminée à l'étage. Le rez-de-chaussée, long de 24 m et large de 14, était divisé en deux nefs par des piliers recevant de larges arcs en plein cintre. Il aurait pu servir de halle pendant que l'espace de l'étage aurait pu abriter une salle de réunion et des chambres destinées à un hébergement temporaire.

Les structures artisanales

Les structures artisanales les plus simples se trouvaient liées à la maison d'habitation et en occupaient le plus souvent le rez-de-chaussée, tout comme les commerces. A Douai, les fouilleurs ont mis au jour, de 1984 à 1988, plusieurs maisons d'habitation dans le quartier de Douayeul, excentré mais situé à l'intérieur de l'enceinte du XIe siècle. Un premier bâtiment, daté du milieu ou de la seconde moitié du XIIe siècle, construit en pan-de-bois et torchis, comportait, dans un espace ouvert sur la rue, un four circulaire en argile de 1,80 m de diamètre intérieur, dimension trop importante pour un four domestique. L'absence de déchets ne permet pas de préciser sa fonction : four de boulanger ou d'une profession utilisant un liquide chaud (foulon, brasseur, teinturier...) ? Même interrogation pour deux fours mis au jour dans des pièces d'une autre parcelle, datée du XIIIe siècle, donnant sur deux rues perpendiculaires. Le premier, d'un diamètre de 1,70 m, était couvert d'une voûte d'argile pouvant supporter une cuve métallique plus ou moins mobile, la « caudière », bien attestée par les textes de Douai pour des activités artisanales variées ; dans une pièce plus éloignée, un autre four d'un type proche ouvrait sur une petite cour conduisant à une pièce elle-même en communication avec celle où était le premier four ; cette pièce pouvait être une réserve commune aux deux structures, ce qui suggérerait un usage identique.

La fouille, en 1987-1988, d'une parcelle située dans un quartier de Besançon, celui de l'église de la Madeleine, où se concentrait une grande part des activités artisanales de la ville, a livré les traces d'une habitation de la fin du XIIIe siècle où s'exerçait au rez-de-chaussée l'activité de cornatier, artisan qui se consacrait au travail de l'os (manches de couteaux, écritoires, cornets pour jeux de dés). C'est ce qu'indique la concentration de déchets osseux. La présence du *maisel* des bouchers tout près de là, de l'autre côté du pont, assurait un approvisionnement facile en matière première. La présence, dans le dépotoir de la maison, de résidus de pressage de raisin, mêlés à d'autres déchets osseux, indique une pratique annexe de la viticulture.

Si le travail artisanal prenait tout naturellement place en rez-de-chaussée, au contact avec la clientèle qui pouvait ainsi observer directement, depuis la rue, la qualité du travail, la présence d'ateliers en étage est attestée par la documentation. Un inventaire après décès témoigne de l'activité d'un tourneur sur bois en la « *chambre haute* » d'une maison de Dijon en 1396. La pièce unique lui servait à la fois de logement (présence d'un matelas, d'un oreiller, de la vaisselle de cuisine) et d'atelier. Le notaire y inventorie deux tours à bois, des produits finis, des réserves de matière première. La cheminée est signalée comme le support d'une partie de la provision de bois destinée au travail.

Les artisanats jugés polluants ou à risque (en raison notamment de l'usage du feu ou de l'accumulation de matériaux inflammables) étaient implantés en dehors des murailles urbaines : métallurgie, poterie, tannerie, charpenterie...

Un faubourg des drapiers, la Flocaria, et un quartier des tanneurs, la Blancaria, sont connus par les textes à Montpellier au XIIe siècle. Le besoin en eau de ces professions explique leur localisation à proximité du Lez ou de son affluent le Merdanson. C'est dans un quartier neuf, au nord-ouest de la ville, que sont installés au XIVe siècle, et peut-être au XIIe, les fondeurs de graisse et de suif, autre métier insalubre. Dans le faubourg qui s'est développé à partir du XIVe siècle le long du Cami Roumieu (rue du Faubourg de Nîmes) existait un artisanat de céramique, si l'on en croit la documentation écrite. La fouille qui s'y est faite, sur une surface limitée il est vrai, n'en a pas trouvé trace avant les faïenceries de l'époque moderne. En revanche, des témoignages d'activité métallurgique ont été repérés pour la seconde moitié du XIVe siècle.

La fouille menée sur l'emplacement de l'amphithéâtre de Béziers a montré le caractère artisanal de l'occupation de ce lieu situé hors de la muraille. La découverte d'éléments de moules laisse entendre qu'il s'agirait d'activités métallurgiques mais aucun foyer n'a été retrouvé. Plus loin ont été mis au jour quatre fours à céramiques datables des Xe-XIe siècles dont deux de dimensions plus importantes étaient destinés à la cuisson de tuiles creuses. Un autre four à céramique plus tardif (XVe siècle) a été découvert.

A Rouen, une fouille implantée près de l'emplacement de l'église romane (disparue) de Saint-André a entraîné la mise en évidence de niveaux cendreux et de foyers contenant des débris de creusets et des scories indiquant une activité artisanale métallurgique datable du XIe siècle. On se trouvait là en dehors de la limite du *castrum* antique, dans une zone plus tard rattachée à l'espace enclos. C'est en bordure d'un des bras de rivière qu'à Arras on a découvert en 1991 un ensemble artisanal de teinturiers et de foulons : quatorze fours et des fosses de dégraissage datés du XIVe siècle. Les fours sont en forme de fer à cheval, construits en tuiles liées à l'argile. Ils devaient supporter des cuves de métal.

Le site de la cour des Bœufs à Strasbourg, situé hors les murs jusqu'au XIIIe siècle, a été fouillé en 1986. Il est apparu que la première occupation du site vers la fin du XIe siècle ou au début du suivant a été marquée par une présence artisanale liée à un habitat. La découverte de fusaïoles et de forces témoignent du traitement de la laine (mais était-il artisanal ou domestique ?). Des couches rubéfiées contenant de nombreuses briques et des pots de poêles indiquent un travail lié au feu. Au fond d'un chenal ont été retrouvés dans la vase des déchets de travail du bois (des fragments suggèrent la fabrication de petits récipients à boire) et de cordonnerie. Ce quartier s'est peut-être dépeuplé à la suite de la grande inondation de 1200. Après l'intégration dans l'espace fortifié, c'est un habitat dense qui s'est installé.

Dans la même ville, une production de poterie sur les berges de l'Ill est connue pour l'Antiquité. Diverses découvertes archéologiques ont montré que les fours étaient encore là durant le Moyen Age. On a trouvé en 1976 des remblais contenant de la céramique du XIIe siècle déformée par un accident de cuisson. Les vestiges d'un four de la fin du XIIIe siècle ont été découverts en 1989 près de Saint-Thomas, avec des fosses contenant de nombreux fragments de pots de poêles ainsi qu'un petit bassin de décantation du XIIe siècle. Sur l'autre berge ont été repérés en 1988 les éléments d'un autre atelier du XIIe siècle et des remblais provenant d'une tuilerie du XVe siècle. Les berges de l'Ill ont aussi été occupées très tôt par des tanneurs et des teinturiers.

Des découvertes de productions artisanales concernent à Strasbourg d'autres quartiers. Un four de potiers a été découvert en 1970 au bord de l'ancienne route de Brumath. Il cessa son activité avant la fin du XIVe siècle, lorsque le quartier a été inclus dans la nouvelle enceinte. D'autres découvertes ont eu lieu en 1976 tout près de l'enceinte, près d'une porte et de l'église Saint-Pierre-le-Vieux. A proximité des fours, les remblais contenaient des exemples d'une production variée : figurines (jouets ou pions de jeux), carreaux de pavement, lampes à huile, carreaux de poêles. Les documents indiquent que se trouvait là au XVe siècle le quartier des potiers. Les fouilles menées en 1970-1971 au quartier du Marais-Vert, intégré dans l'accroissement de la ville enclose au XIVe siècle, ont permis de localiser là tout un artisanat du travail de l'os au XVe siècle. Les remblais ont livré des objets impropres à la vente (cassés ou affectés de défauts), des objets sans défauts (perles de patenôtres, anneaux, boutons) et de nombreuses chutes de fabrication.

La fouille effectuée à Avignon en 1990-1991 d'un ensemble de 22 habitations médiévales rue Carreterie, quartier périurbain fondé peu après le début de la papauté avignonnaise, fait connaître un lotissement d'habitations modestes dont le rez-de-chaussée était consacré à l'artisanat et à la cuisine. Une fosse-dépotoir de bronzier a été mise au jour contenant des moules, des ratés de fabrication, du métal de récupération, des creusets, correspondant bien à ce que nous connaissons d'un quartier occupé par des artisans métallurgistes, bronziers, peut-être orfèvres, regroupés selon leur origine géographique.

C'est un quartier de potiers qui a été fouillé à Marseille en 1987 dans une zone *extra-muros* située au nord, près de l'actuelle porte d'Aix, là où se trouvaient au Moyen Age un carrefour de routes et l'arrivée de l'aqueduc qui alimentait la ville. Le bourg des « olliers », cité dans les textes depuis 1264, a fonctionné durant le XIIIe siècle. La présence permanente depuis le XVe siècle de jardins à cet endroit a conservé exceptionnellement le site archéologique. Il s'agit d'une série de constructions et de cours aménagées sur des parcelles régulières et étroites ouvrant sur un axe de circulation nord-sud *(69-70)*. Treize fours circulaires à sole reposant sur un pilier central ont été découverts, concentrés dans trois des maisons. Plusieurs fosses, dont une carrelée, étaient destinées au stockage de l'argile. Certains fours, de petites dimensions, servaient à la préparation des oxydes métalliques, des glaçures. Un récipient qui jouxtait l'un d'eux contenait encore de l'oxyde de plomb. La production de ce complexe artisanal était variée : marmites, tirelires, pichets, cruches, lampes, tuyaux de canalisation, carreaux de pavement glaçurés à décor figuré ou végétal. Le quartier a été rasé à la fin du XIIIe siècle ou au début du suivant, soit pour des raisons de sécurité, soit pour une cause économique. Dans le cours du XIVe siècle, il a été un temps réoccupé sommairement par des artisans de la forge et du corail puis a disparu sans doute suite au sac de la ville par Alphonse d'Aragon en 1423.

Dans la même ville, les archéologues ont reconnu en 1999, le long du cours Belsunce (emplacement de l'ancien Alcazar), dans une zone de faubourg, un bâtiment à caractère industriel équipé de plusieurs cuves, peut-être une tannerie, près de là un ensemble d'ouvrages hydrauliques comprenant un grand puits d'un diamètre de 3,60 m et deux aqueducs, dont l'un prolongé par un fossé, qui venaient canaliser un ruisseau qui avait coulé librement jusqu'au XIIe siècle. L'ensemble paraît dater du début du XIIIe siècle ; il a laissé la place un peu plus tard à des îlots de maisons et des jardins.

Les métiers réputés à risque ou polluants n'ont pas toujours été écartés de la ville. C'est en plein centre de Douai, à 150 m du beffroi, que le site des Minimes a livré en 1998 de grandes fosses dont certaines gardaient des résidus de décantation. La documentation écrite apprend que ce quartier était au XIIIe siècle consacré au textile et qu'il y existait une infrastructure (mâts, câbles, treuils) destinée à étirer les draps après foulage et teinture ; une rue des Foulons y est attestée en 1198.

La localisation à Poitiers, dans un quartier religieux, tout près de l'église Sainte-Radegonde et de l'abbaye Sainte-Croix, d'une fabrique de carreaux émaillés destinés aux nouvelles constructions ducales de la ville est plus étonnante. C'est le duc de Berry qui a acheté une ancienne demeure, l'hôtel de Vivonne, et l'a fait transformer pour y installer l'atelier en 1384. Une description nous est donnée par les comptes ducaux. Sous l'étage du bâtiment principal qui abritait l'habitation du maître de la fabrique, avec chambre, salle et chapelle, une vaste salle voûtée servait d'atelier et un passage conduisait à une cour assez vaste pour contenir plusieurs fours, les cuves, les séchoirs, les tas de fagots et les stocks de matière première, abrités ou non sous des appentis. Le duc a imposé là au quartier un ensemble artisanal qui dut apporter, même pour un temps limité, bien des désagréments.

Certains bourgs monastiques ont particulièrement attiré le travail des artisans. Un bon exemple est celui de Saint-Denis, réputé pour sa production de céramique. Deux fours des

(69-70) Marseille. Quartier de potiers en cours de fouille (quartier de Sainte-Barbe). Cl. LAMM, CNRS, Aix-en-Provence.

XIIIe et XVe siècles ont été fouillés au nord de l'abbatiale puis, plus récemment, un four et un dépotoir de la fin du XIIIe siècle sur le bord d'une des rivières qui traversaient la ville médiévale. Ce dernier est le seul de la ville connu à ce jour consacré à la production de la céramique polychrome. Les archéologues ont également trouvé à Saint-Denis des bas fourneaux mérovingiens, des rebuts d'ateliers de savetiers du IXe siècle et de la fin du Moyen Age, un dépotoir d'atelier d'orfèvre du début du XIVe siècle.

Autre type de structure liée à l'artisanat : les moulins. Ils étaient avant tout destinés à moudre les céréales, mais on y traitait aussi, selon les régions, les olives et les noix pour l'huile, le malt et le houblon pour la bière, le chanvre, le pastel à partir du XIVe siècle. Le moulin à eau actionnant une scie est dessiné par Villard de Honnecourt au XIIIe siècle et le moulin à papier est attesté au XIVe.

L'usage du moulin à eau, mû par une roue à aubes, s'est développé en Occident au cours des VIIe et VIIIe siècles. A partir de là, les textes les mentionnent à maintes reprises. Il existait trois sortes de moulins. Celui de terre ferme coupait un bief aménagé sur la rive ou sur une île ou pouvait être bâti sur une pile, implantée de façon fixe dans le lit de la rivière. Le moulin « suspendu » était lié au tablier d'un pont. Le « moulin à nef » enfin était lié à une barge amarrée au fil de l'eau, souvent à la pile d'un pont ; la meule était dans la barge même ou dans une seconde attachée à la première. Un texte de 762 cite un moulin lié à un pont près d'Angoulême, un autre, de 924, apprend que des moulins étaient fixés au vieux pont de Narbonne. L'évolution s'est plutôt faite en défaveur des moulins à nef qui encombraient le cours de la rivière, gênaient le passage sous les arches, occasionnaient des dégâts aux piles en s'attachant à elles. On comptait 70 moulins à nef dans Toulouse au XIIe siècle. A la fin du siècle, ils laissèrent la place à 43 moulins fixes. Pour Paris, une miniature d'avant 1296 représente des moulins à nef liés au Grand Pont ; après sa reconstruction en 1296, des moulins pendus les ont remplacés.

Le moulin à vent n'apparaît pas en Occident avant le XIIe siècle. Les pays méridionaux ont utilisé le moulin en maçonnerie fixe, avec un toit conique qui porte les ailes et qui pivote en fonction du vent alors que dans les pays du Nord c'est l'ensemble du moulin qui est en bois et pivote. En milieu urbain, les moulins occupaient les hauteurs qui dominaient la ville à l'extérieur des remparts. C'est ainsi qu'on les montre à Marseille, derrière le fort Saint-Jean, sur le retable du Prêche de la Madeleine (musée du Vieux Marseille) qui représente l'entrée du port vers 1500.

Les installations hospitalières

L'accueil des pauvres était d'abord affaire de l'Eglise : le Christ avait vanté la pauvreté et mis en avant la vertu de charité, saint Paul a insisté en affirmant que les autres vertus n'étaient rien sans la charité. Celle-ci a été mise par l'Eglise au rang des vertus théologales avec la Foi et l'Espérance. En ville, c'est à l'évêque et aux chanoines que revenait en tout premier lieu le devoir de charité ; c'est ce que plusieurs évêques espagnols ont voulu montrer au XIIIe siècle en faisant sculpter sur leurs tombeaux de la cathédrale de Léon une scène d'aumône : des clercs sortent de la maison de l'aumône en apportant la soupe aux pauvres pendant que d'autres transportent du pain dans une corbeille et font la distribution ; parmi les bénéficiaires, des infirmes, des femmes vêtues de haillons, des pèlerins.

La règle canoniale d'Aix (816) faisait aux prélats l'obligation d'organiser un « refuge » (*receptaculum*) destiné à l'accueil des pauvres et des hôtes, leur imposant de perpétuer une tradition déjà ancienne qui voulait que les clercs tiennent auprès de certaines églises ce qu'on appelait le plus souvent *xenodochium*. Pour désigner la même réalité, la règle d'Aix usait aussi de l'expression *hospitale pauperum*. Comme dans les monastères, on distinguait alors cette institution destinée à accueillir les pauvres, les malades et les pèlerins, de l'hôtellerie destinée à héberger les parents, amis et hôtes de passage. Le terme *xenodochium* laissa la place à partir du XIe siècle à ceux d'hôtel-Dieu, aumône et hôpital des pauvres, les deux dernières expressions recouvrant les deux fonctions de charité qui pouvaient être réunies ou assurées par deux institutions et dans deux bâtiments distincts : la distribution de nourriture à des pauvres de passage, l'accueil et le soin à demeure de pauvres et de malades.

Le rôle des chanoines dans les institutions de charité resta grand durant tout le Moyen Age, même lorsque les initiatives laïques prirent une place grandissante. Au moment où les évêques prirent l'initiative de réformer et de redonner vigueur à leurs chapitres de chanoines dans le cours du XIe siècle, ils ne manquaient jamais de rappeler que le soin des pauvres figurait au rang de leurs premières obligations. L'hôpital du chapitre a été le seul hôpital de la ville jusqu'à l'arrivée des ordres hospitaliers vers le milieu du XIIe siècle et il est souvent resté le seul hôpital implanté à l'intérieur des murs. A Arles, les Templiers s'installèrent sur la route d'Avignon en 1148 ; les Hospitaliers avaient une maison de l'autre côté du Rhône dans le faubourg de Trinquetaille ; s'installèrent aussi les Antonins. Si les Hospitaliers d'Arles eurent avant tout un rôle charitable, il n'est pas aisé d'établir si ces maisons exerçaient un rôle hospitalier ou s'il s'agissait de simples commanderies à destination avant tout militaire.

Du côté laïc c'est l'initiative royale qui fut la plus précoce. Mais c'est surtout Saint Louis qui se fit remarquer en ce domaine. Il fonda à Paris pour les aveugles l'hôpital des Quinze-Vingt, pour les prostituées la maison des Filles-Dieu. Il aida en bien des endroits à la fondation d'hôpitaux, d'aveugleries, de léproseries... Les princes suivirent l'exemple. Marguerite de Bourgogne, belle-sœur de Louis IX, voulut doter Tonnerre d'un grand hôpital : en 1293 elle acheta un vaste terrain, près d'une source, le long des murs. L'hôpital fut achevé avant sa mort en 1308. Elle s'y était fait construire un logis afin de mieux surveiller l'établissement. C'est le chancelier du duché de Bourgogne, Nicolas Rolin, qui fonda en 1443 l'hospice de Beaune, achevé en 1451. Les communes n'ont en général pas été à l'origine d'initiatives hospitalières mais, dans le courant du XIIIe siècle, elles ont pris progressivement le contrôle d'une grande partie du système caritatif : à Narbonne, le contrôle de la ville sur les principaux hôpitaux était une réalité dès le milieu du XIIIe siècle.

L'aumône consistait en une distribution de nourriture, parfois de vêtements, réalisée selon une fréquence et des modalités variables. Les statuts du chapitre d'Agde, en 1226, faisaient obligation à l'évêque et aux chanoines de nourrir journellement les pauvres et de les habiller une fois l'an. L'aumône de Lyon, connue au XIe siècle, fut réorganisée autour de 1220 et on distingua désormais une « grande aumône » pour laquelle le chapitre rassemblait une fois l'an de grandes quantités de grains, et la « petite aumône » chargée des distributions hebdomadaires. L'aumône ne nécessitait pas forcément un bâtiment spécifique. On se contentait souvent du réfectoire du chapitre, peu utilisé pour sa fonction première. C'est là que l'on faisait l'aumône à Arles en 1290. A Lyon on y procédait chaque semaine aux distributions de la « petite aumône ». Le réfectoire du chapitre d'Auch était avant tout celui des pauvres : à partir de 1175, on y faisait distribuer du pain chaque jour à huit pauvres, distribution qui se transforma ensuite en un véritable repas pendant que le nombre des bénéficiaires était porté à treize. A la fin du Moyen Age, en temps de famine, c'est l'ensemble des pauvres de la ville qui venaient y manger journellement. A Viviers, l'aumône se déroulait au XIVe siècle dans une construction indépendante, proche du cloître, comportant une farinerie, une cuisine, une dépense et une « pastière » où l'on préparait la pâte du pain. L'aumône de Narbonne était un ensemble plus important, comportant plusieurs bâtiments, le principal étant constitué par un four.

Les hôpitaux étaient, eux, toujours des constructions spécifiques abritant en moyenne de 25 à 30 lits (32 à l'hôpital Saint-Just de Narbonne) sauf à Paris où l'hôtel-Dieu était un ensemble bien plus considérable. Les hôpitaux des chapitres cathédraux ont rarement été conservés. Celui de Chartres, qui donnait sur le parvis, a été décrit par Viollet-le-Duc avant sa destruction : sa grande salle était subdivisée en trois nefs par deux rangées de colonnes qui portaient des charpentes lambrissées, trois voûtes de pierre couvrant la dernière travée. L'hôpital du XIIe siècle de la cathédrale de Laon nous est quant à lui parvenu en grande partie. Il donne lui aussi sur le parvis de la cathédrale. L'ensemble comportait au nord des locaux d'accueil, à l'est des annexes de service, au centre la grande salle, divisée en trois nefs par de gros piliers cylindriques et voûtée de croisées d'ogives *(71)* ; un puits est creusé dans un angle. Cette salle, ouverte sur le parvis, était consacrée aux passants, pèlerins et mendiants. L'étage supérieur est plus mal conservé. La grande salle est, en plan, une réplique de celle du bas mais couverte d'un plafond. Elle était destinée aux malades, 25 environ, dont les lits étaient individualisés par des niches aménagées sous les fenêtres. Ils pouvaient entendre la messe de leur lit par une ouverture dans le mur ouest qui donnait sur le bas-côté de l'église voisine Saint-Rémi.

Hormis les hospices ou aumônes du chapitre de la cathédrale qui se trouvaient au cœur de la ville, les installations hospitalières étaient normalement implantées en dehors des

(71) Laon. Bâtiment de l'aumône. Salle du rez-de-chaussée.

murs, souvent près d'un pont ou d'un gué. Les raisons en étaient la crainte de la diffusion des maladies qui pouvaient être colportées par les pèlerins et les vagabonds et aussi la possibilité ainsi offerte d'accueillir les pèlerins et les pauvres après la fermeture des portes de la ville, le soir. La situation hors les murs de ces installations hospitalières fait que bien peu d'entre elles ont été conservées.

A Montpellier, un ordre hospitalier avait été fondé par Gui de Montpellier et reconnu par le pape en 1198. Il avait pour vocation de recevoir les pèlerins et aussi de recueillir les enfants abandonnés. La maison mère s'était implantée le long du *cami Roumieu*, le chemin des pèlerins (rue du Faubourg de Nîmes) sur l'emplacement d'un cimetière dont nous ne savons pas s'il était déjà lié à une fondation hospitalière. Une fouille récente a montré que les bâtiments furent implantés sur une parcelle vide de sépultures et respectèrent donc l'espace funéraire où l'on continua d'ailleurs d'inhumer. L'église a été bâtie au début du XIIIe siècle à la perpendiculaire du bâtiment de l'hôpital. Cette installation hospitalière fut utilisée peu de temps puisque tout fut démoli dans le courant du XIVe siècle ; le lieu conserva alors sa fonction de cimetière.

A Carcassonne, un hôpital Saint-Jacques est mentionné en 1316. Il en existait un autre consacré à Notre-Dame-de-la-Santé. Tous deux étaient implantés côte à côte à l'extrémité du pont sur l'Aude, du côté de la ville neuve. Une chapelle en rappelle encore l'emplacement *(324)*. L'hôpital de Saint-Julien à Béziers était semblablement situé : près de l'extrémité du pont, sur la rive opposée à la ville. L'église est documentée à partir de 1092. Un plan qui date au plus tard de la première moitié du XVIIe siècle la montre liée à une léproserie, dont elle était séparée par un jardin, et une galerie ornée d'une danse macabre.

(72) Le Mans. Hôtel-Dieu de Coëffort.

L'hôpital de Coëffort au Mans et celui de Saint-Jean à Angers avaient été fondés vers 1180-1182 avec l'appui de Henri II Plantagenêt. Ils étaient tenus par des frères hospitaliers. Au Mans, l'hôpital se trouvait sur la route qui menait de la cité, par l'abbaye de la Couture, vers un gué. Seule la salle des malades est conservée *(72)*, elle est de plan rectangulaire, éclairée par des fenêtres hautes en plein cintre, divisée en trois nefs par d'élégantes colonnes et couverte de croisées d'ogives. Sa porte est sobrement ornée. A la différence de celui du Mans, l'hôpital Saint-Jean d'Angers a été conservé dans son ensemble, avec, en plus de la salle des malades, le cloître, la chapelle et un grenier *(73)*. La salle des malades ressemble beaucoup à celle du Mans par ses dimensions, son plan, ses supports, ses voûtes. Le grenier est bâti sur deux niveaux : le premier, partiellement en sous-sol, est couvert de superbes voûtes d'arêtes appareillées, le second d'une charpente qui repose sur des piliers, soit en pierre soit en bois, et des arcs en plein cintre. Les deux salles des malades figurent parmi les exemples les plus anciens de l'architecture gothique de l'ouest. Si les bâtiments peuvent avoir été construits dans la dernière décennie du XIIe siècle, les couvertures d'ogives seraient du début du siècle suivant. Parmi les fondations du même genre dans le domaine Plantagenêt figurait à Caen l'hôpital de Saint-Thomas-Martyr dont il ne reste rien mais qui a été dessiné au début du XIXe siècle par A. de Caumont.

L'hôpital de Tonnerre a été bâti à la fin du XIIIe siècle. La grande salle, longue de 105 m, est une nef unique couverte d'une charpente lambrissée et terminée par une chapelle à cinq pans. Contre les murs étaient aménagées 40 alcôves en bois. Le long des murs, une galerie de circulation permettait une surveillance facile des alcôves et l'ouverture des fenêtres. Un

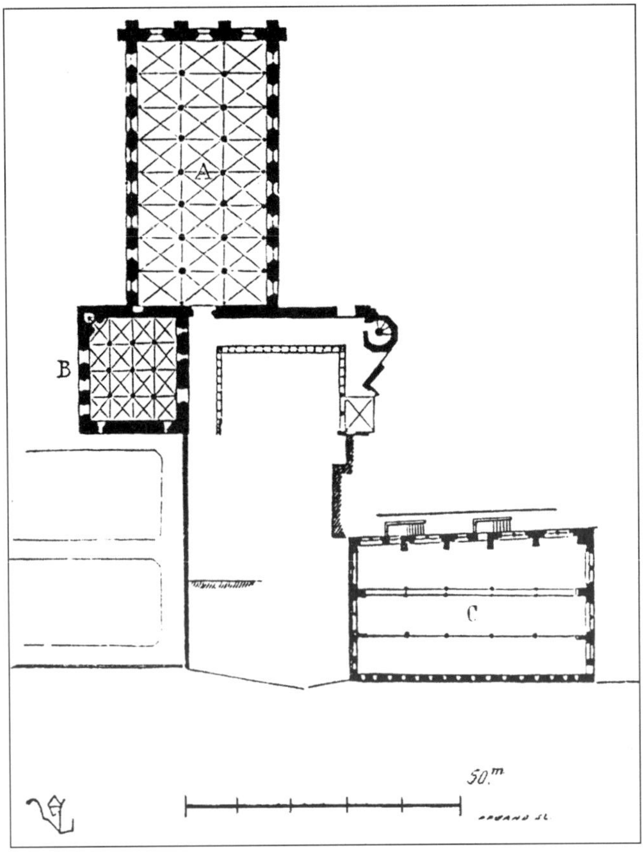

*(73) Angers. Hôtel-Dieu, plan.
A : Grande salle. B : Chapelle.
C : Grenier Viollet-le-Duc,*
Dictionnaire raisonné
de l'architecture française, *VII.*

autre bâtiment abritait la cuisine et des pièces de service. Il était accolé au logis de la fondatrice. Ces édifices étaient reliés à la grande salle par des galeries.

Au Pont-Saint-Esprit (Gard), la fondation d'un hôpital a été consécutive à l'achèvement du grand pont sur le Rhône bâti de 1265 à 1309. C'est à cette date que l'on commença les travaux du grand hôpital, profitant de la présence de maçons, sans travail depuis l'achèvement du pont. En 1319, on en était à dresser le plan de l'abside de la chapelle liée à l'hôpital ; mais au moment de la guerre de Cent Ans, les travaux s'arrêtèrent alors que la nef n'était pas encore couverte. En 1475, l'achèvement des travaux a été confié à Blaise Lécuyer, architecte originaire du diocèse de Genève, alors employé à la cathédrale de Carpentras. Il paracheva l'œuvre par la réalisation, au sud de l'église, d'un riche portail monumental qui est l'un des plus beaux portails gothiques de la France méridionale. Si l'église a été en partie détruite au XVIIe siècle, les bâtiments de l'hôpital ne sont conservés que de façon incomplète. La grande salle des malades, nef unique comme l'était l'église, aurait permis, si l'on en croit un texte de 1780, de longtemps postérieur aux destructions, d'abriter trois lits de front sur douze ou treize de profondeur, la salle étant surmontée de sept chambres avec cheminées individuelles.

Les auberges

Les hôtelleries destinées à accueillir le voyageur moyennant finances apparaissent tard dans le Moyen Age, pas avant le XIVe siècle. Auparavant, les riches étaient reçus par leurs pairs, nobles ou bourgeois, les pauvres dans les structures d'accueil relevant de la charité.

Les hôtelleries étaient souvent tenues par des gens exerçant une autre profession (marchand, artisan, changeur, voire cultivateur), fréquemment des femmes, telle la veuve Siffrède Trélhon, propriétaire de deux auberges à Avignon en 1387. Elles étaient situées logiquement près des portes de ville ou des foires, dans les faubourgs. A Avignon, l'auberge du Heaume était près de la porte Bocquier, au départ de la route de Tarascon, près d'une autre auberge et d'une étuve. Vers 1370, la ville en comptait 61, le tiers dans la paroisse de Saint-Etienne, entre l'ancien rempart du XIIIe siècle et le Rhône longé par l'enceinte pontificale, dont 12 dans la rue Grande Fusterie. Un certain nombre d'auberges d'Aix-en-Provence étaient concentrées vers le départ de la route de Marseille, le long de la rue de la Couronne qui tire d'ailleurs son nom de l'enseigne de l'une d'elles. Celles de Toulouse étaient en grande partie le long de rues qui aboutissaient au Pont Vieux et au pont de la Daurade, ainsi que dans le faubourg de Saint-Cyprien, sur l'autre rive de la Garonne, mais plusieurs étaient concentrées en plein centre-ville. Un chapelet d'hôtelleries à Montpellier prenaient place, au XIVe siècle, le long du *cami Roumieu*, le chemin des pèlerins, faubourg qui se développait alors sur la route de Nîmes.

Des inventaires après décès nous donnent quelques renseignements sur l'organisation intérieure de ces hôtelleries. Leur capacité était le plus souvent de dix à douze lits. L'auberge du Heaume à Avignon devait occuper une part importante d'un îlot puisque les indications de localisation nous apprennent qu'une chambre était du côté de la Durance, une autre en direction du portail Materon, une autre donnait sur une livrée cardinalice. Sur la rue, l'auberge était signalée par une enseigne qui correspondait à son nom. Ce sont toujours les mêmes enseignes qui reviennent : le Cheval Blanc, le Lion d'Or, la Pomme, la Couronne (de bois ou de fer) mais aussi le Lion Rouge, Saint-Georges, Saint-Jacques, le Chapeau Rouge, le Heaume...

VI. Les maisons dans la ville

Il ne s'agit pas ici d'envisager la demeure médiévale dans sa totalité, en particulier sa distribution ne sera considérée qu'en relation avec la rue ; ses dispositifs intérieurs, liés notamment à la vie quotidienne et au confort ne seront pas abordés. Ce qui nous intéresse, c'est la maison dans sa relation avec la ville, c'est-à-dire essentiellement avec la rue.

Les maisons d'habitation sont peu présentes dans les images et descriptions de villes avant le XIVᵉ siècle, si ce n'est par des allusions à leur beauté : les textes qui décrivent la ville idéale parlent de véritables palais. Elles font irruption dans l'art du XIVᵉ siècle et la peinture flamande de la fin du Moyen Age leur accorde toute leur place, en faisant tardivement une donnée fondamentale de la ville. En Italie, la maison nous est montrée avec une haute tour qui témoigne de ce que l'on envisageait là une catégorie particulière de demeures, la maison aristocratique. La représentation des effets du Bon Gouvernement par Ambrogio Lorenzetti au palais public de Sienne nous rapproche sans doute de la réalité en nous montrant des maisons munies de tours certes, mais d'autres aussi, ouvertes sur la rue pour permettre le commerce, avec entre elles la circulation des animaux, des gens qui vont au marché. Entre les maisons, les rues apparaissent avec leur fonction économique ; leur fonction ludique aussi puisque c'est là qu'un groupe de jeunes filles vient danser.

La documentation écrite ne nous livre pas une vision aussi idyllique du tissu urbain. Et avec les Temps modernes la critique à l'encontre du système de voirie médiéval se fait plus vive. Un voyageur russe du XVIIIᵉ siècle est stupéfait de voir qu'à Lyon on grille des cochons dans les rues, que celles-ci sont mal entretenues « *et si étroites que la plus large ne peut même pas prétendre être une ruelle chez nous* ». A Montpellier, un arrêt relatif au plan d'alignement de 1749 indique que « *la plupart des rues de la ville sont si étroites, si peu alignées et les tournants si resserrés que les voitures même ordinaires comme les charrettes et tombereaux ne peuvent y passer et y tourner qu'avec peine* ». On lit dans un essai d'architecture de 1755 qu'à Paris « *les avenues sont misérables, les rues mal percées et trop étroites, les maisons simplement et trivialement bâties* ». Bref, une organisation que rejetaient les esprits trop rationnels du Grand Siècle et qu'apprécient au contraire aujourd'hui beaucoup de nos contemporains lassés par la monotonie et la froideur de la ville moderne.

Des maisons ou des palais ?

Les images de la ville que nous livre en Italie Ambrogio Lorenzetti pour le XIVᵉ siècle nous montrent avec insistance des tours patriciennes exagérément élancées qui concurrencent la tour communale et celles des églises. Nous savons que ces tours, éléments majeurs de véritables retranchements fortifiés qui servaient d'appui aux clans familiaux et aux partis, sont bien une réalité du paysage urbain italien. Le touriste admire encore celles de la petite ville de San Giminiano en Toscane, qui ont conservé leur commandement sur le reste du bâti. Mais on en voit aussi en grand nombre à Rome, Sienne, Bologne, Gênes, Albenga... Un historien a identifié et localisé à Bologne, pour le Moyen Age, 194 tours ; il y en avait 18 sur la seule via Maggiore. On a signalé à Rome 44 tours dans le seul quartier du Campo

Torrachiano. Parmi les tours qui nous sont parvenues, toutes n'ont pas conservé leur hauteur d'origine. Dès le XIIe siècle, les statuts communaux des villes de Toscane, d'Ombrie, de Ligurie... consacraient toujours plusieurs articles à la réglementation de leur usage et surtout à la limitation de leur hauteur. A Florence, celle-ci ne devait pas dépasser 50 m. Les communes, ne pouvant contraindre à la destruction des tours, se contentaient souvent d'en interdire les réparations et ces hautes constructions constituaient parfois de véritables dangers publics. On connaît d'ailleurs quelques effondrements retentissants et meurtriers. En fin de compte, les tours finirent par ne plus dépasser de beaucoup les autres constructions urbaines, à l'exception de celles de quelques familles privilégiées. Elles perdirent aussi leur fonction, furent louées à des bourgeois, avec des boutiques aménagées au premier niveau.

On a peut-être du mal à imaginer que cette réalité péninsulaire fut aussi dans une certaine mesure celle de la France. Des tours aristocratiques ou détenues par d'importantes familles bourgeoises ont bel et bien existé dans nos villes, même si elles n'ont sans doute pas atteint la hauteur des tours italiennes. Nous savons que très vite, en Flandre, les seigneurs des villes puis le roi condamnèrent ceux qui osaient dresser de telles maisons fortes, contestant ainsi leur pouvoir.

Les tours urbaines ont été nombreuses en France méridionale. Leur destruction a été une conséquence de la croisade des Albigeois. Le siège d'Avignon par l'armée royale en 1226 s'est soldé par de dures conditions, au rang desquelles la destruction de 300 maisons avec leurs tours ! On connaît à Arles une tour privée appartenant à un certain Gioffredi et annexée au palais de l'archevêque dans la seconde moitié du XIIe siècle.

Un certain nombre de ces tours subsistent cependant. Est bien connue la tour Ferrande à Pernes-les-Fontaines (Vaucluse) en raison du riche décor peint de la fin du XIIIe siècle qui orne la pièce du troisième étage et relate les combats de Charles d'Anjou en Italie contre le

(74) Bollène (Vaucluse). Tours aristocratiques.

parti Gibelin. La tour Philippe à Lauris (Vaucluse), datée du début du XIIIe siècle, et, de même époque, la maison-tour de Céreste (Alpes-de-Haute-Provence) à la façade autrefois richement ornée de sculptures, celle de Porchères à Saint-Michel-l'Observatoire (Alpes-de-Haute-Provence), celles de Durfort et de Génolhac (Gard) qui ont leur étage peu ouvert et suggèrent, comme la tour de Pernes, une impression de puissance. Moins remarquées sont les tours de plan rectangulaire dans quelques petites agglomérations de la vallée du Rhône, qui parfois se distinguent à peine du reste du bâti : à Saint-Marcel-d'Ardèche et Saint-Remèze (Ardèche), La Garde-Adhémar (Drôme) et surtout Bollène (Vaucluse). Au sommet de la hauteur qui domine cette ville, à côté de l'église collégiale, sont regroupées trois tours assez massives *(74)*. Elles sont comparables aux tours multiples qui marquaient le paysage du « village de chevaliers » d'Allègre (Gard) où étaient juxtaposées les résidences de multiples co-seigneurs.

La bourgeoisie commerçante manifesta volontiers sa puissance en marquant sa résidence, à l'instar de la demeure aristocratique, d'une tour dominant nettement les autres corps de logis. A Toulouse a été conservée celle de l'hôtel Maurand, élevée dans le troisième quart du XIIe siècle par une grande famille bourgeoise hors des remparts de la cité, dans le faubourg de Saint-Sernin. Sa partie haute arasée au niveau des bâtiments voisins, on ne la distingue plus guère du bâti environnant *(75)*. C'est une tour puissante, de plan carré, de plus de dix mètres de côté, bâtie en brique. La pièce du rez-de-chaussée a bien été préservée, avec sa lourde voûte sur croisée d'ogives à section carrée, l'une des premières voûtes gothiques du Languedoc. Le premier étage, sans doute l'étage noble, est aussi couvert d'une croisée d'ogives mais de type plus récent ; il était éclairé par de belles baies géminées. Au XVIIIe siècle, il existait au-dessus deux autres étages séparés par un plancher mais la tour était encore plus haute à l'origine car, son

(75) Toulouse. Tour Maurand.

propriétaire, ayant embrassé l'hérésie cathare, fut condamné en 1178 à démanteler ses tours. C'est sans doute aussi un membre du patriciat commercial, mais on n'en connaît pas le nom, qui fit bâtir à Montpellier, au XIVe siècle, un vaste hôtel dont un angle est occupé par une tour (3, rue de la Vieille). Les belles claires-voies gothiques qui éclairaient largement les trois étages nous éloignent totalement de l'architecture militaire.

Dans le Périgord, sont conservées à Beynac une haute tour de trois étages, crénelée et, à Sarlat, une tour périurbaine (dite La Bénéchie), liée à un corps de logis, toutes deux du XIVe siècle.

Plusieurs tours subsistent à Cahors. Au 42, rue de la Daurade, l'une, de deux étages ouverts de baies jumelles, domine de peu une demeure du XIIIe siècle qui relevait des propriétés de l'évêque mais s'organise comme une grande demeure bourgeoise. C'est à l'arrière d'une parcelle que s'élève la maison-tour de la rue du Four Sainte-Catherine, bâtie vers la fin du XIIIe siècle, haute de quatre étages ouverts de baies jumelles. La tour la plus prestigieuse est celle de la demeure de Pierre Duèze, frère du pape Jean XXII, bâtie autour de 1300 à l'arrière d'un ensemble monumental considérable à l'allure de véritable palais. Elle est crénelée, haute de plus de 30 m sur six niveaux, dominant ainsi très fortement les autres logis. Un peu moins puissante, la tour des de Via, famille alliée aux Duèze, comportait tout de même quatre étages, avec à chaque niveau une pièce de onze mètres sur sept, trois au moins étant munies de cheminées.

Doit-on assimiler à des tours les maisons de pierre du XIIe siècle mises en évidence et fouillées autour de 1990 à Rouen (par exemple rue de la Pie et rue Saint-Romain) ? Il s'agit de bâtiments de plan rectangulaire où se superposaient une cave voûtée, deux étages pour l'*aula* et les chambres et un grenier sous combles coiffé d'une toiture en bâtière. D'un type proche devait être un bâtiment de pierre mis au jour à Douai en 1991. Large de 8 m, long d'environ 12 m, ce bâtiment de la seconde moitié du XIIe siècle devait trancher par son matériau sur le bâti local en pan-de-bois.

La présence de la cour pontificale à Avignon entraîna la nécessité de loger les membres du Sacré Collège, ce qui aboutit à répartir dans Avignon un certain nombre de grandes demeures en pierre qui ponctuèrent la ville d'une série de tours caractéristiques. Entre 1316 et 1332, la curie attribua à chaque cardinal un ensemble de maisons pour son logement et celui de ses familiers. On donna le nom de livrée à ce regroupement disparate de logis. Les cardinaux éprouvèrent aussi le besoin de posséder une seconde résidence, à la campagne, à laquelle on appliqua également le nom de livrée : la plupart de ces résidences s'élevèrent sur la rive droite, à Villeneuve, en raison de la proximité et de la beauté du site. Mais quelques cardinaux eurent leur livrée campagnarde dans le pays d'Avignon : celles de Fargues (Le Pontet) et de Montfavet ont été conservées. Dans les pâtés de maisons assignés, les cardinaux ne tardèrent pas à racheter certains bâtiments à titre privé et à les démolir pour élever à leur place de véritables palais.

Chaque demeure cardinalice comportait les appartements privés, une chapelle, deux salles de réception (la plus grande portait le nom de « tinel », la petite était la « salle de parement »), les celliers, les écuries... Une partie du palais était constituée par une tour, en général de trois étages surmontés d'une terrasse crénelée. Parfois, la tour, vaste bâtiment rectangulaire, formait la totalité du palais : ainsi la livrée Ceccano (actuelle médiathèque d'Avignon), divisée en quatre niveaux *(76)*. Le plus souvent, elle était liée à un bâtiment rectangulaire ou à un ensemble plus complexe d'édifices. A la livrée de Poitiers, la tour rectangulaire (32 x 11 m) comprenait en sous-sol une cave avec puits, au rez-de-chaussée le « tinel », à l'étage la chapelle. A la livrée d'Albane on compte quatre étages voûtés de

(76) Avignon. Livrée du cardinal Ceccano (aujourd'hui médiathèque).

croisées d'ogives au-dessus d'une cave ; trois d'entre eux étaient des salles d'apparat si l'on en croit la richesse de la décoration. A Montfavet, ce sont deux tours carrées de 10 m de côté qui encadrent un bâtiment long de 28 m. La livrée de Giffon, à Villeneuve-lès-Avignon, comporte une tour, haute de quatre niveaux, insérée entre deux logis d'un étage placés dans le même axe, avec le « tinel » à l'étage de l'un d'eux. De ces palais, seule la tour nous a parfois été conservée : à Avignon même, celles des livrées d'Albane (intégrée à l'actuel hôtel de ville), de Florence (place Pie) et de Mirault (place du Palais des Papes). La seule tour conservée à Villeneuve est celle de la livrée de Giffon.

Si les parcelles constituant la livrée étaient réparties de part et d'autre d'une rue, le palais était divisé en « grande » et « petite livrée » : ainsi les livrées du Puy, de Viviers, d'Amiens, de Naples, de Poitiers.... Dans ces deux dernières, un arceau reliait les deux palais par-dessus la rue.

Les bâtiments de ces demeures étaient fréquemment disposés autour d'une ou plusieurs cours, selon un schéma qui se généralisait alors dans les grandes résidences seigneuriales ou ecclésiastiques. A la bastide de Fargues, des logis occupent trois des côtés d'une cour, la porte s'ouvrant sur le mur du quatrième. La cour de la grande livrée de Pampelune était longée sur deux côtés par un promenoir et la petite livrée était disposée autour d'une cour dallée. Un cloître entourait complètement la cour de la grande livrée de Poitiers. Dans celle de la petite livrée, un promenoir occupait le premier étage.

Les demeures de type aristocratique que nous venons de considérer ne sont bien sûr pas représentatives de l'ensemble de l'habitation urbaine. Cependant, jusqu'à une date récente, les études de la maison médiévale semblent avoir donné raison aux représentations de l'imaginaire médiéval. Seules de belles demeures étaient décrites par nos historiens de l'art, bâties en pierre ou à la rigueur en un pan-de-bois de qualité, pourvues de portes et de fenêtres soigneusement ornementées. L'habitation courante semblait absente, en tout cas elle n'intéressait pas. Les villes anciennes soigneusement restaurées pour attirer le touriste offrent des ensembles d'habitations de qualité comme on en voit dans plusieurs agglomérations réputées de la France du Sud-Ouest (Cahors, Figeac, Cordes) mais aussi en Bourgogne (Cluny, Charlieu).

La question est donc de savoir si ce bâti sur lequel on insiste est bien représentatif de l'habitation dans la ville médiévale ou s'il ne s'agit pas plutôt des plus belles constructions et des plus solides qui ont été conservées justement en raison de leur qualité esthétique et de leur qualité constructive. C'est l'intérêt porté par les archéologues à la maison urbaine qui a changé notre vision. Il semblait en effet que les maisons mises au jour au hasard de fouilles d'urgence menées à l'occasion de réaménagements urbains ne ressemblaient en rien à celles qui étaient conservées et étaient présentées comme des maisons médiévales types.

Si l'on en croit l'iconographie, la pierre de taille est le matériau idéal. C'est celui des églises et des palais. pour les maisons, la réalité est plus diverse. L'emploi du matériau est lié aux ressources locales, aux moyens financiers dont dispose le commanditaire mais aussi à la mode. Le matériau dont on use aussi bien pour les façades que pour la toiture participe de l'aspect du paysage urbain et celui-ci a pu varier à plusieurs reprises au long des siècles. C'est pourquoi on se gardera de faire de la « ville ancienne » telle qu'on peut la voir encore aujourd'hui le reflet exact de ce qu'était la ville médiévale. Et dans le Moyen Age lui-même bien des distinctions sont à apporter selon les époques.

Les habitations conservées ne paraissaient pas antérieures au XIIe siècle, ce qui pose la question de la réalité de la maison avant cette époque. Beaucoup d'habitations devaient alors être bâties en matériau périssable, bois ou terre, et être de médiocre qualité. Les découvertes archéologiques confirment ce point de vue.

Deux fonds de cabanes d'époque mérovingienne analogues à ceux découverts en milieu rural ont été trouvés à Strasbourg dans le quartier de Saint-Thomas. Une datation au C 14 donne la période 560-765. Il s'agit de cabanes de plan quadrangulaire. Les traces de deux poteaux faîtiers et quatre poteaux corniers ont été trouvées dans l'un, celles de deux poteaux faîtiers dans l'autre où la couche de torchis des parois a été observée dans le fond de la fosse. Les recherches menées à Metz ont permis de reconnaître un habitat à pan-de-bois pour les époques mérovingienne et carolingienne.

La fouille de l'îlot Gennetier à Sens, a livré un fond de cabane de bois situé tout près du palais royal capétien, correspondant à une réoccupation d'un quartier du Bas-Empire aux Xe-XIe siècles. A Arras, la fouille de l'îlot des Capucins a mis en évidence la rue principale du quartier au Xe siècle, le long de laquelle s'alignaient des maisons de bois structurées par de gros poteaux.

Toutes les habitations antérieures au XIIe siècle n'étaient sans doute pas bâties en bois ou en terre. Une maison de pierre à Cluny (20, rue du Merle) a été datée par dendrochronologie de 1090-1091. Il faut penser aussi, pour les anciennes cités, au bâti antique longtemps conservé, dans un état de délabrement avancé sans doute. La fouille effectuée à l'emplacement de l'archevêché d'Aix-en-Provence a clairement montré cette permanence des constructions gallo-romaines jusqu'en plein XIe siècle.

A partir du XIIe siècle, nous connaissons bien la maison de pierre puisque beaucoup de ces constructions ont été conservées. Mais les fouilles tout autant que l'étude des textes attestent que les maisons en bois ou en pan-de-bois existaient, y compris dans des régions qui paraissent être le domaine privilégié de la pierre.

Les multiples opérations archéologiques menées à Douai dans les années 1990 ont montré que les constructions étaient presque partout en bois ou en pan-de-bois, avec sol de terre battue. Les annexes de la maison-tour en pierre mentionnée plus haut étaient structurées par des poteaux de bois supportant une couverture de chaume. Le bois a été remplacé par la pierre vers la fin du XIVe siècle. A Morlaàs, au cœur du Béarn, un document signale en 1375 encore des habitations de bois élevées alors dans le bourg neuf.

Mais il faut prendre garde de ne pas avoir une vision linéaire et simplifiée du phénomène : on n'est pas allé partout de la construction plus fragile à la maison de pierre considérée comme un progrès. C'est là qu'intervient le phénomène de mode. A partir du XIVe siècle l'usage du pan-de-bois s'est répandu en beaucoup de régions *(77)*. Sans doute cette technique de construction peut-elle être considérée comme une manière moins coûteuse, la pierre étant plus onéreuse aussi bien quant à sa production qu'à sa mise en œuvre. Mais cet argument n'est pas suffisant car l'usage du pan-de-bois a donné naissance dans certaines régions à de superbes demeures dont la Normandie, Bourges, Le Mans offrent entre autres de magnifiques exemples. Mais cette mode est celle d'une époque. On le voit bien avec l'exemple normand. La région a longtemps passé pour celle du pan-de-bois et l'étude des maisons de Rouen par le commandant Quénedey, parue en 1926, étude qui a fait date dans la bibliographie de la maison médiévale en France, n'est pas revenue sur cette affirmation. Pourtant, les indices historiques prouvaient bien l'existence de maisons de pierre dans cette ville avant le XIVe siècle. En 1151, on a mention d'une maison de terre sise « *face à une maison de pierre et de bois* ». Au XIIIe siècle on trouve une « *petite maison de pierre* », un cellier qui est « *sous notre maison de pierre* ». Mais les idées reçues ont la vie dure et il a fallu attendre ces dernières années et ses travaux d'urgence (démolitions de bâtiments précédées d'analyses monumentales et accompagnées de campagnes de fouille) pour que le

(77) Dijon. Rue Verrerie. Maisons en pan-de-bois de la fin du Moyen Age et du XVIe siècle.

phénomène de la maison de pierre rouennaise n'apparaissent pas isolé : c'est une quinzaine de maisons de ce type qui, pour les XIIe et XIIIe siècles, ont été étudiées.

De la même façon, à Reims, où la construction de pierre était connue depuis longtemps, à la fin du Moyen Age voisinaient des hôtels bourgeois en pierre et des maisons en pan-de-bois, à hourdis de torchis, pour la plupart modestes, mais pas toutes car certaines, sur la place du Marché, présentaient des poutres sculptées.

La Provence est connue au contraire comme étant le pays de la pierre. L'étude récente de P. Bernardi sur la construction aixoise du XVe siècle ne cite, à partir de la documentation écrite, aucun exemple de pan-de-bois. Or, une fouille d'urgence menée à Avignon (rue Carreterie) a mis au jour plusieurs maisons constituées par une pièce unique en rez-de-chaussée et entièrement bâties en pan-de-bois. Il en subsiste les bases de poteaux, faites de dés de pierre, à demi enfouies dans le sol, quelquefois calées en fondation par un blocage de petites pierres. Aucun solin ne reliait les bases. Le hourdis était un torchis d'argile et de paille, consolidé par des branches disposées verticalement et attachées aux sablières par du chanvre. Ces habitations sont datées du deuxième tiers du XIVe siècle. L'usage du pan-de-bois est attesté dans le bourg de Rochemaure, près de Montélimar, avant le XVe siècle. A Riez (Alpes-de-Haute-Provence), l'Inventaire général a attiré l'attention sur une grande maison aristocratique du XVe siècle dont le rez-de-chaussée est bâti en pierre de taille mais l'étage en encorbellement et les parois intérieures le sont en pan-de-bois avec remplissage de galets, le tout noyé dans du plâtre.

A Marseille, la fouille menée en 1987 près de la porte d'Aix, qui a permis de mettre au jour un quartier de potiers du XIIIe siècle, a montré que les constructions avaient toutes leurs fondations en pierre mais la conservation d'un élément de mur de refend en terre banchée suggère de restituer des élévations dans ce matériau pour le reste de ces bâtiments artisanaux. C'est de la terre encore dont on a fait usage dans la première moitié du XIVe siècle pour une maison fouillée près de la Charité, dans la même ville. L'une des deux pièces mises au jour comportait un mur de pierre en façade ; les autres murs étaient en terre sur un soubassement de blocs de pierre liés à la terre. Les murs de la seconde pièce avaient une base, non fondée, de blocs et de mœllons liés à la terre au-dessus de laquelle le fouilleur a proposé de restituer un mur fait d'un mélange de terre et de mœllons.

Le même type de remarque doit être fait pour les toitures. La géographie des modes de couverture que nous pouvons avoir à l'esprit en observant les maisons traditionnelles (zones de la tuile plate, de la tuile canal, de l'ardoise...) peut ne pas nous faire remonter très haut dans le temps : les toitures ont souvent été refaites dans l'histoire d'une maison et les modes ont souvent varié à ce propos.

Il faut d'abord tenir compte de l'usage de matériaux périssables qui ont certes disparu plus tôt en ville qu'à la campagne, interdits par des règlements municipaux en raison du risque d'incendie. Des toits de chaume ou de bardeau subsistent cependant à Rome jusqu'en plein XIIe siècle : un acte de 1091 situe près de Sainte-Marie-Majeure une maison de brique couverte de bois, un autre décrit en 1127 une maison couverte de chaume et de bardeau. L'absence totale de matériaux de couverture dans les niveaux des XIe-XIIe siècles fouillés à Rouen laisse entendre que celle-ci était en matière végétale (l'utilisation de bardeau est par ailleurs attestée en Normandie à cette époque). La tuile plate apparaît dans les niveaux du XIIIe siècle, sa présence est plus massive dans ceux des XIIIe-XIVe siècles. Mais, même à la fin du Moyen Age, son usage n'a pas encore complètement éclipsé celui de la couverture végétale : des textes mentionnent encore les « essentes » (bardeau). Il convient cependant de se méfier en interprétant l'absence de découverte archéologique, car le phénomène de réutilisation systématique des matériaux provenant d'un édifice détruit est souvent attesté.

L'usage des tuiles plates est signalé à Provins pour le XIIIe siècle. La fouille d'une maison en pan-de-bois du XIIIe siècle à Douai a révélé que la couverture était de tuiles partiellement vernissées, matériau que l'on retrouve dans la fouille de maisons du siècle suivant. Si l'Alsace nous paraît une région de la tuile plate, tel n'était pas le cas jusqu'au XVIe siècle ; on utilisait alors des tuiles canal munies d'ergots de fixation, à la différence des tuiles provençales, en raison de la pente des toits. De très rares maisons sont encore partiellement couvertes de ce matériau.

La Provence est, au moins à la fin du Moyen Age, le domaine de la tuile canal. C'est ainsi que le *Traité d'arpentage* de Bertrand Boysset (Bibliothèque de Carpentras) nous montre la maison du milieu arlésien au XIVe siècle. La fouille de maisons de cette époque en pan-de-bois à Avignon fait restituer ce même type de couverture. La plupart des prix-faits d'Aix-en-Provence la mentionnent au XVe siècle. Mais la tuile plate est connue par quelques documents et les prix-faits aixois citent une douzaine de fois des « échandoles » faites de planches de mélèze provenant de la région de Gap ; il peut cependant ne s'être agi que d'un support pour les tuiles elles-mêmes. Une maison du XIVe siècle fouillée à Nice était couverte d'ardoises.

La maison en symbiose avec la rue : circulations et ostentation

C'est la façade qui assure le contact entre la maison, domaine privé, et la rue, domaine public.

Du XIIe siècle à la fin du Moyen Age (et au-delà) la maison élémentaire urbaine qui réunit activité professionnelle et fonction d'habitation comporte en façade un premier niveau ouvert d'une large porte cochère et d'une porte piétonne plus étroite, souvent disposée en hauteur, avec par conséquent un escalier plus ou moins développé sur la rue *(78-81)*. La première donne accès à l'espace du rez-de-chaussée réservé à l'activité professionnelle : boutique, ouvroir (atelier), cave pour la vinification ou pour le rangement d'outils agricoles, écurie, bergerie, cellier... La seconde ouvre sur un court palier d'où part un escalier droit qui mène à la pièce d'habitation située à l'étage. Celui-ci n'est ouvert dans la plupart des cas sur la rue que par une fenêtre comme on l'observe dans le Sillon rhodanien à Rochemaure, Viviers, Châteauneuf-du-Rhône... Les fenêtres sont plus nombreuses parfois comme nous le verrons pour Cluny *(79)* et un certain nombre d'agglomérations du Sud-Ouest. L'étage peut être surmonté d'un niveau de grenier plus modestement ouvert sur la rue *(80)*. Ce type élémentaire d'habitation peut connaître un développement par adjonction d'une seconde pièce à l'arrière si la parcelle est assez profonde (c'est la règle pour les maisons de Cluny) ou d'un étage d'habitation supplémentaire. Ce type de demeure peut se développer par multiplication du module de base *(335, 82)* : à la porte piétonne peuvent s'ajouter deux ou trois ouvertures de boutiques pendant que la multiplication des fenêtres aux étages correspond à celle des pièces.

Dans ce type de construction, la relation avec la rue est étroite. C'est par elle que se fait essentiellement la communication entre le local professionnel et l'habitation même si, dans un certain nombre de cas, une porte met directement en relation la pièce du rez-de-chaussée avec le palier situé en arrière de la porte piétonne. C'est par la rue que prennent jour à la

(78) Viviers. Porte piétonne et porte du local professionnel au premier niveau d'une maison populaire.

(79) Cluny. Maison romane. Porte piétonne et porte de local professionnel au rez-de-chaussée, claire-voie à l'étage.

(80) Rochemaure (Ardèche). Façade d'une maison populaire à trois niveaux. Début XVIe siècle.

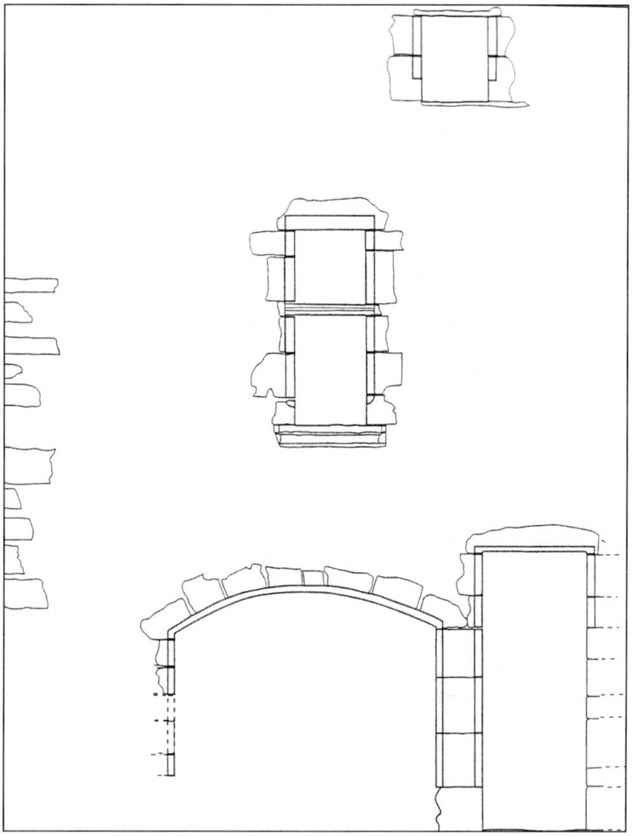

fois le local professionnel et les pièces des étages, les baies ouvertes à l'arrière, si elles existent, restant en nombre et dimensions plus limités. L'obturation des fenêtres par des moyens opaques, essentiellement des volets, est compensée par la disposition de verres dormants destinés à laisser passer la lumière en permanence. Ceux-ci peuvent occuper les arcs des baies jumelles romanes ou gothiques, au-dessus du niveau des impostes mais aussi parfois des *oculi* percés dans les écoinçons (il en existe à Cordes, Saint-Antonin-Noble-Val, dans certaines maisons de Cluny) *(335)*. Les rosaces du haut des remplages des grandes fenêtres gothiques jouent le même rôle *(82)*. A partir du XIVe siècle les maisons françaises voient aboutir cette recherche dans le domaine de l'éclairage par la mise au point d'un type accompli de fenêtre dont l'usage se prolongera jusqu'au XVIIe siècle : la baie à croisée (ou à demi-croisée) *(334, 80-81)*. La partie située au-dessus de la traverse est fermée par un vitrage dormant pendant que la partie inférieure, plus grande, est obturée par un ou plusieurs volets. L'iconographie flamande du XVe siècle nous montre à maintes reprises cette disposition.

L'utilisation commerçante ou artisanale de l'espace du rez-de-chaussée met aussi en relation étroite la maison et la rue dans la mesure où le client reste à l'extérieur. Un certain nombre de dispositifs permettant l'échange ont été conservés puisque ce procédé a été en usage jusqu'à la fin de l'Ancien Régime, voire au XIXe siècle encore : la large baie qui donne sur l'espace professionnel de la maison est en partie barrée par un muret supportant l'étal, une porte plus étroite, à une extrémité, permettant au commerçant de pénétrer dans sa boutique *(62)*. L'étal sert de point d'échange, la marchandise y est déposée. La boutique peut déborder dans la rue si l'on y entrepose paniers ou tonneaux. L'iconographie de la fin du Moyen Age montre cet empiétement tout autant que la pratique actuelle dans les villes traditionnelles du pourtour méditerranéen. La baie pouvait être obturée par un dispositif en bois qui, ouvert, se composait de deux éléments : celui du haut, relevé, constituait un auvent, celui du bas, abaissé, élargissait l'étal. Si le local professionnel était un ouvroir, c'est-à-dire un atelier, l'artisan se devait d'en garder la baie ouverte, autant pour avoir de la

(81) Parthenay (Deux-Sèvres). Maisons populaires en pan-de-bois des XVe et XVIe siècles.

lumière que pour montrer la qualité de son travail au passant ; certains règlements de métiers lui en faisaient d'ailleurs obligation.

A l'extrême fin du Moyen Age apparaît un autre système d'organisation des circulations dans la maison qui correspond à la multiplication des unités d'habitation dans une même construction qu'on pourrait assimiler à un immeuble de rapport. La porte piétonne, qui n'est plus surélevée, donne accès à un escalier en vis destiné à desservir tous les étages indépendamment. Il peut être intégré au bâti ou disposé en hors d'œuvre ou semi hors d'œuvre sur la rue, cette saillie pouvant exister dès le rez-de-chaussée ou seulement au-dessus de la porte. Nous avons pu observer cette disposition dans plusieurs localités du sillon rhodanien, notamment à Beaucaire et Montélimar *(83)*.

La façade de la maison est un élément essentiel d'ostentation. Elle reflète ce que l'on veut montrer de soi aux autres. En ce sens, la maison européenne diffère fondamentalement de celle d'autres civilisations de l'Occident, puisqu'en Afrique du Nord, rien ne différencie de l'extérieur la maison pauvre, le luxueux palais, la mosquée ; le luxe est tourné vers l'intérieur, il est à usage interne. Chez nous, au contraire, la façade est destinée à être montrée. Son observation est donc fondamentale lorsque l'on aborde l'étude de la maison médiévale. C'était autrefois, à tort, le seul élément de la maison que les historiens de l'art considéraient. Les approches archéologiques plus récentes ont privilégié ce qui avait été oublié jusque là : les distributions, les circulations, les éléments du confort, les dispositifs de stockage..., tendant par là même à oublier un peu la façade.

(82) Cordes. Maison du Grand-Veneur.

Les propriétaires ont joué d'une part sur les éléments reflétant alors le luxe et la qualité de la construction (le matériau, les baies et le décor), d'autre part sur les signalétiques familiales, professionnelles et religieuses.

La pierre de taille est bien sûr le matériau de qualité par excellence, sauf aux époques et dans les régions où la mode est au pan-de-bois. Son rôle ostentatoire est bien mis en évidence à Viviers où l'on constate que son usage est de règle pour les façades romanes situées le long de la Grande-Rue *(84)* et sur la place principale, ancienne place du Marché. Hors de cet axe majeur de la cité où devaient sans doute se regrouper les demeures des habitants les plus aisés, le mœllon est le matériau habituel, même pour les façades latérales des maisons dont l'élévation principale est en pierre de taille. Les exceptions à cette règle sont rares.

Alors que les maisons courantes mais aussi bien des maisons d'une qualité certaine ne prennent la lumière sur la rue qu'à raison d'une baie par pièce, il existe dans plusieurs régions des demeures dont l'ostentation se manifeste par un nombre bien plus élevé d'ouvertures qui parfois constituent une claire-voie étalée sur toute la largeur de la façade. Le phénomène est massif à Cluny où 60 % des façades du XIIe au XIVe siècle et la quasi totalité des maisons romanes présentent une claire-voie *(85)*. Ailleurs il est plus rare. Cependant, on en a bien des exemples dans les villes du Quercy : citons à Figeac, pour le XIIIe siècle, l'hôtel de la Monnaie avec son étage éclairé de quatre baies jumelées, l'hôtel de Beauredon (maintenant disparu) dont la façade de l'étage était ajourée d'une succession de quatre baies ternées et une baie jumelée, une maison de la place Champollion où l'on restitue, sur une façade plus étroite, deux séries de baies ternées. La claire-voie n'est pas réservée aux demeures les plus somptueuses puisque des façades étroites de maisons élémentaires en sont pourvues.

(83) Bollène (Vaucluse). Tourelle d'escalier en vis en hors d'oeuvre sur rue d'une maison populaire. Fin XVe-XVIe siècle.

(84) Viviers. Façade de maison romane sur la Grande-Rue.

(85) Cluny. Claire-voie au premier étage d'une maison romane.

L'ornementation de la façade était avant tout liée aux baies elles-mêmes. Sur les maisons de qualité, la fenêtre et la porte constituaient un décor en soi. Pour la fenêtre jumelle romane c'était le chapiteau médian qui recevait les sommiers des deux arcs à décor végétal ou figuré le plus souvent, plus rarement historié. Sur les baies des maisons romanes de Cluny, le décor est beaucoup plus ample *(85)* ; les arcs en plein cintre sont découpés deux par deux dans des linteaux monolithes et forment une sorte de frise continue. Parfois les linteaux ne sont pas échancrés. Arcs, linteaux, colonnettes sont le support d'un riche décor sculpté : couronnement d'arcature éventuellement lié à des « lésènes » rappelant les bandes lombardes, fleurs dans les écoinçons, cannelures en chevrons sur les colonnettes... Deux maisons enrichissaient ce décor par l'adjonction d'une frise de dalles sculptées. L'une se trouve au carrefour de deux axes majeurs de la ville, avec deux claires-voies de six baies chacune, l'autre donne sur une petite place et présente, avec ses dix baies, la plus large claire-voie de Cluny. Dans la première, dite « des Vendangeurs », la frise qui courait sous les claires-voies présente un rinceau de vigne et, au-dessous, une arcature abritant des rosaces et des scènes figurées. Ces riches compositions font référence aussi bien aux portails d'églises qu'aux portes urbaines. P. Garrigou-Grandchamp parle de « façades-portes ». Les grandes fenêtres gothiques à remplage constituent une ornementation des plus riches pour les façades, avec leurs arcs tréflés, rosaces, quadrilobes, dessins à redents, écoinçons ajourés... Citons à Figeac la maison dite « des Templiers » et l'hôtel Balène (XIVe siècle), à Cordes les maisons du Grand Veneur et du Grand Fauconnier (fin XIIIe, première moitié XIVe siècle) *(82)*.

Un tympan sculpté prend place plus rarement sous l'arc cintré, brisé ou tréflé. Le musée Arlaten conserve un tympan du XIIe siècle provenant d'une maison d'Arles et représentant un chevalier en armes. Une maison de chanoine du XIIIe siècle donnant sur le parvis de la cathédrale de Chartres présente des tympans sculptés sous des arcs brisés ; l'un d'eux est subdivisé en deux petits tympans (la baie était autrefois partagée par un meneau) ornés l'un

(86) Chartres. Fenêtre d'une maison du XIIIe siècle, détail du tympan.

de deux lutteurs, l'autre de joueurs de dés *(86)*. Des arcs tréflés à tympan sculpté existent aussi à Charlieu (Loire).

Avec la fin du Moyen Age, les croisées et demi-croisées n'offrent le plus souvent que leur mouluration plus ou moins complexe ; s'y ajoute fréquemment le larmier saillant dont les retours aux extrémités des fenêtres proposent un dessin intéressant, avec éventuellement une retombée sur des culots sculptés. La partie supérieure de ces baies, au-dessus de la traverse, peut s'enrichir d'un remplage comme c'est le cas dès le XIVe siècle à la Raymondie de Martel *(334)* dont le haut des superbes croisées est orné de quadrilobes, procédé que l'on retrouve à Cahors (32, rue de l'Université).

Les portes sont moins clairement le support d'une ornementation d'importance. Les ouvertures des belles maisons romanes de Cluny sont coiffées de simples linteaux sans décor *(79)*. Ailleurs, les arcs en plein cintre s'enrichissent parfois d'un cordon d'archivolte mouluré. Un simple chanfrein, parfois un tore, adoucissent les piédroits et l'arc brisé de portes gothiques *(78)*. A Figeac, l'hôtel Balène présente plus exceptionnellement une large entrée (six mètres) à arc brisé, avec voussures ornées d'une succession de tores reposant, dans l'ébrasement, sur des colonnettes munies de petits chapiteaux, à l'image des portails d'églises ou de salles capitulaires. Au XVe siècle, les linteaux de portes ordinaires s'ornent d'une accolade au dessin plus ou moins complexe alors que des portes plus luxueuses ont leur arc brisé extradossé d'une grande accolade sommée d'un fleuron, ornée de choux frisés, avec sa naissance marquée par deux pinacles *(90)*. Ce dessin s'est transformé à l'hôtel Baroncelli d'Avignon, bâti vers 1485, en une décoration exubérante fondée sur un réseau de branchages tenant lieu à la fois d'accolade, d'arc brisé et de pinacles.

Sur les façades romanes et gothiques, la mouluration des impostes marquant la naissance des arcs des fenêtres ainsi que celle de l'appui pouvaient se prolonger en autant de cordons régnants sur toute la largeur de la façade, délimitant sur la surface murale toute une série de

(87-88) Bourges. Hôtel de Jacques Cœur. Fausses fenêtres sur la façade.

registres. C'est ce que l'on observe sur les maisons romanes de Viviers *(84)*, l'ensemble des façades gothiques de Cordes *(82)*.

Des maisons plus soignées ont comporté en façade des décors complexes, à rapprocher parfois de celui des églises. Les façades des maisons romanes en pierre de Rouen se sont volontiers enrichies d'arcatures aveugles. Un bel exemple en a été le pignon sud d'une maison (disparue) de la rue des Carmes, autrefois décrite avec « *une suite de dix arcatures aveugles, arcs moulurés et décorés de bâtons rompus... chapiteaux à ornements géométriques ou à personnages taillés avec beaucoup de verve et d'esprit... les tailloirs... sont moulurés et décorés soit d'étoiles, soit de palmettes* ». Cette riche ornementation a été rapprochée de celle de l'abside de l'abbatiale Saint-Georges de Boscherville. La façade de la maison de Céreste (Alpes-de-Haute-Provence), qui n'est plus en place car démontée et vendue, présentait une frise séparant les deux niveaux de l'élévation, composés de treize panneaux en méplat ornés de motifs végétaux stylisés et géométriques, pour beaucoup empruntés à l'art du haut Moyen Age alors que l'ensemble paraît pouvoir se situer dans une phase tardive de l'art roman provençal. La fenêtre de l'étage a son linteau orné de huit rosaces dans des médaillons entourés de perles, entre deux bordures décorées aussi de perles. Pour le XVe siècle, mentionnons le décor exceptionnel de la façade sur rue de l'hôtel de Jacques Cœur à Bourges, particulièrement le traitement original de deux fausses fenêtres à demi-croisée, à travers lesquelles se penchent, sculptées, les figures d'un homme et d'une femme *(87-88)*.

Les armoiries figurent couramment sur les maisons aristocratiques à partir du XIIIe siècle, fréquemment sculptées à la clef de l'arc de la porte ou à proximité des montants de celle-ci. A la fin du Moyen Age, elles figurent volontiers au milieu du linteau, parfois encadrées d'initiales. Il pouvait aussi exister, sur de grands hôtels patriciens, des emblèmes provisoires à l'occasion de tournois. Le traité des tournois écrit par le roi René d'Anjou vers 1460 porte l'indication suivante : « *Lorsqu'un seigneur ou baron est arrivé à son hébergement, il doit faire de son blason fenêtre en la manière qui s'ensuit : c'est assavoir faire mettre par les hérauts... devant son logis une longue planche*

(89) Le Mans. Pilier d'angle d'une maison gothique, dit « pilier aux clefs ».

attachée contre le mur, sur quoi sont peints ses blasons... et ceux de tous ceux de sa compagnie qui veulent tournoyer... Et à la fenêtre haute de sondit logis il fera mettre sa bannière déployée, pendant sur la rue ». La miniature illustrant ce propos montre deux hôtels avec la planche ornée des armoiries fixée sous l'appui des croisées du premier étage, le blason principal, plus grand, occupant le dessus de la porte ; des bannières sont déployées par toutes les fenêtres de l'étage. La désignation du propriétaire se fait d'une façon particulière à l'hôtel de Jacques Cœur à Bourges où les allèges des fenêtres portent en alternance les motifs parlants d'une coquille Saint-Jacques et d'un cœur *(87-88)*.

Les enseignes de métiers nous ont rarement été conservées lorsqu'elles étaient amovibles et fixées en potence sur la façade. La dénomination des auberges, parfois des rues, permet cependant de les évoquer comme nous l'avons vu au chapitre précédent. Nous avons vu aussi qu'une enseigne d'étuve du XIIIe siècle, sculptée en pierre, existe à Marseille *(327)*. Les identifications de métiers nous sont surtout parvenues lorsqu'elles étaient sculptées sur la façade, la porte de la boutique, mais cela ne concerne que l'extrême fin du Moyen Age : ainsi une série de clefs sur un pilier d'angle d'une maison du Mans *(89)*, une équerre et un compas sur un linteau à Utelle (Alpes-Maritimes), une navette sur une maison de Viviers...

Les signes ou les figures à caractère religieux ne sont en général pas très répandus, mêmes sur les demeures d'ecclésiastiques. On peut rencontrer une coquille rappelant le pèlerinage du propriétaire. On a mention, sur la façade d'une maison d'un chapelain à Viviers, d'une représentation d'Isaïe, sur la porte d'une maison canoniale de Beauvais (disparue) d'une Vierge sculptée du XIVe siècle. Au XVe siècle on trouve volontiers la Vierge et l'ange de l'Annonciation sur les pans-de-bois : ainsi sur les deux poteaux corniers d'une maison de Tours (48, rue Colbert), sur les pinacles qui encadrent la porte d'une maison proche de l'église Saint-Maclou à Rouen *(90)*. A l'extrême fin du Moyen Age, les lettres *IHS* (Iesus Hominum Salvator), souvent associées au nom de Marie, figurent abondamment sur les

(90) Rouen. Porte d'une maison avec les figures de la Vierge et de l'ange de l'Annonciation. Fin XVe siècle.

linteaux des portes. L'agneau, saint Georges et d'autres scènes religieuses ornent d'autres linteaux qui connaîtront un développement considérable au XVIe siècle dans les Alpes-Maritimes tout comme sur la côte ligure.

Les façades soignées sont bien sûr celles qui longent les axes de circulation essentiels. La hiérarchie du traitement des façades en fonction de celle des rues est nette à Saint-Antonin-Noble-Val. La façade des maisons du XIIIe siècle ouverte sur une rue principale (même étroite et sinueuse) est bâtie en pierre de taille, très ouverte par des baies nombreuses et soignées alors que la façade arrière, sur un axe secondaire, est montée en mœllons, ouverte d'une seule fenêtre par étage. Pour une même unité constructive, P. Garrigou-Grandchamp a noté en Périgord (notamment à Monpazier, Molières, Villefranche-de-Périgord) le phénomène des parcelles traversantes qui s'accompagne d'une hiérarchie des façades : celle qui donne sur une rue importante présente la fonction économique tournée vers l'extérieur (boutiques) et une fonction sociale d'ostentation, elle est donc plus soignée, plus décorée, notamment au niveau des fenêtres de l'étage ; à l'arrière, sur une ruelle, on avait des ouvertures strictement rationnelles pour permettre un bon éclairage ou l'accès pour chargements et déchargements.

La maison en symbiose avec la rue : les empiètements

Nous imaginons volontiers la rue de la ville médiévale étroite, sinueuse, encombrée. Cette image n'est pas fausse. Cette situation bien réelle trouve son origine, dès la fin même de l'Antiquité, dans l'oubli de ce qu'était le bien commun qui s'est manifesté par un accaparement progressif de l'espace public au bénéfice des riverains. Depuis longtemps les rues des cités antiques avaient perdu leur tracé rectiligne, mais les villes nouvelles elles-mêmes, marquées par la rigueur de leur plan, la volonté d'une voirie régulière de la part des fondateurs, parfois l'inscription de règlements explicites dans les chartes de peuplement, n'ont pas été exemptes de ce type d'accaparement. A Aurillac, l'abbé de Saint-Géraud avait prévu que l'on n'accorde des parcelles à bâtir qu'à ceux qui s'engageraient à respecter les alignements et à ne pas provoquer d'empiétements. Peu de temps après, l'abbaye accordait elle-même des dérogations et les rues perdirent leur tracé primitif.

L'accaparement de l'espace public s'est manifesté de différentes façons : reconstruction de façades en avant de l'alignement antérieur, implantation de piliers destinés à soutenir une avancée de l'étage, avancée sur la rue des étaux de marchands, avancée des escaliers lorsque la porte piétonne était excessivement surélevée afin de gagner de l'espace dans la maison, encorbellement exagéré des étages dans les constructions en pan-de-bois et excroissance des auvents, surplomb de coursières de circulation en bois, de conduits de cheminées, saillie d'escaliers en vis construits en semi hors d'œuvre à la fin du Moyen Age, établissement de ponts en bois ou en pierre par-dessus la voie publique afin de mettre en communication les corps de logis d'une même habitation. Ces ponts se voient encore dans les agglomérations du Midi (Antibes, Grasse, Viviers...) *(93)* ; les textes montrent que leur usage était très répandu à Paris même.

Certains de ces empiétements rendaient la circulation urbaine particulièrement aléatoire. Les autres - les ponts, les surplombs - ne la gênaient pas mais assombrissaient excessivement la rue et empêchaient le soleil de pénétrer, ce qui faisait « *peser sur les passants tristesse et mélancolie* » et, faute de pavage, contribuait au maintien de la boue en période de pluie ; ils favorisaient aussi la propagation des incendies.

L'accaparement progressif de l'espace public n'a guère laissé de trace dans le bâti des villes médiévales si ce n'est l'aspect sinueux et l'étroitesse de certaines rues. Des cheminées ont conservé leur conduit en encorbellement (Cluny). L'observation des façades permet souvent de restituer les dispositifs de bois disparus, galeries diverses que les textes et l'iconographie nous font connaître par ailleurs : on en voit les supports lorsqu'il s'agissait de corbeaux de pierre ou seulement les traces de leur encastrement dans la façade lorsqu'il s'agissait de boulins de bois. Parfois ce sont les seules portes murées, disposées aux étages des façades et qui ne donnaient apparemment sur rien, qui laissent supposer ces annexes beaucoup plus nombreuses que l'on saurait l'imaginer ; la Grande-Rue de Viviers, certaines rues de Grasse offrent plusieurs exemples de traces de ce type de dispositif.

Les autorités locales ne sont pas restées inactives face à une situation qui était une entrave à la vie quotidienne. On vit en 1157 les consuls de Nice tenter en vain d'interdire à l'évêque de construire un passage par-dessus une ruelle pour relier deux bâtiments lui appartenant. C'est d'abord dans les villes italiennes que, dès le XIIIe siècle, des règlements communaux tentèrent de limiter les avancées des encorbellements, des auvents, de mieux assurer des dégagements là où le tissu urbain était très serré. A Sienne, à Rome, on voit les maîtres-voyers faire dégager les rues encombrées, ordonner la destruction de galeries et de portiques élevés en avant des façades.

C'est vers la même époque que l'on vit, dans les villes de la France méridionale, commencer la chasse aux auvents, aux escaliers débordants, aux galeries en surplomb... A Avignon, les « maîtres des rues » tentèrent d'interdire les galeries en surplomb, les cheminées, les escaliers qui empiétaient de plus d'un mètre ; le conseil communal leur demanda en 1373 de faire rectifier ou démolir toutes les avancées situées à moins de 14 pans du sol, soit 3,5 m environ. A Valence, le conseil communal s'en prit aux auvents et aux portiques de bois. Un acte de l'évêque de Saint-Paul-Trois-Châteaux (Drôme) daté de 1215

(91) Albenga (Italie). Loge à l'angle de deux rues.

(92) Mirepoix (Ariège). Détail des couverts de la place.

soumettait à autorisation toute réalisation d'escalier « *descendant dans la rue* » ; vers le même moment, cet évêque imposa une taxe de cinq sous sur tout degré ou escalier donnant sur la rue.

Au chapitre de la compénétration de l'espace public et de l'espace privé au sein de la ville, toute autre paraît être l'existence de galeries aménagées en bordure de rue, au rez-de-chaussée des maisons. C'est le phénomène de la *loggia*, qui, apparu en Italie au moins dans la seconde moitié du XIIIe siècle, est typique de ce pays. On le retrouve en Provence orientale, à proximité de la frontière italienne, essentiellement dans des constructions des XIVe et XVe siècles. Certaines maisons avaient leur rez-de-chaussée ouvert sur la rue par une ou deux arcades généralement en arc brisé, parfois en plein cintre, reposant sur des colonnes ou des piliers (en Italie ce sont souvent des remplois antiques). On voit encore cette disposition, ou on peut facilement la restituer, dans plusieurs localités *(91)* : à Nice (rue du Pont Vieux, rue de la Préfecture), Antibes (place du Revely), Cagnes-sur-Mer (place Garibaldi), Sospel (rue de la République), Grasse (rue Charité Vieille, Petite Aire), Vence (rue de la Place Vieille)... Lorsque plusieurs maisons juxtaposées sont dotées de loges, celles-ci constituent une véritable rue couverte, à l'abri du soleil et de la pluie, parallèle à la voie publique ; on en voit encore en Provence orientale à Biot (place des Arcades), Grasse (place aux Aires), Nice (rue du Pont Vieux). Les propriétaires des maisons considéraient les loges comme leurs, comme un prolongement de l'espace privatif. Ils y installaient des étaux de bois ou des bancs de pierre qu'ils louaient à des petits commerçants ou à des artisans, parfois à des changeurs, des notaires. Ils y signaient des actes notariés à caractère privé, comme à Grasse un contrat de location en 1439, un accord entre deux habitants en 1445. C'étaient aussi des lieux de rencontre commodes pour les habitants. Les autorités municipales italiennes appréciaient peu ces circulations privées et voulurent au XIIIe siècle en faire de vraies voies publiques, cherchant à en supprimer les bancs, les piliers trop avancés sur la rue, à imposer une hauteur minimum et régulière afin d'éviter les accidents que pouvaient provoquer des plafonds trop bas.

On peut comparer, dans une certaine mesure, au phénomène des loges celui des couverts aménagés autour des places des villes neuves du Sud-Ouest. Ils étaient à l'origine le plus souvent bâtis en bois comme ils le sont encore à Mirepoix *(92)*, l'un des meilleurs exemples pour le XIIIe siècle : les poteaux de bois, renforcés par des aisseliers, droits ou courbes, portent une poutre horizontale, dite poitrail. Les abouts des solives qui soutiennent l'étage peuvent être moulurés ou ornés de têtes sculptées. En Gascogne, les couverts de Marciac sont de même type, ceux de Fourcès ont leurs linteaux de bois portés par des piliers en maçonnerie. Ailleurs, les galeries ouvrent par des arcs de pierre, de tracé cintré ou brisé *(303-304)*, elles sont ou charpentées ou voûtées sur croisées d'ogives. Une étude faite sur Montauban montre que la circulation sous les couverts représentait une servitude à laquelle les riverains ne pouvaient se soustraire.

La maison à l'écart de la rue

Le rue de la ville médiévale, étroite, sinueuse, encombrée, en proie aux accaparements des riverains, paraît peu agréable. D'autant plus que, rarement pavée, son sol de terre gorgé de l'eau de la pluie tout autant que des eaux usées, du purin ou des déjections d'animaux en faisaient un véritable bourbier qu'un rare soleil arrivait difficilement à sécher.

Le réseau dallé antique a souvent été entretenu pendant le haut Moyen Age et les rues se sont parfois maintenues à ce niveau jusqu'au XIe siècle comme la fouille l'a montré près de l'ancien forum d'Aix-en-Provence. En général, cependant, les rues sont restées sans pavage jusqu'au XIIIe siècle au moins. A Saint-Omer, il est question de les paver dès la fin du XIe siècle. Philippe-Auguste ordonna en 1185 de faire paver Paris mais cette décision ne fut effective que dans les rues principales. Chartres et Senlis furent pavées vers la même époque. C'est que l'amélioration de la traction animale, qui permettait de circuler avec de plus gros charrois, parfois tractés par quatre ou cinq chevaux et jusqu'à huit bœufs, les animaux et les roues ferrés rendaient nécessaire l'amélioration de la voirie. Au XIVe siècle, les axes principaux de la plupart des grandes villes étaient pavés. La ville d'Avignon consacra, de 1376 à 1391, une partie du revenu de la gabelle à la réfection de son pavage.

Malgré ces améliorations, malgré les efforts des autorités municipales pour limiter les empiétements, limiter l'élevage des animaux et leur divagation, favoriser une meilleure évacuation des eaux usées et des détritus, la rue restait un lieu dont il devait être bon d'éloigner sa demeure si on avait la possibilité de le faire.

A Cluny, l'étude monumentale de la plus ancienne maison reconnue, datée de 1090-1091, accompagnée d'une fouille menée de 1994 à 1999, montre que le bâtiment n'occupait pas à l'origine l'avant de la parcelle ; sa façade s'élevait à près de six mètres en retrait par rapport au front de rue, séparée de celle-ci par une cour qui ne paraît pas avoir appartenu au domaine public. Des espaces non bâtis entouraient aussi la maison sur ses autres côtés, ce qui laisse imaginer une rue sans front continu de maisons. C'est plus tard que le bâti a été complété pour atteindre la rue. Pour la même époque, une étude menée à Fribourg-en-Brisgau montre que les maisons identifiées remontant aux origines de la ville en 1091 étaient bâties en retrait de six mètres par rapport à la rue et aussi bordées de passages non construits. Ces maisons ne se sont étendues jusqu'à la rue qu'à partir de 1125.

Ailleurs, le phénomène de construction en retrait a pu durer au-delà de cette époque. A Montpellier, une maison, rue de la Petite-Loge, datée par dendrochronologie de la première moitié du XIIIe siècle, avait sa façade en retrait d'alignement, avec une avant-cour la séparant de la rue. Une fouille menée à Toulouse sur l'emplacement de l'ancien hôpital Larrey a fait connaître une maison qui, jusqu'au XIVe siècle, était en retrait par rapport à la rue.

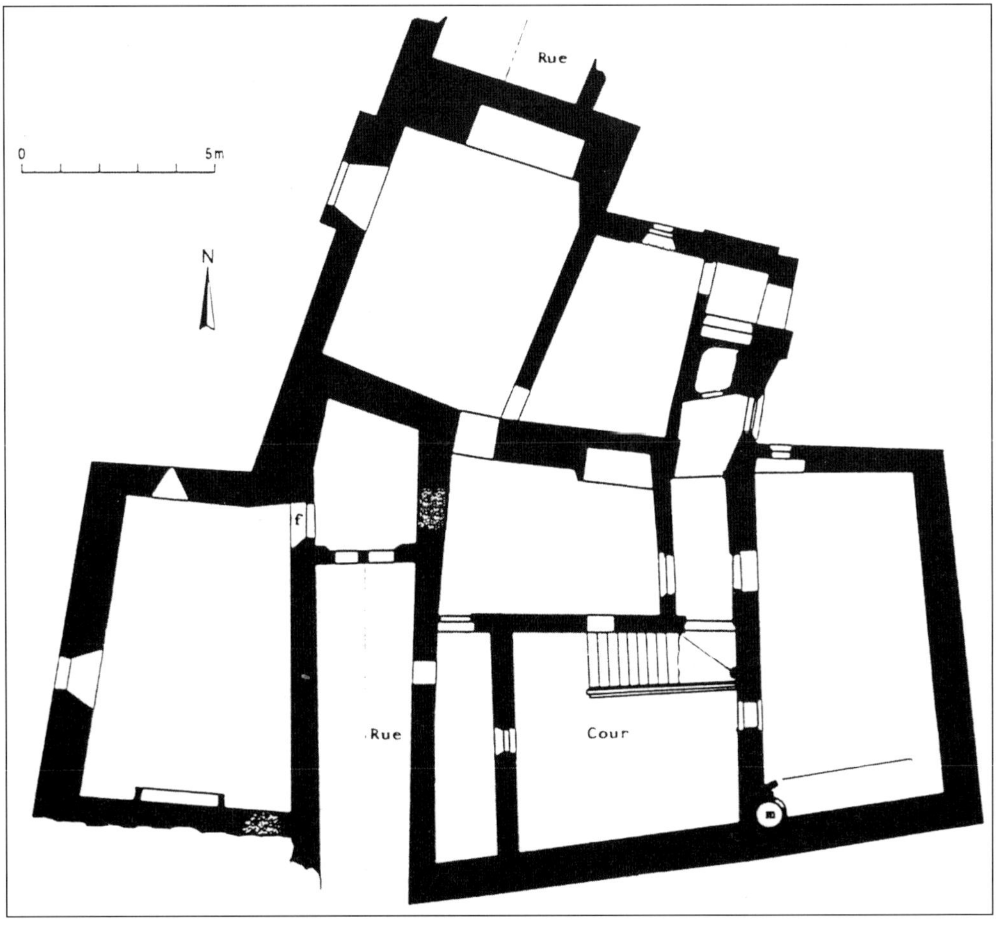

(93) Viviers. Maison du chapelain De Pretiosa, avec cour et corps de logis de part et d'autre de la rue reliés par un arceau. Plan du premier étage.

L'avant des parcelles ayant été ultérieurement et systématiquement construit, il n'est pas aisé, faute de fouilles archéologiques en nombre suffisant, de mesurer l'ampleur du phénomène qui a consisté à bâtir seulement en arrière de parcelle, phénomène dont on a signalé l'importance à Rome par exemple.

En revanche, nous est mieux connue, pour la fin du Moyen Age, la tendance à organiser la demeure autour d'une cour séparant une maison avant, bâtie en bordure de rue et une maison arrière, avec éventuellement d'autres corps de logis latéraux. On n'entre plus dans la maison directement depuis la rue. Désormais l'on gagne la cour, sous la maison avant, par un passage, un large couloir souvent suffisant pour qu'un cheval ou même un attelage puisse l'emprunter ; c'est là qu'est construit l'escalier, soit à l'extrémité même du passage, soit en un autre endroit. Il peut s'agir d'un escalier droit, extérieur, qui mène seulement au premier étage (on devra traverser le logement pour trouver une autre volée qui conduira au deuxième étage), ou d'un escalier en vis qui dessert tous les niveaux. De celui-ci partent des galeries superposées qui permettent de gagner à chaque étage les différents corps de logis sans avoir à multiplier les escaliers. Il se crée ainsi, au cœur de la demeure, un espace privatif dont le propriétaire a la maîtrise, à l'écart du bruit et de l'insalubrité de la rue. Cet espace vide est à coup sûr un signe de richesse puisqu'on peut se permettre de le garder libre de construction au sein d'un parcellaire bien rempli ; il permet un meilleur éclairage des corps de logis. Il est le cœur des circulations. Même s'il est un lieu parcouru par la domesticité, puisque le puits ou la citerne s'y ouvre et que la cuisine se trouve à proximité immédiate, c'est un espace agréable que le commanditaire de la construction se plaît à orner (décor des fenêtres ou des portes). L'escalier droit y rappelle, à une échelle moindre, le prestigieux « grand degré » des constructions palatiales.

Il n'est pas toujours aisé de mesurer à quel moment on est passé de la maison-bloc à la demeure organisée autour d'une cour privative. La fouille de maison menée à Toulouse à l'emplacement de l'ancien hôpital Larrey situe cette transformation au début du XIVe siècle : la construction subit alors une mutation radicale : les pièces reconnues au rez-de-chaussée donnent sur une cour qui ouvrait latéralement sur une impasse.

De ce type d'organisation nous pouvons donner de multiples exemples : à Bourges (13, rue Pellevoysin), Dijon (hôtel Chambellan), Lyon (58, rue Saint-Jean), Montpellier (3, rue de la Vieille), Tours (48, rue Colbert), Viviers (maisons des Chevaliers et du chapelain De Pretiosa) (93)...

Conclusion

Au terme de ce parcours à travers les villes médiévales françaises, avec le regard neuf que nous donnent les résultats des recherches archéologiques récentes et des observations plus précises sur les ensembles monumentaux conservés, nous devrons convenir que l'image de la ville élaborée par les clercs du Moyen Age tout autant que celle de l'homme d'aujourd'hui doivent être en grande partie revues. Non pas qu'elles soient entièrement fausses, car certaines données fixées dans notre imaginaire correspondent bien à une réalité. Mais une réalité partielle, qui doit être corrigée dans ses détails et surtout complétée.

La ville est multiple dans ses origines mais la plupart des villes médiévales importantes trouvent leur origine dans une agglomération antique, chef-lieu de cité ou *castrum*. De ce passé prestigieux la ville médiévale a parfois conservé, plus ou moins partiellement, le plan, plus encore les remparts et parfois des monuments majeurs lorsqu'ils n'ont pas servi de carrières ; ceux-ci participent de la permanence du paysage urbain et ont pu être un modèle pour les constructeurs médiévaux. Cette permanence a bien été signalée par les écrits anciens et par certaines représentations. Elle apparaît moins clairement au visiteur contemporain. Celui-ci, tout autant que l'imagerie médiévale, insiste sur la fortification qui semble devoir délimiter obligatoirement l'espace urbain et constituer le trait le plus marquant du paysage de l'époque. De fait, la ville, ancienne ou de création nouvelle, était close dans une enceinte au rôle tout autant symbolique que défensif. C'est la réalité de cette clôture qui doit être précisée à l'encontre des images que l'on en donne : la muraille continue en pierre de taille, avec ses tours construites dans le même matériau, relève de cas exceptionnels. La réalité était moins prestigieuse : fossés, levées de terre, palissades constituaient une enceinte hétérogène et discontinue que les menaces liées à la guerre de Cent Ans n'ont contribué que tardivement à rebâtir en dur. La fortification n'était en rien la limite stricte entre le monde « policé » de la ville et celui plus fruste des campagnes : les bourgs et faubourgs bâtis hors les murs, que les enceintes de réunion de la fin du Moyen Age n'ont pas toujours rattachés entièrement à l'espace enclos, l'existence d'activités rurales dans les murs, la présence de populations fraîchement venues de la campagne devaient établir une transition sans brutalité entre les deux mondes.

Dans les murs, les monuments essentiels sont bien ceux que l'imagerie nous présente : les églises et les palais, sièges des pouvoirs. Clochers, tours et beffrois surgissent au-dessus du tissu du bâti. Parmi les églises, la cathédrale est le monument le plus représentatif de l'édilité urbaine lorsque l'on se trouve dans une ancienne cité. Les ambitions d'évêques et de chapitres canoniaux de l'époque gothique en ont même fait, dans la France du Nord, des édifices démesurés considérés à tort comme les symboles du renouveau économique urbain à partir du XIIe siècle. A tort parce que ces monuments ont été financés sur les revenus des dîmes et qu'ils reflètent donc la richesse des campagnes ! Les églises des nouveaux ordres, les mendiants, caractérisent bien, elles aussi, le milieu urbain à partir du XIIIe siècle mais elles étaient plutôt installées en dehors des murailles. Eglises et palais devaient trancher sur le tissu urbain non seulement par leurs dimensions mais aussi par l'utilisation d'un matériau de qualité (la pierre, la brique) alors que le bâti de la ville est longtemps resté en matériaux plus pauvres et périssables. On peut se poser la question de l'appartenance au monde urbain des villes neuves où ne se trouvaient ni cathédrale ni couvents de mendiants ; c'est la fonction économique qui doit alors être mise en avant.

Le pont peut aussi être considéré comme une construction typiquement urbaine ; l'imagerie l'associe volontiers à la ville. C'est en effet un luxe pour des populations qui ne sont plus contraintes aux aléas des gués et des bacs. Mais le pont était souvent une architecture de bois.

La ville médiévale était cloisonnée par les murailles délimitant les quartiers des cathédrales, des collégiales, des monastères urbains, des bourgs monastiques... Il aurait fallu parler aussi à ce propos des juiveries sur lesquelles les recherches archéologiques récentes ne nous ont pas appris grand chose. La répartition des métiers dans la ville participait aussi de cette juxtaposition de mondes cloisonnés, mais la survivance de noms anciens de rue suggérant la présence de métiers particuliers nous a peut-être fait exagérer ce cloisonnement d'ordre économique.

La réalité des rues et des places, de l'infrastructure économique, des habitations qui sont loin d'être au premier chef les beaux hôtels particuliers que les historiens de l'art ont d'abord étudiés ou ces riches « palais » dont les anciens écrits font état, voilà ce qui nous est mieux connu aujourd'hui grâce aux travaux des archéologues. Ce n'est pas sur ces aspects que l'imagerie médiévale s'était attardée. L'observation ethnologique de villes orientales ou maghrébines il y a quelques années encore pouvait nous aider à imaginer la rue médiévale avec son activité, le passage des ânes, des chevaux, des troupeaux, l'encombrement dû aux étaux des marchands, le travail artisanal sous l'œil du passant dans des ateliers ouverts sur la rue voire dans la rue elle-même, celle-ci bordée de maisons fragiles, sans grande qualité constructive. C'est plus à Fès qu'à Carcassonne qu'il faut aller pour tenter de retrouver une part de l'atmosphère de la ville médiévale, avec ses rues étroites où l'on circule difficilement, ses odeurs, ses bruits, son agitation.

Somme toute, l'iconographie que nous livrons au lecteur en illustration peut contribuer à ancrer des idées fausses sur la ville médiévale : enceintes de pierre de Carcassonne et d'Aigues-Mortes, ponts de pierre, maisons de pierre aux fenêtres luxueusement ornées. Tout cela n'est pas vraiment représentatif. Nous le montrons parce que c'est ce qui nous est resté et que ce qui nous reste est ce qui est le plus solide, ce qui est le plus beau et que l'on n'a donc pas eu envie de détruire.

Bibliographie

Barral I Altet (Xavier) dir., *Le paysage monumental de l'an mil*, Paris, 1987.

Duby (Georges) dir., *Histoire de la France urbaine : 1. La ville antique, des origines au IXe siècle. 2. La ville médiévale, des carolingiens à la Renaissance*, Paris, 1980.

Duval (Noël) dir., *Les premiers monuments chrétiens de la Gaule : 1. Sud-Est et Corse*, Paris, 1995. *2. Sud-Ouest et Centre*, Paris, 1996.

Coulet (Noël), Guyotjeannin (Olivier) dir., *La ville au Moyen Age*, Paris, 1998.

Les enceintes urbaines (XIIIe-XVIe siècles), textes réunis par Gilles Blieck, Philippe Contamine, Nicolas Faucherre, Jean Mesqui, Paris, 1999.

Erlande-Brandenburg (Alain), *La cathédrale*, Paris, 1992.

Esquieu (Yves), *Quartier cathédral. Une cité dans la ville*, coll. « Patrimoine Vivant », Paris, 1994.

Esquieu (Yves), Pesez (Jean-Marie) dir., *Cent maisons médiévales en France (du XIIe au milieu du XVIe siècle). Un corpus et une esquisse*, CNRS Editions, Paris, 1998.

Février (Paul-Albert), « Permanence et héritages de l'Antiquité dans la topographie des villes de l'Occident durant le haut Moyen Age », *Settimane di studio del Centro italiano di studi sull'alto medioevo. Spoleto, 26 aprile - 1 maggio 1973*, Spolète, 1974, p. 41-284.

Heers (Jacques), *La ville au Moyen Age en Occident. Paysages, pouvoirs et conflits*, Paris, 1990.

Lavedan (Pierre), Hugueney (Jeanne), *L'urbanisme au Moyen Age*, Paris, 1974.

Leguay (Jean-Pierre), *La rue au Moyen Age*, Rennes, 1984.

Mesqui (Jean), *Châteaux et enceintes de la France médiévale. De la défense à la résidence, 2 vol.*, Paris, 1991-1993.

Mesqui (Jean), *Le pont en France avant le temps des ingénieurs*, Paris, 1986.

Picard (Jean-Charles) dir., *Les chanoines dans la ville. Recherches sur la topographie des quartiers canoniaux en France*, Paris, 1994.

Renoux (Annie) dir., *Palais médiévaux (France-Belgique). 25 ans d'archéologie*, Le Mans, 1994.

Renoux (Annie) dir., *Palais royaux et princiers au Moyen Age*, Le Mans, 1996.

Topographie chrétienne de la Gaule des origines au milieu du VIIIe siècle éditée par N. Gauthier et J.-C. Picard, 10 tomes, Paris, 1986-1998.

Monographies et études régionales

Burnouf (Joëlle), Guilhot (Jean-Olivier), Mandy (Marie-Odile), Orcel (Christian), *Le pont de la Guillotière. Franchir le Rhône à Lyon*, Documents d'Archéologie en Rhône-Alpes n° 5, Lyon, 1991.

Clément (Pierre-Albert), *Foires et marchés d'Occitanie de l'Antiquité à l'an 2000*, Montpellier, 1999.

Esquieu (Yves), *Autour de nos cathédrales. Quartiers canoniaux du sillon rhodanien et du littoral méditerranéen*, Paris, 1992.

Fabre (Ghislaine), Lochard (Thierry), *Montpellier : la ville médiévale*, Paris, 1992.

Février (Paul-Albert), *Le développement urbain en Provence de l'époque romaine à la fin du XIVe siècle (archéologie et histoire urbaine)*, Paris, 1964.
Garrigou-Grandchamp (Pierre), Jones (Michael), Meirion-Jones (Gwyn), Salvêque (Jean-Denis), *La ville de Cluny et ses maisons*, Paris, 1997.
Lavedan (Pierre), Huguenev (Jeanne), « Bastides de l'Agenais, Villeneuve-sur-Lot, Vianne », *Congrès archéologique de France, Agenais, 1969*, 1969, p. 9-41.
Lavedan (Pierre), Hugueney (Jeanne), *« Bastides du Gers »*, *Congrès archéologique de France, Gascogne, 1970*, 1970, p. 371-409.
Mesqui (Jean), *Provins. Les fortifications d'une ville au Moyen Age*, Paris, 1979.
Montagne (Bernard), *Architecture dominicaine en Provence*, Paris, 1979.
Pitte (Dominique), « Architecture civile en pierre, à Rouen, du XIe au XIIIe siècle. La maison romane », *Archéologie médiévale*, 24 (1994), p. 253-299.
Sapin (Christian), *Archéologie et architecture d'un site monastique. V[e]-XXe siècles. 10 ans de recherches à l'abbaye Saint-Germain d'Auxerre*, Paris, 2000.
Scellès (Maurice), *Cahors, ville et architecture civile au Moyen Age (XIIe-XIVe siècles)*, photographies Jean-François Peiré et Christian Soula, relevés et cartographie Patrick Roques, Paris, Editions du patrimoine, 1999.
Sournia (Bernard), Vayssettes, *Montpellier, La demeure médiévale*, dessins Michel Antonpiétri, Véronique Marill, photographies Michel Descossy, Jean-Michel Périn, Paris, Imprimerie nationale, 1991.
Vivre au Moyen Age. 30 ans d'archéologie médiévale en Alsace, Strasbourg, 1990.

INDEX TOPOGRAPHIQUE

Les numéros font référence aux pages ; ceux en italique se réfèrent aux illustrations.